U0085237

原理 地圖學

Principles of Cartography

潘桂成　著

三民書局

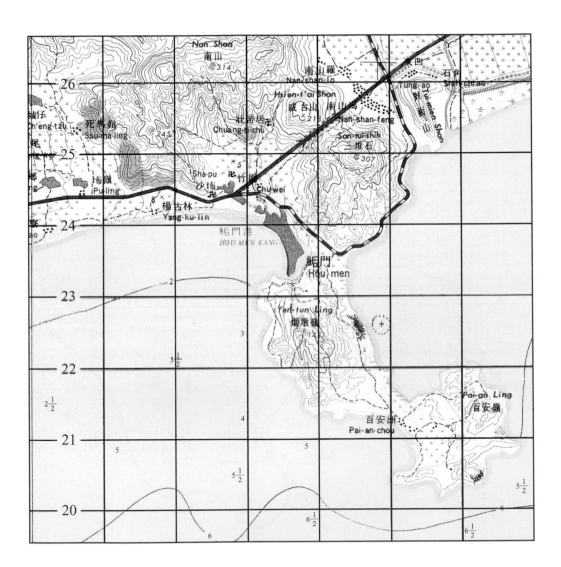

圖 6-4　地形圖

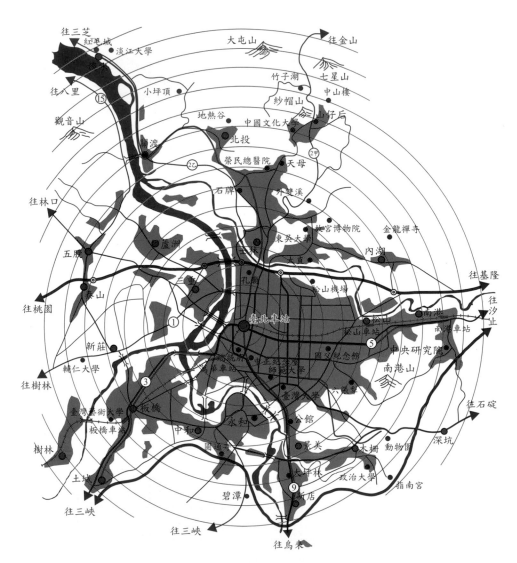

圖 8-17　以臺北車站為中心之每 2 公里的生活圈

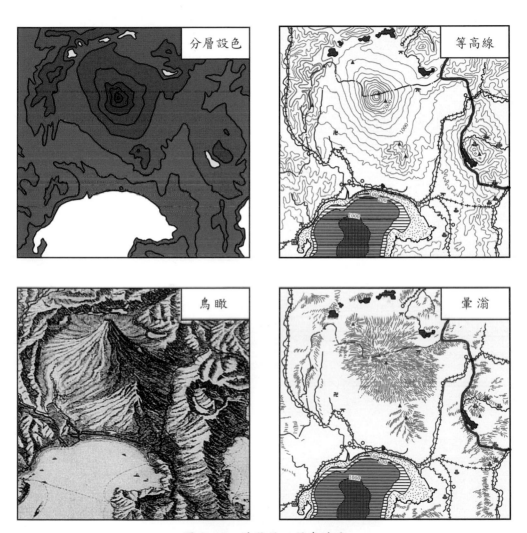

圖 8-18　地貌的四種表達法

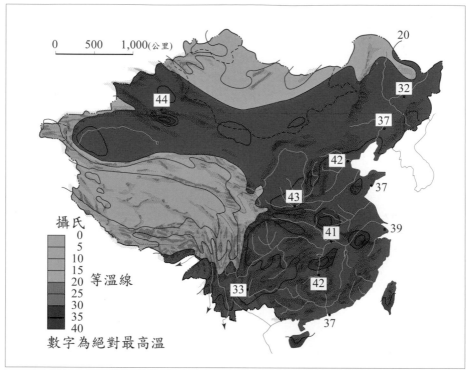

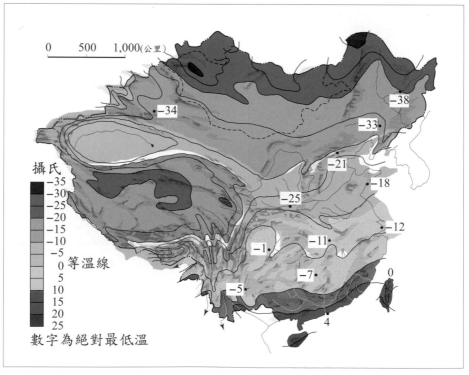

圖 8-20　一月及七月等溫線彩色圖

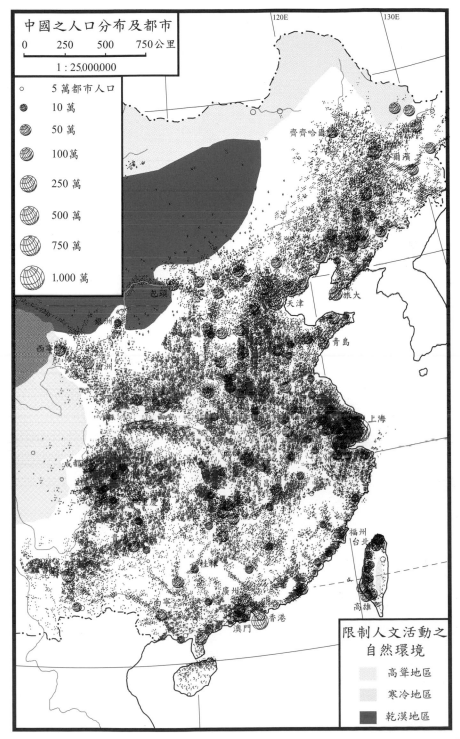

圖 8-35　體積比率定量

圖 9-12　三原色及間色

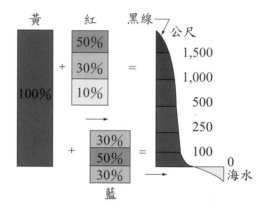

圖 9-13　高程系多色套印

圖 9-14　互補色

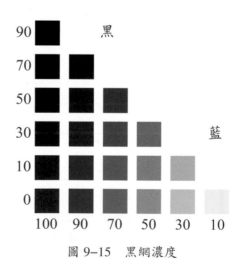

圖 9-15　黑網濃度

優　　　　　　　　　　　　劣

顯色	黃	白	黑	黑	橙	黑	白	紅	綠	橙	紅
	↕	↕	↕	↕	↕	↕	↕	↕	↕	↕	↕
底色	黑	藍	橙	黃	黑	白	紅	黃	白	白	綠

顯色：黃　白　黑　黑　橙　黑　白　紅　綠　橙　紅

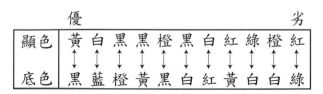

底色：黑　藍　橙　黃　黑　白　紅　黃　白　白　綠

圖 9-16　底色與顯色

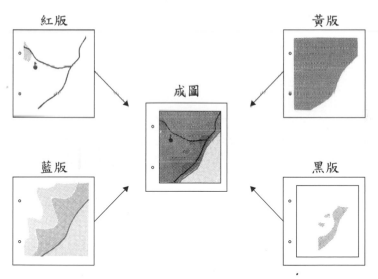

紅版　　　　　　　　　　　黃版

成圖

藍版　　　　　　　　　　　黑版

圖 9-17　多元套印

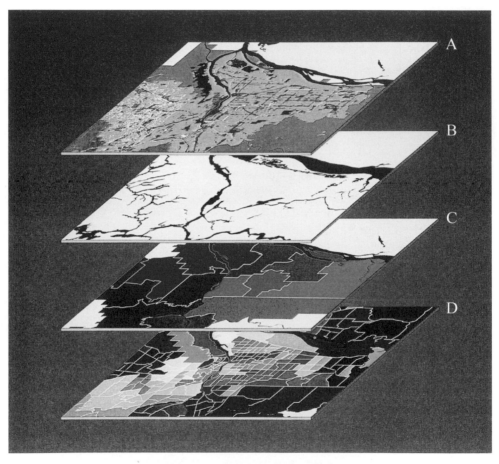

圖 9-20　GIS 的圖層疊印製圖

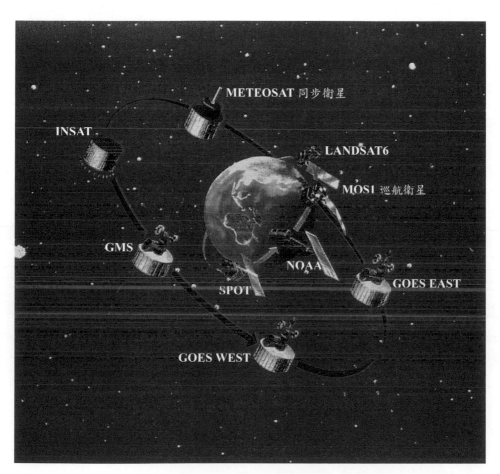

圖 9-21　人造衛星的遙測

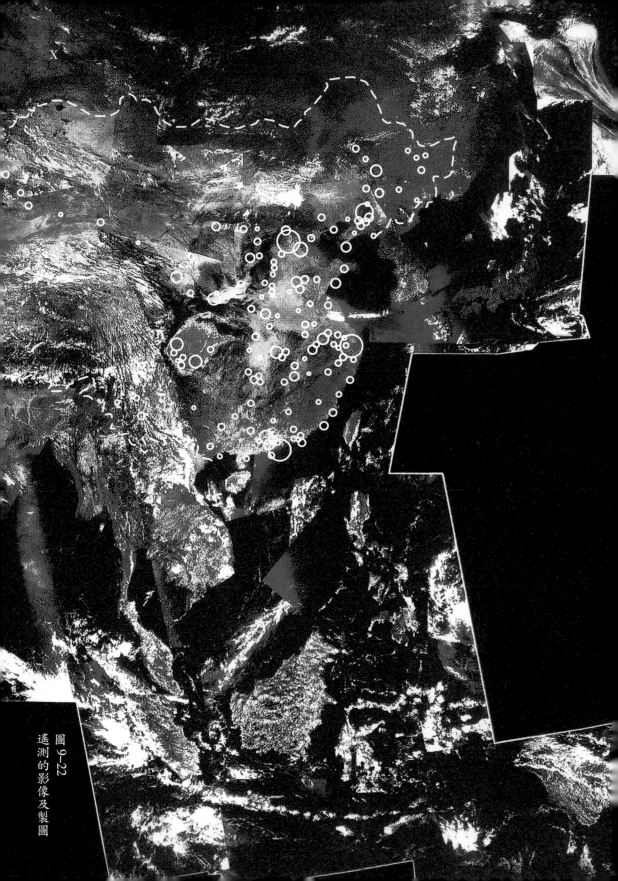

圖 9-22 遙測的影像及製圖

編者序

　　《地圖學原理》自修訂初版 2005 年起，深受讀者好評。本書除了富含地圖學知識外，更兼具文學風采與美感設計，內容上重現歷史文化脈絡及適時運用科技發達技術，是一本全方位的工具書，期望能培養「製圖者」與「閱圖者」本身的素養與基礎能力，更有助於地理系學生或對地圖學有興趣的讀者，進行閱讀地圖、影像辨識與編繪技術。

　　總結本書有以下幾點特色：

　　一、圖文輔助，適時使用圖片說明舉例，增進製圖者、閱圖者對「地圖」的空間想像與運用技巧。

　　二、紀錄詳實，說明地圖的發展史，並加入作者的見解，不但增強歷史發展的背景，更多了作者自行觀察，或是經歷累積下的一手資料。

　　三、編繪技巧說明完整，從作者的敘述、章節安排與內容上，展現地圖學原理的現象與境況，並非只是對於地圖學的背景描述，而是讓地圖學擁有與時俱進的技術發展。

　　此次再版，除了更新資料，為符合當今讀者的閱讀習慣，也調整了版式與字體編排，並重新設計封面，希望能幫助讀者更輕鬆、舒適的閱讀本書。

2021 年 8 月
編輯部謹誌

修訂版序

　　《地圖學原理》的再版二千餘冊，迅速售罄，但因原固地出版社之停業，致絕版兩三年，然仍受讀者愛戴，常函電查詢，近得三民書局的協助，發行第三版。

　　《地圖學原理》的第三版，依各位地理學及地圖學前輩及專家的評教盡量改善，除文句上之錯漏修補外，又增加幾幅彩版圖，同時又依讀者要求，增加第 10 章，對地圖學原理在地理學研究之應用上提供淺見。

　　地圖為地理學學習及研究的基礎工具，不屬於地理學的任何分科，但任何分科都得使用地圖。地理學家哈子宏：「如果地理學家認為他的問題基本上不能利用地圖來作研究媒介，則他所研究的是否屬於地理學範疇，值得懷疑。」地理學家梭爾：「如果一地理學者身邊總是缺少地圖，我將懷疑他在學術生活中做了正確的選擇。」又說：「地圖語言超越了文法語言上的障礙，甚至可以將地圖視作地理學語言。」地理學家烏爾曼：「地理概念必與地圖有關，如果你不能把概念轉化成地圖，即表示你沒有地理概念。」這些世界著名的地理學家告訴我們「地圖與地理學」之間是密切而不可分割的生命共同體，學不好地圖，地理學研究乃是困惑的腳步伴著艱苦的道路。

　　總而言之，地圖是聰敏的地理學者之活生生的好朋友，多讀圖，多製圖，用地圖來引發地理概念的邏輯思考，用地圖來增長地理學習的生活情趣，《地圖學原理》會提供輕微的動力。

潘桂成

2005 年 3 月

敬識於國立臺灣師範大學地理系

陳　序

　　任職於國立臺灣師範大學地理系所潘桂成君所撰著的這本《地圖學原理》，為我國地圖教育提供一種重要的中文參考書。本書具有四大特徵：

　　一、本書雖定名為《地圖學原理》，但其內容並不限於地圖學理論的說明，全書附圖近三百幅。有關書中每一地圖原理原則的闡述，均附有地圖實例加以說明和印證，強調理論與實際的協調，使讀者既「明理」而又得「實學」。

　　二、本書筆法細緻，除了盡量強調製圖者繪製優良地圖時所應注意的事項外，也特別指出一般製圖者所不注意而常忽略的問題。閱讀本書，有助於優良製圖者和地圖鑑賞家的培養。

　　三、本書的內涵指出，繪製地圖，不僅要有精湛的繪圖技術，也要有高度的地理學素養，故本書不僅為一製圖技術的學習工具書，也可以作為培養地理素養的精神教育工具書。

　　四、本書特別強調「製圖者」不應只是一位只懂用尺用墨技術的「機械人」，而是一個有血有肉而具有主體心靈的「地理人」，可以運用科學的和美學的步驟，創作美妙的地圖世界。

　　數十年來，我國地理學的研究發展，雖有長足的進步和豐碩的成果，但有關大學地理教育的參考用書，其出版卻較為缺乏，以致今日大學生手持的學習用書，仍多以洋文讀本為主。潘君不辭辛勞，回國二年，在教學之餘，努力撰述而有此成果，深值欣慶。

　　本書圖文並茂，詞意簡易，條理分明，既宜作為地理系同學的大學用書，亦可作為一般人士增加地理知識的媒介，特此推介，是為序。

陳國章

1994 年 6 月

識於國立臺灣師範大學地理系所

楊　序

　　由於圖書市場受到臺灣地區、學門領域等的限制，學術性書刊的出版，除了共同必修課程的主要參考書以外，多為興趣或責任感所驅使，讓專業研究人員從事學術性專書之寫作，所以大學用書相當缺乏。潘桂成老師回國不足兩年，在系所教學、輔導學生之餘，不僅已發表數篇論著，更完成《地圖學原理》鉅著，確實感佩。

　　科學的進步，電腦、地理資訊、遙測等普遍使用，傳統的地圖學，或以為不能適應時代需求，亟需有一套能涵蓋傳統與科技新知的專著，這本《地圖學原理》至少有下列內涵：

　　一、說明中外地理學發展史；一般以翻譯為主的專業重點在介紹外國情形，本書對中國地圖學發展情形則有較詳細的說明。

　　二、「地圖之要素」有比例尺、地理資訊、記註、顏色等；「地圖投影」有各種地圖投影法等的地圖基礎的說明。

　　三、「大地現象」從球體的地球、經緯座標系統、地圖的變形，到大地控制網、航測、遙感、統計、訪查等過程介紹。

　　四、「基圖」、「地圖的定性符號」、「地圖的定量符號」3 章，從基圖的特性，概括化到定性的點、線、面；定量的定位、分域、變形等均有詳細的說明。

　　五、「地圖編製」從傳統的草圖、原圖到多色套印，以及科技新知的電腦、遙測製圖均有獨到的見解。

　　尤其重要的是，作者不僅在撰寫「地圖學」，字裡行間隨時在傳達地理概念、地圖的地理意義等，不失為地理、地學、地圖方面有興趣的人必備的良書，故特予推介。

楊萬全
1994 年 7 月 7 日
於臺灣師範大學地理系所

自　序

　　筆者之研究重點在於文化地理及歷史地理，兼及中國文字學、上古史和中國哲學，地圖學不是專長，但一向對地圖極端重視，甚至認為不懂運用地圖，地理之研學能力方面一定受到限制。

　　筆者雖不以地圖學為研究專長，但對地圖的編製卻經驗豐富，於1968年任教香港的中學時撰著《香港地理圖集》中文及英文版，於1974年就讀美國明尼蘇達大學地理研究所時撰著《中國地理圖集》，而且為了爭取製圖經驗，先後在明大地理系地圖室任助教、明大森林系遙測中心當研究助理，美國最大航測公司 Mark Hurt 任航照判圖技師、三家土木工程公司任土地規劃師 (Land Planner)，都直接與製圖有關。

　　年前返國任教，發覺同學們利用地圖以學習的意願不高，可能因為平時太習慣讀書而忽視了讀圖，同時，國內有關製圖學的專書亦太少，乃有撰著地圖學之大學用書之計劃。

　　本書是撰著而不是編譯，行文上絕不受外文文句結構所牽制，故簡明易讀。

　　本書注重理論和實用兼備，故附圖近三百幅，都是依據文字而特別設計的。

　　本書強調地理概念之傳達，盡可能在引導地圖編繪技術時，也誘發地圖之地理意義。

　　一般人以為地圖學及地圖學原理都是外國產品，明代才傳入我國，殊不知中國人之地圖知識和技術自古便很優良。忽視地圖的價值，是現代中國人在「文化斷層時代」中之失落，故第二章述中外地圖史甚為詳盡，也是筆者別有用心之處也。

　　此外，另有「地圖讀法與應用」一書，正在編撰中，著重於各式各樣地圖之實用，可與此《地圖學原理》互相參證使用。

　　本書經一年半的工作，承蒙國立臺灣師範大學地理系各位師友的鼓勵，尤其得陳憲明教授及江碧貞和鄭旭宏兩位研究生及大學部張珍悅等，准予轉用其著作中的優良地圖為說解範例，研究生夏忠平及師大地理系

同學林佩佳、張珍悅、于湘芬、周玉娟、蘇美娟，文大地理系同學湯惠珍協助各種編繪工作，特此致謝。而最感榮幸者，乃獲得陳師國章及地理系所主任楊萬全教授作序，銘謝不已。至於筆者之地圖學的啟蒙，源於姜師道章，永敬不忘也。

最後，由於地圖學並非筆者之專長，雖云盡心盡性，勉力求佳，然而錯漏之處，實所難免，敬祈各位專家及前輩，不吝賜教，以啟愚蒙，裨益後學，更是地圖學界及地理學界之福祺也，特此先為鞠躬拜領。

潘桂成

1994 年 7 月 3 日

敬識於師大地理系

（先慈去世於廣州，並此為記）

地圖學原理

目　次

　　地圖是我們日常生活中很常接觸到的東西，有需要時拿來看看，平日都是丟在一旁，並不會意識到「地圖」當中有什麼「學問」。其實，這不僅是大多數人對地圖的態度，也有不少學地理的人存有此態度。這是人類對世界和生命的一種無知，一種忽視，特別是近代社會的人，他們對地圖的看法是這樣，對很多日常生活上的事物也是一樣，是一種漠視環境的悲情，為什麼會出現這樣的心態和行為？因為在近代社會裡，以為深奧難解的「科學」或「哲學」才是學問，地圖算是什麼東西？

　　老子《道德經》：

　　　　有物混成，先天地生，寂兮寥兮，獨立而不改，周行而不殆，可
　　　　以為天下母，吾不知其名，字之曰道。

　　又曰：

　　　　無名，天地之始；有名，萬物之母。故常無，欲以觀其妙；常有，
　　　　欲以觀其徼。

　　這兩段有關道家哲學的宇宙觀及世界觀的文字，指出高山流水，蝶舞花飛，原是一幅「大自然動態空間」之圖畫，故發出美妙和諧的生命活力，可惜，這一切在有人類之前，都一直在寂寞之中虛度光陰，追根究底，乃是「草木之無情」的宇宙觀，老子稱之為道。必要至有人的參

與，才使此無情的世界，變成有情之天地。換句話說，是地理學者把「大自然動態空間」捕捉下來，製成了「地圖」，老子就稱之為「名」，即「學問」，表達文化現象世界的意義。

人文世界之所以有情，就因人有不同於萬物之靈明的機能，能把萬物動態的生命捕捉下來，而且使其有價值性的呈現。這不是玄學，而是地理學中「人地關係傳統」所研究的範疇。當人在任何時候張目一望，都可發現許多事物，環繞在我們周遭，統稱為「環境」(environment)。環境有兩大要素，一是所能看到或接觸到的最大範圍，或稱為視野，也可名之為「可識覺的境」；另一種是所能看見或接觸到的事物，或稱為「景觀」(landscape)，也可名之為「可識覺的景」。若以地理學的名詞言之，境是區域的範圍，景是區域的地理資料，境景就是地理學上的一個區域 (region) 所蘊含的地理要素。

世界是一個極廣大而複雜的大尺度區域，包含了許多境景差異的小尺度區域，每區域內的人，都把其可識覺的無情環境，化為有情的區域，而用三種不同的方式表達出來：即語言、圖像和文字。其中語言和文字都是極端抽象的符號，必須深入了解其內容，才可以領略其所表達之區域情趣，所以並不容易。而圖像表達的法則省略了很多溝通上的困難，因可看圖會意，而地圖就是此等圖像中重要的一種，自古被各地文化、人所運用。

一般人以為閱讀和應用地圖是輕而易舉的，只要看明白了圖例，找出所需要的地名，就能解決問題，殊不知一張簡單的地圖，包含極豐富的學問，最重要的，無疑是「地理資料的處理、科學技術的投入、以及製圖人的美感和價值觀之表達」。而各種特殊功能的地圖，會協助我們在生命旅程上增長更多活潑可愛的時刻。

一般人以為《地圖學原理》是一本大學教科書，尤其是地理系學生的教科書，不是大眾讀物，這是一種誤解，對「地理」這一名詞和內容的誤解。試想，任何人都不能離開地表生存，任何人都不能脫離環境而

生活，我們平時找尋戲院或餐廳要用地圖，上班駕車要用地圖，出國旅行要用地圖，購買房屋更要用地圖，隨便你舉什麼生活上的例子，地圖都扮演一個輔助的角色，雖然，很多事情沒有地圖幫助也可以辦得到，但使用地圖之後，更容易完成，而且更有情趣和滿足感，因為地圖是環境的化身，是人之生活投入的一部分。換句話說，「地理學」不僅是一個科目，「地理就是生活」，要使此意念成長，從認識「地圖」開始。《地圖學原理》雖然可使你增加對「地圖」的學術認知與知識，但更重要的是使你對「生活的地理環境」產生活潑的感受，與「有情世界」情意相通。

　　本章分為三節，首先討論地圖的定義與特質，以對本書的內涵有明確的認知；第二節簡述地圖的功能，以了解地圖的應用性；第三節指出地圖在地理學中的地位，更突顯地圖學在地理研究上的重要性。

第一節　地圖的定義和特質

　　地圖既然是以圖像方式來呈現地表境景，則相同的還有風景畫、照片、地景素描、航空照片，甚至衛星傳真片，但地圖自有其獨特的個性：

一、依據嚴密的數學法則

　　地球表面是一個極不規則的橢圓體，是不能用簡單的方法，正確地展示在平面圖紙上的，所以一般的地景素描或照片，隨觀景者所在的位置，地景相對的形狀和大小不盡相同，另外，航照及衛照的圖片，因觀景點在高空遠處，地景的相對變異性較小，仍然不能完全有效地表達地景的正確性。

　　地圖的繪製，是透過數學的法則，運用地圖投影的方法，有條件地把地球橢圓體上的經緯網格，定位在平面圖紙上，然後按照比例尺縮小的比率，將地景建立於相對的關係網中。

　　用這種透過嚴密數學法則所繪製而成的地圖，雖然也不能完全地表達地球橢圓體的真象，但卻可利用不同的投影法，依製圖者需求而製成

正積的、正距的或正方位的地圖，依此來量度地景的面積，距離和方向等特性。

二、經過科學和美學的綜合編繪

　　有人以為隨著航照和衛星技術發達，繪製的地圖會被淘汰，但恰巧相反，地圖存在的價值，正因其有綜合編繪的特質，航照或衛星雲圖及地圖都是地景縮小而成的圖像，縮小後的地景如果太過細碎和複雜，對閱圖者是一項煩擾和負累。航照是實景，沒有選擇的餘地，而地圖經過綜合編繪的手續，製圖者可以依據地圖的目的以衡量各種地景的價值，突出主題，捨棄或簡化次要的資料，使地圖能反映出區域性的地理特徵，也發揮圖面清晰易讀的美感效果（圖 1–1）。

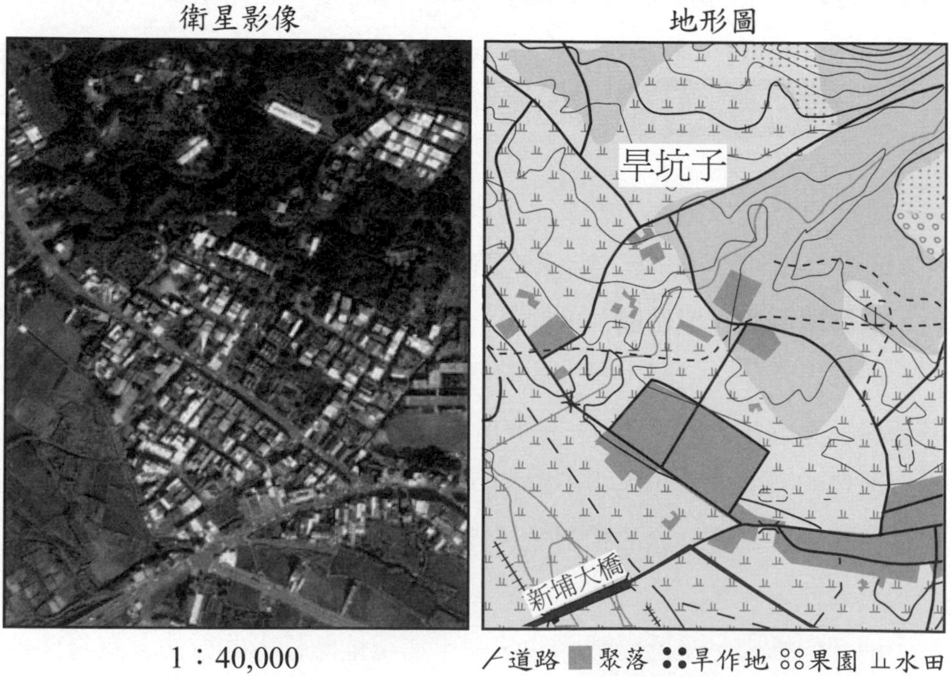

衛星影像　　　　　　　　　　　地形圖

1：40,000　　　　　　　　／道路 ■聚落 ⁝⁝旱作地 ⁜⁜果園 ⊥水田

圖 1–1　1：40,000 的衛星雲圖與地形圖

三、運用適當的符號文字

　　地景之特質，很多是不能從其表面看出來的，它們分別有質和量的差異，製圖者必須依據地理資料，首先作定性或定量的歸類分析，然後運用適當的符號或色彩，精巧地配置在地圖上，結合科學性與藝術性，這是其他圖像所不能達到的。總而言之，文字也是一種符號，標記出地景的具體名稱，如地名；數字亦是一種符號，標記出地景特定的數量，如山脈的海拔高度，皆使閱圖者更能與現實生活環境發生意識上的連繫，這也是一般地景素描、航照或衛星雲圖所不能解決的問題。

　　根據上述地圖的三大特徵，我們或可給地圖下一定義：「地圖是依據嚴謹的數學法則，將地表上的自然景觀和人文景觀，透過科學和美學綜合編繪的方法，用適當的符號，縮繪在平面上的圖形，以表達出地景在質或量上區域的差異、空間組織，及時間上的流變。」

第二節　地圖的功用

　　由於地表的一切事物，都可以依據製圖者的需求和目的，用不同技巧來製成地圖，所以地圖的功用是非常普遍的。如果一定要劃分，可概括為下述幾大類：

一、軍事上的功用

　　這是一種地景資料非常詳細的地圖，例如國界圖，由相鄰的國家共同協商和測繪，以防國界受到人為的因素或自然的因素而產生錯亂，因為分水嶺也會因河川的向源侵蝕而改變，河道的支流更是每天都在變化。

　　軍用地圖的資料，更要詳盡和精確，軍圖被視為司令員的眼睛，任何兵種都必須使用軍圖，空中飛行有航空地圖、海軍出航有航海地圖等。例如炮兵射擊，可以直接從軍圖上計算出射擊目標、軍隊的布置、工事構築、陣地選擇、偽裝隱蔽、偵察或出擊、武器的使用、戰略和戰術決策，參謀人員都可以依軍圖協助而預計先機，近代戰爭進入電腦控制飛

彈時代，更需要有精確的地圖來配合操作。

二、經濟建設計劃上的功用

　　所謂經濟建設計劃，就是農林漁牧工礦等產業行為作最有效運用，全都離不開土地資源條件的限制，所以地圖仍然是不可缺少的基礎資料，例如土壤普查、水資源探測、地質礦藏勘探、森林資源普查等都被製成主題地圖，作為經建計劃思考的基礎。

　　現今是都市化的時代，人口城鄉流動成為最重要的地理現象，大都會的產生，小城鎮的興起，其迅速程度都遠在都市正常發育過程之上；都市計劃及施工行動中，無處不需要地圖而又創新不少特殊的主題地圖，如社區平面圖、供水及排水系統圖、地下工程設施圖、平整土地圖及都市土地利用圖等。

　　交通網路的整體性優劣程度，與區域計劃有密切關係，地圖使用也有極重要的意義。就以臺灣而言，由縱貫鐵路時代至環島鐵路時代，由普通公路網至高速公路興建的時代，由松山機場至中正國際機場時代，由基隆港至高雄港興建時代等，在在反映臺灣經濟建設的特徵，都可以看出地圖在臺灣整體經建上扮演重要角色。

　　近代史稱為「世界時代」，國際貿易乃經建成敗的關鍵，臺灣經濟起飛，主要就是在國際貿易上的成功，在複雜的世界上能看出規律的形勢，地圖應發揮極重要的功能。

三、學術研究上的功用

　　凡是研究有關地表或地球的學科，都有用到地圖的地方。地質學有地質圖，土壤學有土壤分布圖，還有水文學、地形學、氣候學、氣象學、地震學，甚至人造衛星遨遊太空所用的宇航圖，都屬特殊的學術研究地圖，可見地理學包羅萬象，專為地理學的分科研究而製成的主題地圖更多至不可勝數。

四、教學上的功用

　　地圖是最好的教學工具，因為地圖比起文字敘述更易使學習者有直

觀的感受，如幼稚園的小朋友先從圖畫學起，上古先民以象形圖為文字起源，表達出相同教與學的歷程。除了地理教育外，歷史學、政治學、商業管理、世界貿易等科目的教學，也應有地圖的幫助，提高學生學習興趣，增強教學效果。

五、生活上的功用

　　軍事和經建方面所用到的地圖，大多數人無法知曉，學術研究的地圖也略嫌專門，在學校中見到的大掛圖也或許是如過眼浮雲，轉瞬即逝，但在生活上，仍有極多使用地圖的例子。最常見的像是市區街道圖、公共汽車行駛路線圖、風景名勝旅遊地圖、校區分布圖、現在預售房屋廣告所附的地點圖、隨著都市居民活動量的擴大所出現的百貨公司或購物重點分布圖、停車大樓及停車位分布圖、飲食業連鎖店分布圖，或如美國大型購物中心 (shopping center) 及商業大廈 (office building) 其入口或重要通道位置，所設的公司行號位置圖，以指示訪客的所在 (you are here)，及其所要找尋的目的地，尤其是化妝室和安全門的位置應非常明確。因此，地圖已經愈來愈普遍化，並走入我們的生活之中。不懂閱讀地圖，終會變成「社會弱智人」(social retarded people)。而使大家都了解地圖的功用，乃地理學者的責任，因地理就是生活 (geography is life)，地圖是愉快生活的工具。

第三節　地圖在地理學中的地位

　　地理學者利用地圖作為學習及研究的工具，除此之外，地圖對地理學者而言，還有兩點特殊意義：

一、地圖是環境再識覺的對象

　　人與環境是地表上兩大基本要素，人與環境的互動關係促成地理學研究的內容，人對環境的回應行為是透過一個相當複雜的流程。著名英國歷史學家湯恩比 (Toynbee A.) 在其著作《歷史研究》(*A Study of*

History) 的結論中，指出人類與環境的關係為「挑戰」與「回應」(challenge and response)，而中國學者一向稱之為「人文化成之文化行為」，意義上是有很大的差別，但基本上仍然立論於人與環境的互動關係上，只是在結論中的價值取向有所不同而已。

環境指人周圍所能直接間接接觸到的人、物或事件。人對環境，首先要經過「識覺」的活動，環境的性質，乃是外在於人而客觀存在的「識覺資料」(perceived data)。這些識覺資料究竟有多少被人所識覺，完全受該人的識覺能力來決定，例如盲人有視力的限制，聾人有聽覺的困難，成年人當比嬰孩的識覺能力高強得多，就算是五官端正的正常人，對相對位置不同的事物識覺，也有程度上的差別。一般而言，人對其面前的事物就比其背後的事物感覺準確很多，而近景和遠山也自有識覺上的差異。總而言之，識覺程度的差異，可能影響到整個人地互動流程的發展（圖 1–2）。

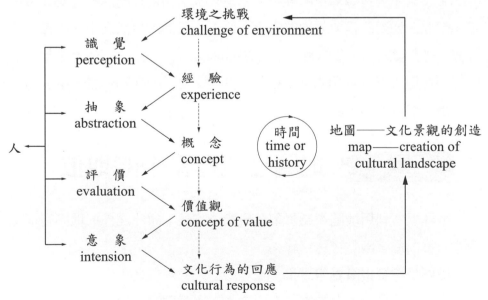

圖 1–2　環境識覺與文化景觀的創造

　　當環境被人所識覺，在人的腦海中演化為經驗。經驗和識覺資料的內容是完全相同的，只不過分別存在於兩個不同空間與位置，環境仍然是外在於人，不會因被識覺或有程度上的差異而有所改變，但經驗則存在於識覺者的腦中，經驗豐富程度依識覺能力而定，也依時間累積而增長。無論如何，由識覺至經驗，使「人」成為人地互動關係中非常重要的「變數」(variable)。經驗愈豐富的人，愈能了解生活環境、調適、享受與建構新環境。

　　經驗在人的腦海中，會經過抽象作用而演化為概念。概念和經驗不同，二者在型式上的差別在於，經驗有其所針對的對象，但概念則是建立在抽象後的型式。例如當我們欲登玉山，看見危崖峭壁，高聳入雲，乃是經驗；而演化為高峻的山峰，則是概念，概念上已不專指那一片危崖，也不專指玉山的海拔高度。

　　人會對腦海中的概念進行評價，例如某甲說高峻的玉山主峰「危險」，但某乙則說「刺激」。故對環境的評價，純粹為「人的內部作業」，外在環境的性質已經起不了多大作用。人對環境的評價，俗稱為價值觀，為人在生命上極重要的環節，就是對環境的認知開始。

　　最後，人會依其對環境評價，用態度或意向表達出是害怕，是有趣等，並進一步發展為決策與付諸行為，面對玉山的危崖，某甲留下來觀望，某乙則攀上高峰。這可以說是人類對環境的文化行為的回應，然此最終的回應行為，卻是極端矛盾相反的意向，追究其原因，是人類對環境的識覺，然而很多時候是陷入「以偏概全」的誤會。因為人是站在欣賞風景畫或攝影照片的角度去看環境，而不是用看地圖的方法去「全面性了解環境」。假如甲乙二人當時有一張精確的玉山地形等高線圖，乙不會直接攀上危崖峭壁，甲也不會止步退縮，因為地圖上的資料，提供給他們很多登山路線選擇的機會，有時依溪谷，有時依陵脊，峰迴路轉，別有一番情趣。換言之，由於地圖依據嚴謹的數學法則、科學及美學編繪製成，使我們讀圖者對環境實況是一種「再識覺」的最佳材料，可以

藉此排除對環境直覺所產生的偏見與誤會。

　　地圖本身是由各式各樣的地景符號組合而成，充分地表現出地表空間差異型態，故常常看地圖的人，可能比較容易培養出高瞻遠矚、胸懷廣闊、顧全大局、洞燭機先的個性。地理學者常常利用地圖，此天然優越的機會，適足以孕育愉悅的心境，體會生活的奧妙。

二、地圖在地理學分科中的超越地位

　　因地理是研究地表一切人或地空間現象的學科，所以內容包羅萬象，從事地理學的研究者，不可能兼顧到每一部分，只能成為分科的地理學專家。傳統上分成「自然地理學」及「人文地理學」兩大範疇，而在自然地理學中又再細分為地形學、水文地理學、氣候學與海洋地理學等。至於人文地理學方面細分更為複雜，至少可以分為經濟地理學、聚落地理學、社會地理學及文化地理學等範疇，而每種範疇又可再細分為更多精緻的研究領域，不勝枚舉，請參閱附圖 1–3。

　　由附圖可知，地理學者在「系統地理學」研究上不斷分科，而在每一分科地理研究中，都吸取其他相關學科經驗和成果，而再回歸到地理學的大家庭中，這是任何其他科系學者所不可能想像的。由於各種分科的地理因子都可能在同一空間範圍及時間系統內出現，區域地理的研究便發揮概括性的機能，歷史地理的研究也可發揮概括性的機能；此外，地圖亦是貫通各地理分科的一項重要因素，因為任何一分科的研究，實際上都不能離開地圖的使用，為了使此超越性價值得到實效，優良的地圖學素養，應是地理學者須具備的首要條件。

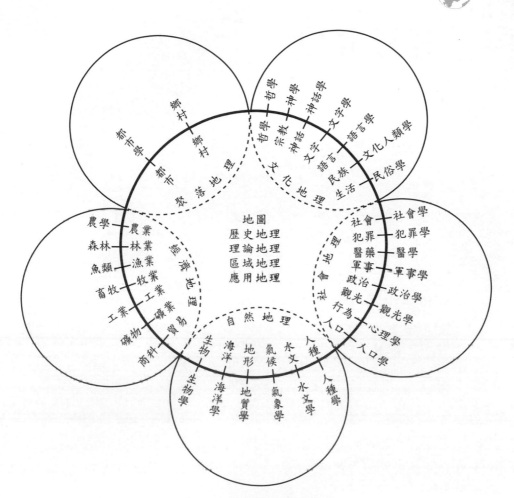

圖 1–3　地理學的學術領域

MEMO

第2章
地圖學發展簡史

　　地圖既然是人類描繪其「生活環境」圖像的方法之一，廣言之，考古學家所發現的很多新石器時代的壁畫，或甲骨上刻劃的物象和線條，也可算是地圖，只不過這些古地圖不像現代地圖擁有嚴密的數學法則和優良編繪技術而已。故地圖學已具有數千年，甚至萬年以上的歷史，其與人類文明是同步發展的，畢竟人是依附著現實地理環境生存與生活，他們對環境的認知，盡可能地用地圖表達出來。

　　在史前時代，原始先民居住在洞穴裡或野外，若出外狩獵之後，怎樣回「家」呢？他們極可能熟記周圍的自然地景，如山洞草木，但當有較進步的文化後，他們可能利用樹枝或奇岩怪石，去「布置」辨認的方向和站程，這可說是活生生的地圖，也是人之所以別於禽獸的地方。據學者研究，馬紹爾群島 (Marshall Islands) 的先民就懂得用貝殼及椰子葉編成立體的海圖，方法是將椰子的葉柄削成細長的條狀，椰條與椰條縱橫交錯，交接處用椰子纖維拴在一起，這也是他們概念中的座標系統，等於經緯網格；椰條上適當的位置繫上貝殼，表達各島嶼的相對位置；島嶼附近的小椰條表示海水的流向，彎曲的椰條表示近海航行時的預定方向（圖2–1）。

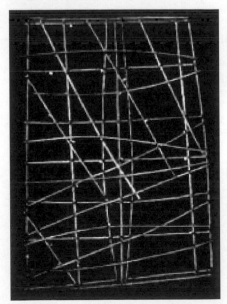

圖 2–1　馬紹爾群島先民的樹枝圖

　　法屬玻里尼西亞群島的大溪地 (Tahiti) 原住民，也用木片製作其所居島嶼的立體地圖，雖手工粗陋，卻足以表達地圖的概念。

　　此外，1804 年日本近藤董藏著《邊要分界圖考》，附有 3 幅砂圖，分別題名為「山丹人某所畫砂圖」（圖 2-2）、「山丹人富揚斯所畫砂圖」及「山丹住夷加里亞新所畫砂圖」。

　　而 1927 年探險家芬戴信 (Hans Findeisen) 曾使葉尼塞的吉爾吉斯人 (Kets Tribe in Yenisei) 繪畫一葉尼塞河支流的通古斯河 (Tunguska) 詳圖（圖 2-3），長約 72 公里，沿途還有溪谷、小徑、土人採作陶器原料的紅色泥灰岩崖、沙洲、岩石露頭、合作社、社區神教壇及幾間小居屋等。這些人類學的發現，可以推知上古先民時代，文化雖相當低落，但對地圖的應用的可能性和實效性，仍然是肯定的。

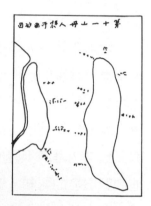

圖 2-2　山丹人的砂圖

圖 2-3　通古斯河古地圖

　　當人類認知環境的特徵後，在腦海中留下印象，經過價值判斷，結構成「**心像地圖**」(mental map)，當對世界的觀念以抽象型式落實到真實地表的時候，便寫成象形文字，故可以說象形文字是最原始的地圖，表達上古先民所認知的上古地理環境。世界上之古文明，都曾發育象形文字，但大多數的古文字皆已死亡，僅留下少數的象形符號，轉化為拼音字母，文字隨語音而轉變，漸漸脫離了「心像地圖」的型式。唯有中國

文字仍保存「古風」，所以中國文字，實在就是一幅一幅活生生古老地圖（圖 2-4）。

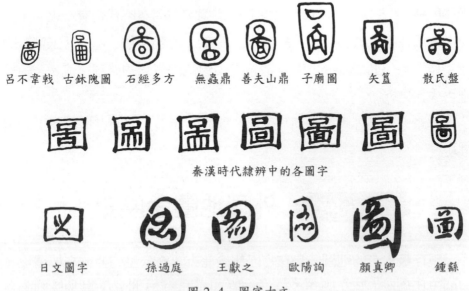

呂不韋戟　古鉢陶圖　石經多方　　無蟲鼎　善夫山鼎　子廟圖　　矢簋　　散氏盤

秦漢時代隸辨中的各圖字

日文圖字　　孫過庭　　王獻之　　歐陽詢　　顏真卿　　鍾繇

圖 2-4　圖字古文

就以附圖 2-4 的古代圖字而言，明顯地有一共同的特徵，就是外圍的大方格，代表地理區的範圍界限，也代表地圖的「圖廓」。圖廓乃是地理資料，這些資料包含兩種現象：第一種是「行動中的人形」，如「㕛」、「㕛」、「㕛」、「㕛」；第二種是「土地的型態」，如「◎」、「田」，故全個「圖」字為一象形會意字，其原義是「有人在土地上進行觀察或測量活動，並確定區域範圍，而繪畫下來的文化產品」。今圖字內部「啚」，加邑部為「鄙」字，鄙字與圖字是相反義字，二字的差別是「圖」有廓而「鄙」無廓，「鄙」字的原義為未經測繪製圖的地方，引申為「郊鄙」，住在該地的人也就是「鄙人」，是文化較落後的鄉下人，以別「圖」中的「文明人」。

中國的地圖文明究竟起源於何時？甲骨文有「啚」字，作「内」、「吳」、「㕛」等型式，可見上古中國有地圖概念至少可推至六、七千年

前的甲骨文時代。此外，日本文源自中國文字，日文的「圖」字寫作「図」，其實是中文的古字簡化，圖中的「ㄨ」為「之」字，甲骨文作「ㄓ」、「ㄓ」，金文作「土」、「ㄓ」、「ㄓ」等，原意是「腳（即ㄓ）在地上（即一）」走動，與「啚」字同義，這個字在周秦時代仍有「之」字，如〈矦馬盟書〉的鄙字作「鄛」，又《集韻》的圖字作「圐」，《玉篇》的圖字作「図」，即之字的變體，故可知中國地圖概念的確源遠流長，始於上古先民時代。

本章分別以外國及中國為副題，簡述中西兩大文明在地圖學上的發展史。

第一節 外國地圖發展史

現存最古老的地圖，是在古巴比倫北方 320 公里的亞述古城遺址發現的巴比倫城古圖（圖 2–5），定年在西元前約 25 世紀。該地圖刻劃在一手掌大的黏土板上，圖上明顯地標示兩排山脈、河流注入海洋、有四座城鎮及一些相對的地理景觀。

1955 年，美國學者克藍瑪 (Kramer) 發現另一黏土板地圖，為成圖於西元前約 15 世紀的尼普爾城圖，線條簡單、由楔形文字標示地名等特徵（圖 2–6）。

另一是蘇美人的世界全圖殘片（圖 2–7），有楔形文字說明；據專家解讀，是說明格薩爾王的軍事活動形勢圖；中央是陸地，環以世界海，為日後歐洲及阿拉伯人 T-O Map 概念的前身。

有一幅在壓平的蘆葦草上繪製埃及東南部的金礦山地圖（圖 2–8），定年在西元前 13 世紀左右，包括由尼羅河至紅海之間的地區，地圖用平面圖的形式表示道路、房屋、廟宇、洗礦區，山嶺以斷面形式表示。據歷史學家的研究，古埃及人因尼羅河三角洲經常泛濫，淹沒田界，故測地學非常發達，以作為土地權重劃及政府徵稅的依據，從幾何學

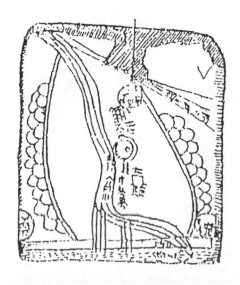

圖 2-5 巴比倫亞述城邑圖　　　　圖 2-6 巴比倫尼普爾城泥板

圖 2-7 蘇美人楔形文字世界地圖　　圖 2-8 埃及東南部金礦山地圖

(geometry)一詞以「土地」(geo)為字根，可見當時地圖測繪的技術相當
進步。

　　希臘哲學家安那雪曼達（Anaximander of Miletus，西元前610～547
年）曾繪製一幅世界圖，早已失傳。後來米利都的赫卡塔埃烏斯
（Hecateus of Miletus，西元前550～480年）曾依據當時傳說改繪為一
卵形平面圖（圖2-9）：

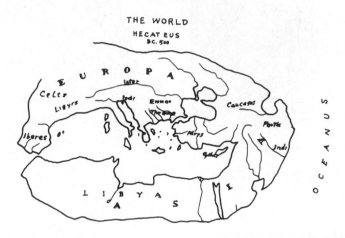

圖 2-9　西元前 5 世紀米利都的赫卡塔埃烏斯改繪的世界圖

　　圖中希臘位於世界的中央，由歐洲及亞洲兩陸地部分組成，其間就
是地中海，西緣至伊比利半島與北非的海格力斯之柱 (Pillars of
Hercules) 相對，東緣至印度，外圍為世界海 (oceanus)，所以此「世界」
的概念尚未成熟。

　　由於手工業興起和海上貿易的發達，需要較大範圍的精確地圖，促
成地圖學史的突破。希臘科學家亞里斯多德 （Aristotle，西元前384～
322 年）曾用科學方法論證了地球屬於球形；地理學家厄拉托西尼
（Eratosthenes，西元前276～194 年），任亞歷山大港圖書館館長，利用
太陽正射回歸線的時間、亞歷山大和悉尼城太陽斜射角度關係，來推算
出地球周長為 39,000 公里，與現代計算所得數值 40,075 公里已近似；其

著有《地理學》(*Geography*) 一書，內附世界地圖，包含了地球曲率、周
長及經緯線資料，並以「毛蟲式」符號代表山脈的位置，為一極有創意
的地圖（圖 2–10）。

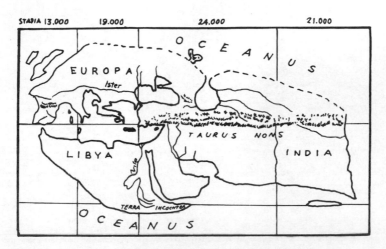

圖 2–10　西元前 3 世紀厄拉托西尼繪製的世界圖

　　天文學家希帕爾卡斯 （Hipparchus， 西元前 140 年） 把圖劃分為
360°，並依據白晝的長短分為許多緯度帶，同時提出了球面、正射及圓
錐投影的概念。

　　希臘另一位地理學家托勒密（Ptolemy，西元 90～168 年）著有《地
理學指南》(*Geographia*)，實際上是地圖學專書，內容包括製圖方法、資
料彙編、地圖投影等論著，又列了 8,000 個地名的經緯度表，另有世界
圖及區域圖 26 幅，堪稱經典之作，總結了希臘時代測繪地圖全部的成果
（圖 2–11）。

　　羅馬人繼承了希臘科技的傳統，卻重視地理學及地圖學的實用性。
在凱薩至屋大維時代，對義大利、希臘和埃及進行了測量，羅馬大帝國
為了遠征、貿易和政治占領的原因，建了許多大道，這個地理上的特點
也反映在地圖上：〈別烏金格洛瓦圖〉是由 11 幅圖拼貼而成，為長 7 公
尺而寬 1/3 公尺的一卷地圖；圖形是從北向南壓縮，使地中海和黑海變

成狹長帶，像河流由西向東貫流；地圖上沒有經緯網，卻著重於城市、軍事設備、道路網、河流、湖泊及森林的分布。其中城市、森林及山脈都是透視的，道路上標有車站並詳註距離，可見其實用意識非常強烈。

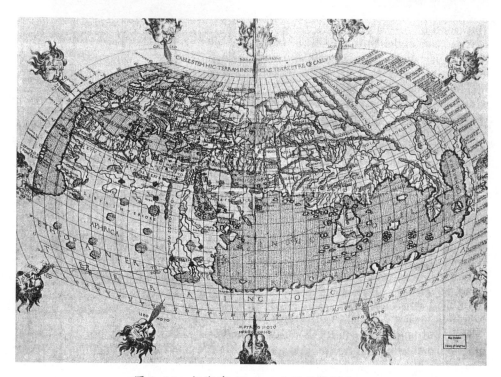

圖 2-11　托勒密 (Ptolemy) 的世界圖之一

科斯馬（Cosmas，西元 50 年）著《基督教地形學》一書，稱世界為一高平的矩形海島，長為寬的兩倍，被矩形海洋所包圍，海水深入陸地而形成四個小海：即羅馬海（地中海）、波斯灣、阿拉伯海及黑海。海洋東方彼岸，有一個在世界大洪水時代之後形成的極樂世界，由極樂世界流出四條神河，即尼羅河、底格里斯河、幼發拉底河和恆河。在扁平的四角世界之頂上是透明的天空，以垂帳狀與世界四周連接，天頂之下有由水構成的平坦之下層天空，為太陽、月亮和恆星活動的空間，晝夜乃是這些天體在環天運動，而地球是端正而不旋轉的方塊（圖 2-12）。

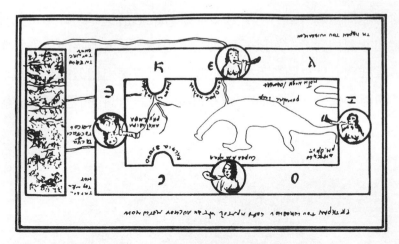

圖 2-12　歐洲黑暗時代矩形世界島圖

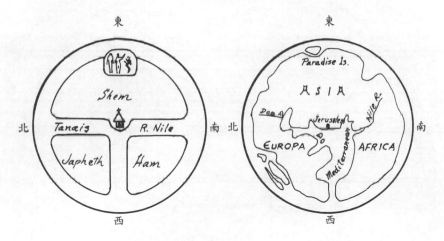

圖 2-13　歐洲黑暗時代著名的 T-O Map 世界

　　與此矩形世界概念相似者，如著名的 "T-O Map"（圖 2-13），把世界描繪成圓形，將聖城耶路撒冷 (Jerusalem) 定位於圓心，地球分成三部分，分別以《聖經》故事中造方舟的諾亞 (Noah) 的三個兒子之名而命名。圖的上半部為閃 (Shem) 之地，即亞洲，在東方；而在圖頂即東方最遠處畫一極樂島 (Paradise)，這或許是意味著當時的歐洲人仰慕絲綢之路盡頭處的遠東漢唐的繁榮。英文 "orient" 一字，釋作東方，又釋作定位，蘊含著深厚的文化地理意義。圖的右下方為含 (Ham) 之地，即非洲，以

尼羅河與亞洲相隔。圖的左下方為雅弗 (Japheth) 之地，即歐洲，一面以地中海與非洲相對，一面以頓河與亞洲相隔。三大洲陸塊以外，環以世界海，這種圓形世界圖有不少繁簡型式，都表達出相似的製圖概念。一幅在英國赫里福德座堂 (Hereford Cathedral) 的地圖，就是繁體的精品（圖2-14）。

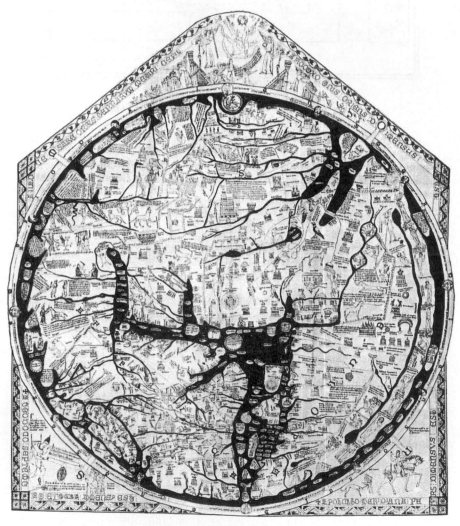

圖 2-14　13 世紀 T-O Map 宗教裝裱型式 (the Hereford world map)

　　4 至 13 世紀間，歐洲歷史稱為「黑暗時代」，神學代替了科學，地圖的科學精神亦被摒棄。當歐洲處於黑暗時代，也正是阿拉伯人活躍的時刻，大空間的地理知識促使地圖有了新發展。埃錐西（Idrisi，西元 1099～1164 年）在 1154 年繪製了一幅世界地圖（圖 2-15），基本上仍然採取世界海環繞各大洲圓圖的型式，但在亞洲方面的資料比較豐富，非洲在撒哈拉沙漠以南則一片矇矓，充分表現出以阿拉伯回教世界為中心的意識。圖最大的特點是有緯線圖，只不過圖的頂部是南方，和我們現在習慣頂部是北方恰巧相反，這是回教認為神在南方概念的影響。阿拉伯人在地圖學史上還有一大功勞，就是把托勒密的著作保存下來，引導地圖學復興。

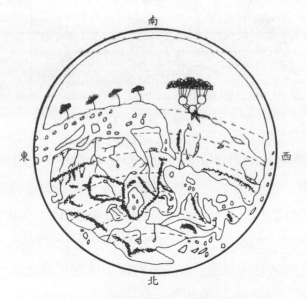

圖 2-15　文藝復興時代前的阿拉伯世界圖

　　在 13 世紀，熱那亞 (Genoa) 商人創製一種新的海圖，稱為 portolani，英譯為 harbor-finding charts，即「港口尋找圖錄」（圖 2-16）。地名只註明港口、岬角及一些海岸特色，陸地部分為一片空白，港口及驛站皆以恆向線交互相連，故每一港口及驛站皆成為放射中心，作為磁

北極羅盤系統的焦點，可見這種導航海圖創作，是由於阿拉伯人從中國傳入羅盤的結果。至 14 世紀末，這種海圖發展到達巔峰，圖幅範圍已由原先地中海沿岸港口，擴展至大西洋沿岸及印度洋沿岸，到 15、16 世紀以後，才被新地圖所取代。

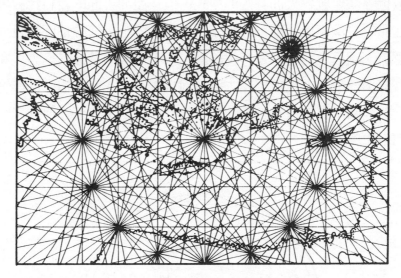

圖 2-16　歐洲文藝復興時代海港圖

　　15、16 世紀，是世界文化一大突變，歐洲的文藝復興、大航海時代、殖民計劃、工業革命、民族國家興起等，每一項都掀動全世界的脈動，而地圖乃是助長這些活動的重要工具（圖 2-17）。1405 年，托勒密巨著被重新發現，並譯成拉丁文，對地圖學界是一大刺激。至 15 世紀後期，土耳其人阻斷紅海以通東方貿易路線，地圖更誘發歐洲冒險家嘗試新航路的願望。1487 年，迪亞士（Bartolomeu Dias，西元 1451～1500 年）至南非好望角試航成功，1497 年又延伸旅程到了印度。1492 年，哥倫布（Christopher Columbus，西元 1451～1506 年）希望橫越大西洋而到達中國，卻沒料到在中途發現了美洲新大陸，還把美洲原住民稱為印度人（Indians，今譯為印第安人）。1519 年，麥哲倫（Magellan，西元 1480～1521 年）繞道南美麥哲倫海峽而到達菲律賓，才是第一次環繞世

界的航行，不過，對太平洋沿岸的輪
廓仍然十分模糊。義大利傳教士利瑪
竇（Matteo Ricci，西元 1552～1610
年）於 1580 年到達中國，利用天體儀
測量各地緯度，又利用日月蝕測量經
度，並把在一年內所繪製的中國地圖
寄回歐洲，促進了東西方世界地圖知
識的交流。

荷蘭地圖學家麥卡托（Mercator，
西元 1512～1594 年）根據新資料，對
已有的地圖進行修改和補充，創製並
應用正軸等角圖柱投影，繪成精確的
世界地圖並成集，選用希臘神話中肩
負地球的巨神阿特拉斯 (Atlas) 的名
字作為地圖集的名稱，遂成為專用術
語，沿用至今。

歐洲此時的地圖重點由航海圖轉
為世界圖，也有其迫切的需求和客觀
條件。民族國家立國基礎和殖民地資
源開發，重心都在土地之上；加上 17
世紀以後精密儀器如望遠鏡、鐘錶、
平板儀、三角測量儀及天文觀測等發
明和運用，大大地提高了地圖測繪的
可能性和準確度；而中國造紙及印刷
術繼羅盤之後傳入歐洲，對地圖的大
量發行和普遍使用，乃重要因素。

17 世紀以後，歐洲各國的地圖學

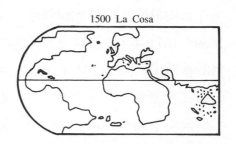
1500 La Cosa

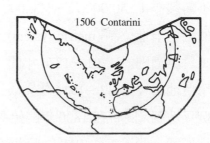
1506 Contarini

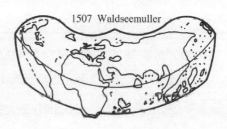
1507 Waldseemuller

1529 Ribero

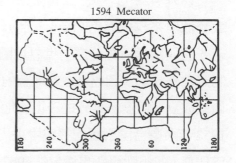
1594 Mecator

圖 2-17　歐洲大航海時代世界地圖

工作集中於大比例尺地圖測繪，作為國家政經建設計劃的基本地圖。1669～1671 年，法國首先進行全國精密的三角測量；1730～1780 年所測得的精確度甚高；1784 年完成了格林威治天文臺本初子午線與巴黎之間的控制網測量，所以在法國大革命之後不久，就完成了全國的 1：56,000 比例尺地形圖。1818～1882 年又完成了 1：80,000 地形圖；1898 年以後不斷製作 1：50,000 及 1：20,000 的新地圖；此外，法國人在 19 世紀初便創用十進位制 (metric system)，成為地圖測繪良好的助力。

英國則於 1791～1870 年間，完成了一英吋表示一哩 (1：63,360) 的單色地圖；1887～1914 年完成二十五英吋表示一哩 (1：2,534.4) 的大比例尺地圖。同時在 1800 年開始測繪印度一英吋表示五哩 (1：316,800) 的地形圖，測繪工作更包含西藏南部地區。

俄羅斯在 1797 年成立地圖局，1805 年就完成了第一套比例尺為 1：840,000 國家基本地圖，1845～1863 年又完成 1：126,000 地圖。

美國在 1870～1900 年間，先後完成一英吋表示四哩 (1：253,440) 和一英吋表示八哩 (1：506,880) 的地圖，但並不是全國性測繪，因為很多地區地廣人稀。至 1879 年成立地質調查局，才展開大規模的大比例尺地形圖的測繪；1940 年代製成的 1：25,000 以上大比例尺地形圖，仍只占領土面積約 40% 左右。美國大比例尺地圖乃至 20 世紀後期，利用航測及衛星遙測技術的協助才高速成長。

1891 年 8 月在瑞士伯爾尼舉行第五屆國際地理學會會議上，維也納大學地理系教授彭克（Penk，西元 1858～1945 年）建議由各國共同編製統一的〈國際百萬分之一世界地圖〉(IMW)，得到與會學者贊同。隨後制定地圖投影、圖幅編號、地圖內容和編繪方案等編繪細則，1913 年在倫敦成立「國際百萬分之一世界地圖中央局」，並正式展開彙編工作。至 1953 年，聯合國製圖處接替中央局職責，現在世界上大部分地區都已完成任務，並不斷更新再版。在 1962 年於西德波恩舉行的國際百萬分之一世界地圖技術會議上，修改了編繪細則及圖式符號，對編繪的目的性、

統一性、地圖投影、分幅與編號、圖幅尺寸、地形表示法、圖示與色標、註記、圖廓整飾、經緯網格、地名翻譯、編繪與出版、使用語言等十三項目都作了標準化的決定。另一方面的進展乃是〈國際百萬分之一專題地圖〉編繪和合作，目前皆已出版，於世界各國廣泛地使用。

專題地圖的範圍很廣，差異性也很大，各國發展的方向也不盡相同；大致上，世界各國都有水準相當高的地圖集 (atlas) 出版，乃專題地圖發展特徵。

第二節　中國地圖發展史

中國什麼時候開始有地圖，現在還沒有證據及實物地圖，但若以古籍記載，應是很古遠的時代，只是證物沒有保存下來，或是尚未發現，現依其可能有的現象，依時序述論如下，以茲參考。

據《世本八種》記載，黃帝蚩尤之戰，曾使用「地形物象」，即地圖。這句話不必信，亦不必不信，反正黃帝與蚩尤之戰是歷史懸案，待歷史學家去尋找答案。但假如這是上古中國一場在新石器時代劃時代戰爭，有沒有可能使用地圖？答案是可能的。既然是大規模的戰鬥，戰鬥需要組織，戰鬥範圍也一定有區域差異，地圖的運用應是可能，只不過那時的地圖，很少有機會留存，因那所謂地圖，僅是軍事領袖用樹枝在沙土上指指畫畫，幫助說明，而不必要先刻記在泥板及樹皮上。但另一方面，戰後則可能要記功，故立碑作記，將來考古學家有所發現，亦未可料。

又傳說夏禹治水，劃定天下九州，並鑄九鼎，將九州風物刻記在上面，這也是地圖，真相如何？不得而知，如果是有的話，也不過是在西元前 2000 餘年左右，時間和巴比倫城泥板圖同時，為什麼不可能？但也只能等待考古學家的努力驗證而已。

殷墟甲骨文大量發現，證實了商代歷史的可靠性，甲骨資料提供了

很多當時「方國」地名及其與殷都相對位置關係及社會文化關係。那是歷史地理的文字實證,也極有可能在地圖上的實證,只是尚未找到而已。

《山海經》是一本古代地理書,是可以肯定的。其中記載了上古中國山川形勢及相傳的地理景觀,而記述時是用「又東若干里」等筆法寫成。很顯然是作者依據地圖方位所作描述,據訓詁學家認為本有〈山海圖〉,後有《山海圖經》,後因原圖部分失傳,餘下山海經文部分,加上錯簡之亂,所以現在閱讀困難,成為難以明瞭的神怪書。有學者企圖把〈山海圖〉還原出來,並不是奇怪的願望,有興趣的讀者可參考蔡學民臺灣師範大學地理系碩士論文《山海經的歷史地理區域重塑》。

《周禮》中有十多處記載曰:「司徒所掌之圖」,指掌人口、戶籍、及文教的官員的地圖;「司馬之圖」指掌軍事行政地圖;「宗伯之圖」指掌王室墓葬及祭祀的地圖;「冢宰之圖」指掌城鄉經濟現象的地圖。固然,這些周代的地圖都沒有留存下來,但周代封建制度嚴密,對全國地理知識的傳播非常豐富,曾經使用過許多地圖,是合理的;西周自武王伐紂至東周遷都,時序是在西元前 12 世紀至西元前 8 世紀,相當於古埃及與古希臘時代。

1972 年在山東臨沂的銀雀山西漢墓中發現《孫臏兵法》殘簡,除有一些講述地形及地圖對用兵重要性文字外,還記有「附地圖九卷」之說,但實際上沒有發現地圖,孫臏是西元前 382～316 年的人,與希臘哲學家亞里斯多德同時。

1977 年發掘中山王墓葬時,發現一鐫刻在銅版上的〈兆域圖〉(圖 2–18),這是用金銀鑲嵌的墓葬平面圖,長 94 公分,寬 48 公分,厚約 1 公分,圖上標明宮垣及墳墓所在的地點,建築物各部分的名稱、大小、位置及其間的相互關係,繪製時間為西元前 299 年前後,屬東周之戰國時代的《周禮》所說的「宗伯之圖」。這一〈兆域圖〉的發現,為現今發現地圖物證之最古老者,但以其為銅製品,又證《周禮》一書記載之可信,可見在周代,地圖的使用非常普遍。

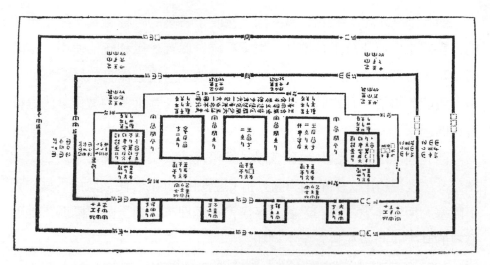

圖 2-18　周代銅版的〈兆域圖〉

　　管仲為齊桓公宰相，時在西元前約 7 世紀的春秋時代，著《管子》
一書，有〈地圖篇〉，論述地圖對軍事的重要性：

> 凡兵主者，必先審知地圖，轘轅之險，濫車之水，名山、通谷、
> 經川、陵陸、丘阜之所在，苴草、林木、蒲葦之所茂，道里之遠
> 近，城郭之大小，名邑、廢邑、困殖之地，必盡知之。地形之出
> 入相錯者，盡藏之，然後可以行軍襲邑，舉措知先後，不失地利，
> 此地圖之常也。

　　由這一段文字，可知在春秋戰國時代，軍事地圖內容的豐富、精確
和實用性，只可惜管子在書中沒有附圖留存。

　　西元前 227 年，燕太子丹使荊軻刺秦王；秦始皇之所以接見荊軻，
就是因為荊軻獻上燕國督亢地方的地圖，表示燕國向秦國投降的意思，
但荊軻僅以獻圖為藉口，以謀刺殺為目的，可惜「圖窮匕現」、功敗垂
成。這一段歷史故事，也告訴我們一項事實：戰國時代，每個國家都已
擁有完整的國家實測地理圖集，內容正如《周禮》所記的遍及各層面。

　　西元前 221 年，秦始皇滅六國，接收了各國的各種圖籍；除了車同軌、書同文、連建萬里長城外，也彙編統一輿圖，以利統治使用。當時廢封建，設郡縣，乃中國政治地理的一大改革，沒有優良的地圖協助，是不可能的事情。且當時中國已發明造紙技術，對地圖的製作，應是極有利的因素。

　　西元前 202 年，劉邦攻破咸陽，宰相蕭何收集秦朝圖籍、戶口、案牘公文，後編繪出〈中華全輿圖〉和〈邊疆區域圖〉，使漢政府「具知天下阨塞，戶口多少，強弱之處」。《漢書・地理志》對全國郡國縣市地理資料的詳盡，乃是在普查上下過功夫。

　　1973 年在湖南長沙馬王堆三號漢墓中發掘出三幅繪在帛上的古地圖，繪製年代為西元前 167 年，乃現今世界上已發現最早以實測為基礎的古地圖。三帛圖分別是地形圖（圖 2–19、圖 2–20）、駐軍圖（圖 2–21）及城邑圖。

　　地形圖包括範圍大致為東經 110°00′～112°30′，北緯 22°～26°，地跨今湖南，廣東及廣西各一部分；即今日廣西全州及灌陽一線以東，湖南新田及廣東的連縣一線以西，北至新田及全州一線以南，南限較模糊，為海洋，但此大海指梧州一帶的西江，因資料不足的緣故。地圖主區為當時長沙國南部的深平防區，南面為南越王趙佗的轄地。比例尺是 1：180,000 左右，即漢制 1 寸表示 10 里的地圖。內容包括水系、山體、聚落及道路，其中水系最詳細：為湘江主流及瀟水上游，當時稱大深水，共有河流 30 多條，其中 9 條皆有河名，即大深水、營水、舂水、泠水、羅水、壘水、犫水、臨水及其一不能識辨，河名配置在支流注入主流河口處，河流流向以下游漸大表示，曲流的繪畫法也和現代圖相似，河道中虛線段，乃原圖的殘缺部分，在復原編繪時代替符號。山脈以閉合曲線內加暈線的符號表示其位置及走向，其中「九嶷山區」特別強調九峰並立，山的西側有「帝舜」二字，表示為傳說中舜的葬地。有 82 處聚落，分為縣和鄉里二級，縣級用方形符號表示，共 8 個，即營浦、南平、

春陵、觀陽、齕道、桃陽、泠道及桂陽，鄉里用較小圓形符號，共 74
個，各符號的大小不等，或表示各聚落人口的多寡，聚落名稱都註記在
符號內，不會混淆，字體近於篆書和隸書之間，其中最大聚落為營浦，
即今湖南道縣。道路 20 多條，一般用單細實線表示，間中亦有虛線部
分。南鄰區南嶺以外，則非常簡略，因為資料不齊全。故可見當時對製
圖原則的分類分級、繁簡取捨、符號設計及主客區域等地圖定性定量法，

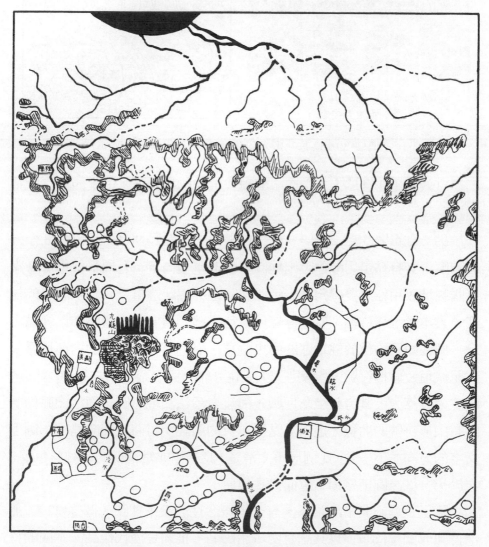

圖 2-19　〈馬王堆西漢地形帛圖〉（西元前 168 年）

以大深水、九嶷山、營浦、
春陵、桂陽相對定位。

原圖比例尺為 1：1,800,000 ， 縮圖比
例尺為 1：10,000,000。此界向上南方
為南越王領土，資料缺乏，故與現今
地形不配合。

圖 2–20　漢墓地形帛圖復原與現今地形圖比較

已經有效運用。圖的上方指南，與現代習慣的指北相反，是西漢帛圖特
點之一。

　　另一駐軍圖（圖 2–21），也是指南方向，為長 98 公分及寬 78 公分
的圖廓，其特點是用顏色突出地圖主題的軍事內容，有周都尉軍等 9 支
軍隊駐地，用紅黑雙線鉤框表示；對防區界線、駐軍及有軍事意義的村
莊、大本營、烽燧點、關塞等皆用紅色描繪；通向敵方道路亦以紅點表
示。周都尉軍約位於駐軍區的中央位置，附近有一三角形的指揮城堡，
註記城垣及戰樓符號，其旁則一人工儲水池，圖上聚落點註記 49 個，地
名註入圓圈內，其旁數字為戶數，河流表示法和地形圖相同，山脈則為
附有山形符號的曲線，道路為點線，有的還註明村莊之間的里程；圖上
文字的方向並不一致，比例尺不太清楚，為一幅非常精緻的實測彩色圖。
至於另一城邑圖則殘損嚴重而無法復原。

　　除了上述的測繪帛圖外，有一幅概念性的天下總圖（圖 2–22），無
法得知成圖年代，但以其記有西域諸國名，推知是漢代作品。本圖的特

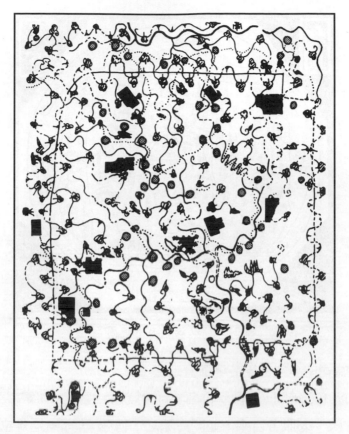

圖 2-21　〈馬王堆漢墓出土駐軍帛圖〉

點是圓形，又把中國置於圓心位置，僅註中國二字，周圍是四夷所在，包括西域諸國：南有安南、暹羅和真臘，東有日本國及傳說中的神山如蓬萊、方丈、瀛洲及扶桑，應為日本群島，琉球國極可能為臺灣，北方除肅慎國外，其他都是怪名。中洲之外環以大海，大海之外環以大環洲，大環洲及大海之中皆註有若干國名，全是《山海經》上的怪名；大環洲之外又環以世界海，海外是無邊無際的世界；故整體為同心圓狀分布的世界觀，與歐洲的 T-O Map 有同工異曲之妙。

　　漢代有精確的測繪帛圖，並非出於偶然；因為中國古人曾有許多偉大的科學發明和創造，對於地圖的測繪技術的發展有巨大推動作用。例如西元前 300 年左右，中國人就已知道利用慈石（即磁石）作為指南的

圖 2–22 〈漢代天下總圖〉

工具，稱為司南，為世界最早羅盤定位工具。

西元前 100 年間，一數學書名《周髀算經》提及「勾廣三，股修四，經隔五」、又「勾股各自乘，並開方除之，得弦」，即畢達哥拉斯在西元 540 年提出、創造的直角三角形公式。

晉代發明一種名曰「記里鼓車」的儀器，用來測記里程，而歐洲至西元 1528 年才知利用車輪測量距離。

西元 263 年，劉徽著《重差術》，為一部以立杆測影法為基礎的平面三角學及測量學專書，討論 9 個測量問題，利用相似三角形比例關係來測量山高、水深、河澗及城垣長度；又著《割圓術》，指出「割之彌細，所失彌少，割之又割，以至不可割，則與圓周合體而無所失矣」，而推得圓周率為 3.141024。而祖沖之（西元 429～500 年）著《綴術》，求得圓周率在 3.1415926 和 3.1415927 之間，比歐洲所得早 1,000 年。

以帛圖之成就言，漢代的製圖技術已經相當優良，至西晉更有地圖學家裴秀（西元 223～271 年），總結前人的製圖經驗，著地圖繪製原則，

是為《制圖六體》。

《晉書・裴秀傳》：

制圖之體有六焉：一曰分率，所以辨廣輪之度也；二曰準望，所
以正彼此之體也；三曰道里，所以定所由之數也；四曰高下，五
曰方邪，六曰迂直，此三者各因地而制宜，所以校夷險之異也。
有圖象而無分率，則無審遠近之差；有分率而無準望，雖得之於
一隅，必失之於他方；有準望而無道里，則施之於山海隔絕之地，
不能以相通；有道里而無高下，方邪，迂直之校，則徑路之數必
與遠近之實相違，失準望之正矣。故以上六者，參而考之，雖遠
近之實，定於分率；彼此之實，定於道里；度數之實，定於高下，
方邪，迂直之算。故雖有峻山矩海之隔，絕域殊方之迴，登降詭
曲之因，皆可得舉而定者。準望之法既正，則曲直遠近，無所隱
其形也。

其中，「分率」指比例尺，裴秀實際以 1 分代表 10 里，1 寸代表 100 里
的比例尺，編製了〈地形方丈圖〉。「準望」是測量相對方位；「道里」是
計算實際距離；而兩地點的距離，必因地形情況不同而需要校正，故「高
下」即相對高度之差；「方邪」為坡度緩急之差；「迂直」為曲線距離之
差。而經過校正後的測量結果，必然非常精確。裴秀不僅著重理論，並
且考證〈禹貢〉一篇中的山川沼澤，編製了〈禹貢方域圖〉18 幅，為古
今地名及方域變化的歷史地圖；原圖已失，但亦無礙裴秀在中國地圖學
史上卓越的成就，其「計里畫方」的製圖法，一直影響至明代，歷時
1,400 多年。

　　唐朝有另一位著名地圖學家賈耽（西元 730～805 年），由於當上接
待外國使臣鴻臚卿，經常藉機訪詢外國風土人情，故成為外國地理專家。
後因軍事上的需求，主持繪製〈隴右山南圖〉，又把所有關於編製地圖的

原始資料彙編成《別錄》六卷，後又增補為《通錄》10 卷。而代表作則
是西元 801 年完成的〈四海華夷總圖〉（圖 2–23），圖幅為 3 丈乘 3 丈 3
尺，比例尺是 1 寸表示 100 里，最大特點是採用朱墨二色，古地名用黑
色，今地名用紅色，開創了歷史沿革地圖的先例，流傳 500 年之久。此
外又著有 40 卷《古今郡國道縣四夷述》，作為圖的解說。

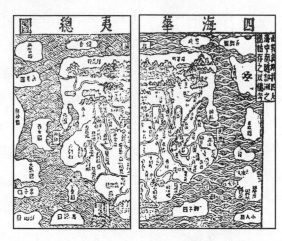

圖 2–23　　〈四海華夷總圖〉

唐代在地圖測繪上另一傑出的成就，是開始了子午線的實測。僧人一行，原名張遂（西元 673～727 年）於西元 724 年，與南宮說在黃河以南的白馬（滑縣）、浚儀（開封西北）、扶溝和武津（上蔡）一帶 500 餘里地面上，用水準、墨繩和 8 尺表觀測日影長度差（晷差），並實地丈量距離，觀測四地北極高（緯度），分別為：35°3′、34°8′、34°3′及 33°8′，四點間的距離為 198 里 179 步、167 里 281 步、160 里 110 步，總實測距離為 526 里 270 步，晷差為 2 寸餘，按今日計量單位換算得子午線上緯度 1 度差的距離為 132.03 公里。

宋代立國不久，即令各州縣繪製本區地圖，太宗淳化 4 年（西元 993 年），令畫工集諸州國，用絹百匹畫製，為天下之圖，藏祕府，稱為〈淳化天下圖〉，今已失存。

〈四海華夷總圖〉及〈禹貢方域圖〉失傳，在宋代卻有石刻版。西元 1136 年製的〈華夷圖〉（圖 2–24），面積僅為原圖的 1/10，現仍存於西安，位置也比較正確。〈禹跡圖〉（圖 2–25）則在鎮江，圖上有橫 70 而豎 73 共計 5,110 個方格，每方折地百里，比例尺約為 1：1,800,000，為迄今所存最早計里畫方的地圖；圖上表示黃河、長江與珠江之水系；

洞庭、鄱陽、太湖及洪澤湖的位置以及海岸線的輪廓。在四川榮縣發掘
得北宋末年石刻的〈九域守令圖〉，比例尺為 1：1,800,000，是每寸折百
里的地圖。該圖的特點是以行政等級作為聚落分級的標準：府、州、軍
為一級，監及縣為二級；以不同大小字級來區分，共有京府 4 個、次府
10 個、州 242 個、軍 27 個、監 4 個、縣 1,118 個，是已傳世地名最多、
時間最早的全國政區地圖。

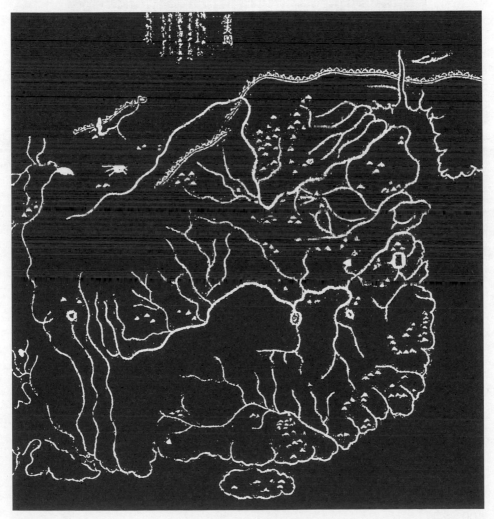

圖 2-24　〈華夷圖〉

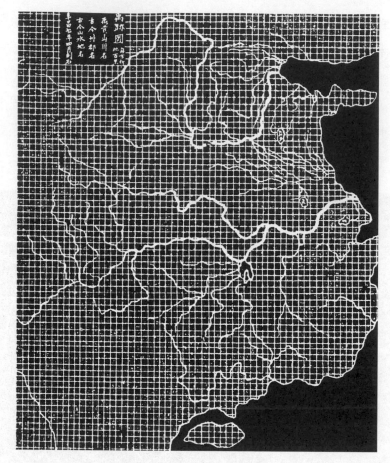

圖 2-25　〈禹跡圖〉

　　南宋平江郡守李壽明於西元 1229 年主持的石刻圖（圖 2-26），描繪城廓、道路、河道、橋樑和重要建築物，以及城外山湖風光的布局；其與現在蘇州城對照，顯得相當準確，為現存最完整的古代城市規劃圖。

　　北宋沈括（西元 1031～1095 年）編繪了比例尺二寸折百里的天下州縣圖 20 幅，他還在治汴渠時進行了 840 里的水準測量，又利用木屑、漿糊、熔蠟及木刻等製作地形立體模型，遠比歐洲的製模地圖為早。同時又在所著的《夢溪筆談》中曾記載磁針偏角的現象，比哥倫布的發現早 400 多年。

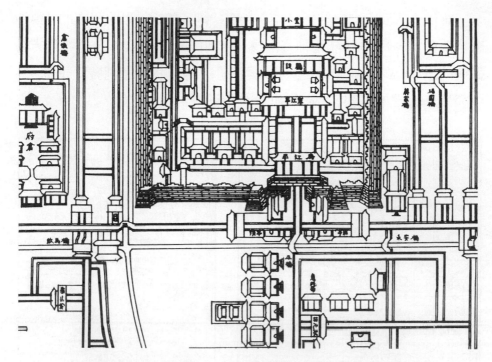

圖 2-26　南宋李壽明石刻〈平江府圖〉（西元 1229 年，蘇州）

　　元代至元 4 年（西元 1267 年），札馬魯丁撰《萬年曆》，在大都建立觀象臺，製造了天文觀測儀器 7 件，其中之一為地球儀。《元史》提及西域儀象的部分有以下敘述，此為中國最早的地球儀。

　　　　其制以木為球，七分為水，其色綠，三分為土，其色白，畫江河湖
　　　　海，脈絡貫於其中，畫作小方井，以計幅員之廣寰，道里之遠近。

　　元代另一地圖學家朱思本（西元 1273～1333 年），因職務關係，於 1311～1320 年間周遊十省名山大川，完成了長寬各 7 尺的全國〈輿地圖〉二卷，初以計里畫方繪製各地分圖，後彙編成全國地圖；內容豐富詳實、製圖嚴謹，因其為道教徒，曾刊石於上清三華院，經多次摹繪，至明代以後失傳。

　　羅洪先（西元 1504～1564 年）為明代地圖學家，以朱思本的〈輿地圖〉為藍本，於 1561 年增補修編成〈廣輿圖〉（圖 2-27），以「畫方易編簡的道理，廣其圖至數十」，將大幅分成小幅，木刻印刷裝訂成冊，為中國最早的綜合地圖集；並採用 24 種符號，為圖例之始。

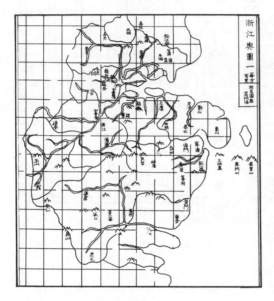

圖 2-27　〈廣輿圖〉（西元 1561 年）

圖 2-28　〈鄭和航海圖〉

　　明代三寶太監鄭和（西元 1371～1435 年）是中國著名航海家，於西元 1405～1433 年，28 年期間 7 次率船隊下西洋，歷經 30 餘國、最遠到達非洲東岸的蒙巴薩及莫三比克。曾繪製〈鄭和航海圖〉一卷（圖 2-28），載於《武備志》，原名〈自寶船岸開航從龍江關出水直抵外國諸番圖〉。原圖共 24 頁、首序 1 頁、地圖 20 頁、按一字展開式繪製、〈過洋牽星圖〉2 頁及空白 1 頁。地圖上詳細記載開船時間、停泊地點、淺灘、礁石，有 500 餘地名，其中外城地名達 300 餘多。此圖為航行紀錄圖，不採傳統計里畫方法，而用形象的「對景圖式」：山形及具方位意義的地景，按其地景特徵繪製；故此圖為一在行動中的意象式作品，雖比例不一致，亦不甚準確，方位也有差誤，仍不失為一重要的地圖學作品。

　　明末，義大利傳教士利瑪竇於 1580 年來華，帶同歐洲世界地圖 10 餘種，將經緯線為地圖網格的方法、兩圓圈為東西半球的地圖概念、赤道、南北回歸線及南北極圈分南北半球各五帶的地理知識，介紹到中國。同時利用天體觀測儀，測定各地緯度，利用日月蝕測量各地經度，並將中國資料併入世界地圖中，而成〈坤輿萬國全圖〉（圖 2–29）。可惜此等新的地圖學知識，只停留在士大夫階層，現存的〈坤輿萬國全圖〉是李之藻的刻本。

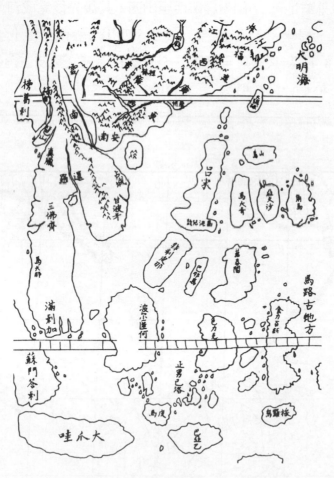

圖 2–29　〈坤輿萬國全圖〉（西元 1602 年）

　　當歐洲各民族國家開始進行全國實測的時候，中國也舉行測繪國家地圖的製作，而且是當時世界上測繪事業規模最大而完成最早的國家。清康熙皇親派張誠和徐日升兩位傳教士在北京附近作測圖試驗，並親自校勘，認為遠勝舊圖，乃在康熙 47 年（西元 1708 年）4 月正式開始全國的測繪工作，首先完成北直隸（即今河北）沿長城內外測繪地形，西元 1709～1710 年從遼東到圖們江、松花江、黑龍江，陸續完成東北區滿洲地圖。西元 1711～1712 年，一隊往山東，另一隊出長城，測定喀爾喀蒙古（即今外蒙地區），歸途經陝西至山西。其後先後完成河南、湖廣、江南、浙江、福建、江西、廣東、廣西、四川、雲南，積十年的努力，於西元 1718 年製成〈皇輿全覽圖〉。全圖是利用天文點及三角網法測算，得經緯點 640 個，以通過首都北京的經線為中央經線，比例尺是 1：1,400,000。此圖並不公開，乃皇朝作為統治工具，故又稱〈內府輿圖〉

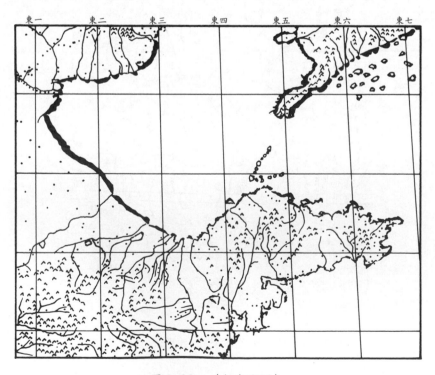

圖 2-30　〈內府輿圖〉

（圖 2–30）；後於同治年間，由鄒世詒等改編為〈大清一統輿圖〉，至 1863 年公開出版。原圖則於民國 10 年（西元 1921 年）才在瀋陽故宮博物院被發現，由該院石印刊行，題為〈清內府一統輿地祕圖〉，圖中滿蒙各地地名用滿文，內地各省地名用漢文。在這東西寬約 50 個經度的地圖中，再依經線上的緯距來規定標準長度單位，即經線上 1 緯度長 200 里，每里 1,800 尺，每尺合緯距 1/100 秒，方法上與 19 世紀時法國人以赤道周長來規定公尺制的概念相似，只是對象取向不同而已。但概念形成的時序上，很有可能遠比公制為早，公制是此「中國標準尺」的改良產品，可見中國科學思想並不落後。

　　測繪工作在〈皇輿全覽圖〉完成後繼續進行，測量隊隨遠征軍入西藏，於乾隆年間（西元 1756～1761 年）繪成〈西域圖誌〉。後又彙編亞洲全圖北至北冰洋、南至印度洋、西達波羅的海、地中海及紅海，比例尺仍是 1：1,400,000，可見是〈皇輿全覽圖〉擴大版本，可稱為最完善的亞洲地圖。原圖銅版 104 片，於民國 14 年（西元 1925 年）在故宮博物院文獻館被發現。

　　在此新舊製圖技術交替期間，清代製圖方法繁多雜亂：如〈鳳陽府圖〉就像山水畫，也被稱為地圖；而〈大清萬年一統天下輿圖〉則既用經緯網，亦用計里畫方；各省也自行編繪省圖，沒有統一標準或圖例。

　　光緒 21 年（西元 1895 年），袁世凱的新軍編制中，工程營內設測繪司；光緒 28 年（西元 1902 年）在軍司令下成立測繪科、創舉京師測繪學堂，為最早培訓測繪人才的教育機構。民國元年（西元 1912 年）臨時政府在參謀部下設陸地測量總局，旋增設中央製圖局，繼而各省先後成立測量局及測繪學堂；民國 10 年（西元 1921 年）設立測量高等學科，對中國地圖學發展奠下良好基礎。

　　自民國元年至 17 年（西元 1912～1928 年）間，完成矩形圖廓、比例尺為 1：50,000 的地形圖 4,213 幅、比例尺為 1：100,000 地形圖 5,000 餘幅；但因當時軍閥割據、政令不一，故地圖品質不高，尤其是省與省

間接圖的部分更差。民國 18 年（西元 1929 年）中央測量總局制定統一圖式和標準，翌年另行測繪。民國 20 年成立航空測量隊，民國 25 年（西元 1936 年）以後，採用蘭伯特投影，按經緯度分幅，完成 1：50,000 新圖廓圖 2,040 幅，其中 175 幅用航空攝影測量方法校測；又有 1：300,000 地形圖 926 幅、地籍圖 84,000 餘幅，素質都比舊圖較佳，尤以沿海地區為然。

在這段期間，特別值得提及的是丁文江主編的申報館《中華民國新地圖》（西元 1930～1934 年），這是中國當時精確度較高的地圖集，編本為《中國分省新圖》，先後改編過 5 次，發行傳播相當廣泛。

在此期間，中國地圖學史上還有一特殊現象，就是許多外國強行參與中國的測繪工作，以便竊取地理資料。首先，日本借中日合作的名義，於民國 10 年（西元 1921 年）測繪東北地區 1：50,000 地形圖，作為侵華戰爭的基礎資料；在占領東北期間，於遼陽、瀋陽、長春及錦州各線間測繪 1：5,000 詳細地形圖 200 餘幅；侵華戰爭後，或改編中國東部及中部各省 1：50,000 舊圖廓地形圖、或縮編為 1：100,000 地形圖，以行軍及占領為目的。此外，尚有滿洲國 1：50,000 比例尺地形圖 100 餘幅：以長春為經度零度起算，定營口海岸為零水準面，以公尺為計算單位。

美國為參與中國測繪工作最多的國家。民國 32 年（西元 1943 年），美國以合作航測中國西南各省區地圖名義，攝製了沿昆明至瀋陽軸線以東的中國本部航照，並改編沿海各省大部分地區的 1：50,000 舊圖為橫麥卡托投影的經緯圖廓地形圖 200 餘幅。後又進行分析研究，推算中國東部及北部地區 12 省的舊圖圖廓點經緯度至 1/100 秒的精度，依此改編中國 1：50,000 地形圖 2000 餘幅、東部及東北部 1：25,000 地形圖的 400 幅，但等高線高程單位為英制，地名亦中英並用。現仍在美國圖書館中普遍使用。

英國於民國 9 年（西元 1920 年），即借解決天津水災名義，由測量海河水道，擴展到華北平原，測繪 1：10,000 水利圖 2,778 幅。英國控制

下印度測量局用考察的名義，於光緒 27 年至 34 年（西元 1901～1908年）間，先後在新疆及河西走廊一帶，測繪 1：250,000 地形圖 94 幅，並且非法在西藏地區進行測繪，都有侵略的企圖。

德國侵占膠州灣後，測繪工作擴展至山東及河北，製成 1：200,000地形圖。法國測繪雲南東南部分地區 1：50,000 地形圖，俄國測繪黑龍江、新疆及甘肅一帶，都以擴張勢力範圍為目的。

中共占據中國初期，技術與人才都有限，只能對舊有 1：50,000 地形圖作微量的修測及修編的工作，尤其是在建設重點海河、黃河、淮河等水利開發地區受限更多。至 1952 年成立國家測繪總局，統籌全國測繪工作。1954 年制定北京座標系、1956 年制定黃海高程系，作為國家基本地形圖作業範則；並開始利用航測技術，先後完成編繪比例尺 1：10,000、1：50,000 及 1：100,000 的基本地形圖，並進一步縮編為 1：200,000、1：500,000 及 1：1,000,000 地形圖，部分地區還進行第二代或第三代更新版。中國地理學者，因人文思想方面受到阻制，偏向於自然科技方面發展，對地圖學方面是有相當的成就。

20 世紀下半葉，是世界各國編繪地圖集及專題地圖的時代，此乃基礎地形圖完成後，地圖學家另一種發展方向；前述的《申報館地圖集》，就是其中中國地圖集先驅。自 1965 年以後，中國地圖學界亦承此趨勢，陸續出版了《中國自然地圖集》、《地質圖集》、《水文圖集》、《水文地質及工程地質圖集》、《中國自然地理圖集》、《中國歷史地理圖集》、《世界地圖集》、《中國老年人口地圖集》、《中國腫瘤圖集》、《中國公路交通地圖集》、《中華人民共和國分省地圖集》等，其中《中國土地利用圖集》製作水準頗高。此外，各省市出版的各種地圖集，皆有相當高的學術價值，這是各大學地理系人才努力的成果；但從這些地圖的內容而言，絕大部分偏重於自然科學及利用方面，極少涉及人文地理，尤其是社會地理的範疇，這是共產制度對學術思想專制下畸型發展。而且由於中國出版界受到政治的強力干擾，當我們讀圖時，還得用自己的地理知識去作

些合理的判斷和校正。然而，自 1980 年代改革開放以來，經濟地圖集、區域計劃、旅遊地圖等專題地圖的出版成了風尚，資料比較精準合理。除此之外，由紐約的牛津大學出版社負責編繪的《中國人口圖集》及《中國國家經濟地圖集》則內容精美詳盡，價值極高。

此外，臺灣也於 1961 年由張其昀主持、國防研究院編印《中華民國地圖集》。該圖集共 5 冊：第一冊為臺灣省，第二冊為中國大陸邊疆，第三冊為北部地方，第四冊為南部地方，第五冊為總論；在地方分論部分，各地兩圖幅，分別是地形及地名。但總括而言，該地圖集缺乏新意，總編部分亦很簡陋。

在整個中國歷史地理發展過程中，臺灣島處於一個極偏遠的邊緣位置，在國民政府遷臺至今這幾十年以前，政經上一直是中國的邊陲，今日的臺灣省能一躍而成為中國地區最富有的區域之一，可說是異數。這以地圖發展史而言，亦有相似的歷史脈絡。在古地圖中，漢代之天下總圖中的流求，應是臺灣。流求之名，似表示中國航海者順海流而求得者，但除了名字外，什麼也沒有。宋石刻本的〈禹跡圖〉及〈華夷圖〉，都只有偌大的海南島而沒有臺灣島。臺灣地圖的編繪，最初竟是出諸外國人之手。

1554 年，葡萄牙人 Lopo Homen 所繪的世界全圖中，於北回歸線以北，琉球群島之西南端，繪有臺灣，其稱之為 "Formosa I."，意即「美麗的島」（圖 2–31）。

明世宗嘉靖 34 年（西元 1555 年）鄭舜功去日本，返國著有《日本一覽》，附圖中即有一臺灣島圖，雖極簡陋，可見日本當時已藉倭寇活動而繪有臺灣地圖。

西班牙人於 1569 年侵占菲律賓，曾企圖兼併臺灣，測繪有菲律賓與臺灣以及一部分中國沿海地圖；並於 1597 年建議出兵侵臺，也實際占領臺灣北部地區，至 1642 年被荷蘭人逐出，其間也進行過一些實測工作。

荷蘭人於 1624 年進入臺灣時，已經有很正確的海圖。至 1641 年環

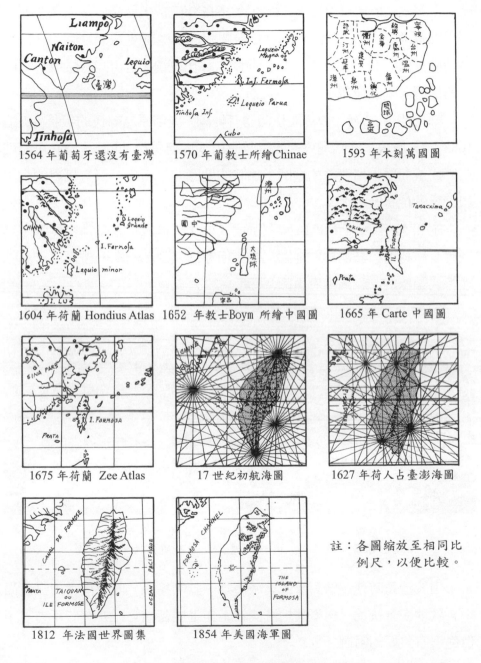

1564 年葡萄牙還沒有臺灣　　1570 年葡教士所繪Chinae　　1593 年木刻萬國圖

1604 年荷蘭 Hondius Atlas　1652 年教士Boym 所繪中國圖　1665 年 Carte 中國圖

1675 年荷蘭 Zee Atlas　　17 世紀初航海圖　　1627 年荷人占臺澎海圖

1812 年法國世界圖集　　1854 年美國海軍圖

註：各圖縮放至相同比
　　例尺，以便比較。

圖 2-31　臺灣地圖史

島海航一周後，對臺灣島有更佳認識；待其將北區的西班牙人勢力驅逐、統一全島，更積極測繪地圖。新圖於 1645 年完成，呈交荷蘭人在亞洲總部巴達維亞（今雅加達），1660 年荷蘭版世界地圖，臺灣地圖的部分相當精確。直至 1662 年，鄭成功把荷蘭人逐出臺灣，是否同時接收了荷蘭人的地圖，未見記載。

鄭氏治臺 22 年，很可能也測繪有地圖。施琅原為鄭氏的叛將，史稱 1683 年，施琅率清兵進攻臺灣時曾使用〈內府軍機地圖〉，極有可能就是鄭氏或荷蘭人所測繪的地圖；那時的地圖非常粗略，只有相對的山川和聚落的位置及地名。

康熙 53 年（西元 1714 年）派遣 3 位法國傳教士來臺進行測量，為臺灣有用科學方法測繪的地圖之始，但亦僅及西部沿海一帶而已，見乾隆時代編繪的〈乾隆內府輿圖〉（圖 2-32）。

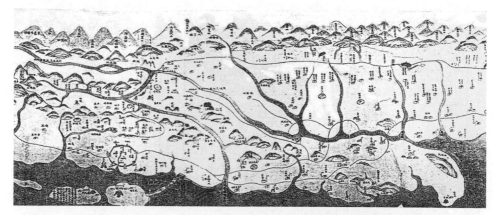

圖 2-32　〈乾隆內府輿圖〉中的臺灣番界圖
資料來源：施添福 (1991)，《臺灣史田野研究通訊》19 號

由於清領時代，曾對臺灣實施海禁、限制移民，同時漢番對立、尚未有效地完全統治，對臺灣地圖測繪工作進展甚緩。雖亦有若干方志，但都沒有良好的附圖。

至光緒 5 年（西元 1879 年），夏獻綸派人測繪東部，一幅臺灣全圖

才告完成，稱為〈前後山輿圖〉（圖 2–33）；而各廳縣均有分圖，以澎湖廳較詳盡。

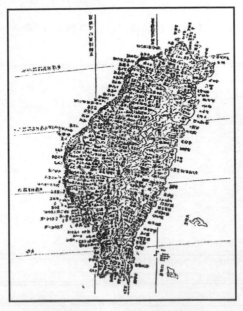

圖 2–33　〈夏獻綸臺灣圖〉

　　光緒 21 年（西元 1895 年）臺灣割讓與日本，臺灣地圖才獲得全面測繪。1904 年，臺灣總督府製成 1：10,000 的臺灣堡圖（圖 2–34），並編繪成 1：300,000 的臺灣全圖；1939 年再測量增修，更加明細。後又由陸軍測量部測繪比例尺 1：20,000、 1：50,000 的地形圖 143 幅，並編成比例尺 1：100,000、1：200,000 及 1：500,000 等的地形圖。

　　中日戰爭末期，美國陸軍製圖局亦編印了 1：25,000 的臺灣地形圖。光復後，國防部即依此改編為 1：25,000 及 1：50,000 的基本地形圖。至國民政府遷臺，由聯勤總部負責臺灣全省地形圖測繪，先後已有民國版本修正。同時，也有其他政府單位或機構如交通部、經濟部、水利部、農業部、臺糖、臺鐵、地政、農林、地質和公共工程等參與局部的測繪工作，其中尤以臺灣省政府農林廳的林務局農林航測所的測繪工作貢獻

最大。該所在民國 64 年開始測製比例尺 1：5,000（平地）、1：10,000（山地）的正射像片基本圖，兩比例尺分別各有 3,210 幅及 567 幅，民國 71年完成。又地政局測量隊自 65 年開始地籍圖重測工作，都市地區為 1：500、農田及丘陵為 1：1,000、高山為 1：2,000，皆十分精確。

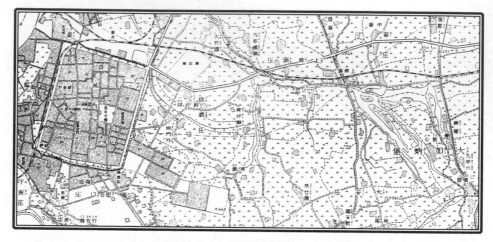

圖 2–34　〈臺北古圖〉
資料來源：洪敏麟 (1969)，《臺灣堡圖集》

第 3 章
地圖要素

　　地圖既然是依據嚴謹的數學法則，將地表上的自然景觀和人文景觀，綜合科學和美學的編繪方法，用適當的符號，縮繪在平面上的圖形，以表達出地景在質和量上的區域差異、空間組織及時間上的流變。地圖上一定含有上述定義所提及的各項要素，而這些要素，是用特殊的「地圖學名詞」來表達的。本章將對地圖要素作系統的說明，以便對地圖學習或使用上都更有價值。

第一節　比例尺

　　地圖是「地區的縮影」，為地圖第一項事實，但究竟縮小了多少，地圖學上稱這樣的數學概念為**比例尺**、或稱為**縮尺**。而中國古地圖學家西晉的裴秀，早已提出此一地圖要素，名之曰「分率」；英文為 "scale"。

$$比例尺 (S) = \frac{地圖上線段的長度 (L)}{地表上相應地段的水平距離 (D)} = \frac{1}{M}$$

　　由以上比例尺公式中，分子的單位為 1，分母的單位為分子倍數 M，意為地圖上一單位長度代表實地上同樣單位 M 倍的長度。換言之，此圖是縮小了 M 倍。所以我們通常稱地圖的比例尺的方法是用分數法例如 1：25,000、五萬分之一等。

　　在比例尺這一地圖要素上，有一容易令人混淆的地方：「圖幅」與

「地區」間的實際關係。以下將此一關係加以說明，使讀者更明白 1：M 比例尺的意義。

一、若以同一「地區」作圖：M 的數字愈大，即縮倍愈大，則圖幅 1：M 之面積便愈小（圖 3–1）。

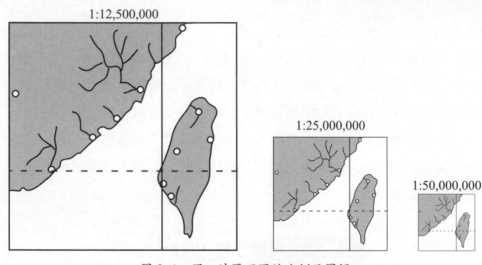

圖 3–1　同一地區不同的比例尺圖幅

二、若以同一「圖紙」作圖：M 的數字愈大，即縮倍愈大，則圖幅 1：M 所涵蓋的實際地區也愈大（圖 3–2）。

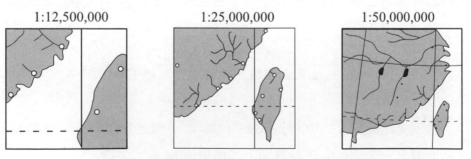

圖 3–2　圖幅相同，不同比例尺涵蓋的地理範圍

因此，世界地圖或大洲大洋等地圖，M 的數值都很大，圖幅 1：M 的數值則相對的很小，故稱「小比例尺地圖」。相反的，市區地圖或小地

區地形圖等，M 的數值較小，故圖幅 1 : M 的數值則相對較大，故稱「大比例尺地圖」。

　　但 M 的數值為多少才是大小比例尺的分界呢？並沒有定論。然而，現在一般習慣上以 M 為五十萬作標準：M 值大於五十萬的如百萬分之一等為小比例尺地圖，M 值小於五十萬的如十萬分之一、五萬分之一、二萬五千分之一等為大比例尺圖。又有以 M 值為十萬及百萬而分成大中小比例尺者：即以五萬分之一、十萬分之一等為大比例尺地圖，在十萬分之一至百萬分之一之間者為中比例尺地圖，而百萬分之一或二百萬分之一等則為小比例尺地圖。因此，什麼是「大、小」比例尺或「大、中、小」比例尺的界限？意義上不重要，最重要的是「1 : M 的比例尺」含意為「地圖上一長度單位，代表地表上 M 倍的實際長度單位」。有了比例尺的數值，我們可以利用比例尺來了解地圖上測量的長度（Length，公式中的 L）與地表事物實際距離（Distance，公式中的 D）的對應關係。

　　「1 : M」這一分數式是沒有量度單位的純數值，但也可以配上任何相同的量度單位以進行單位運算。例如：

$$\frac{1}{M} = \frac{1}{100,000} = \frac{1 \text{ 公分 (cm)}}{100,000 \text{ 公分 (cm)}} = \frac{1 \text{ 公分 (cm)}}{1,000 \text{ 公尺 (m)}}$$

$$= \frac{1 \text{ 公分 (cm)}}{1 \text{ 公里 (km)}} = \frac{L}{D}$$

　　換言之，在一張 1 : 100,000（十萬分之一）的地圖上，每 1 公分的長度代表地物 1,000 公尺或 1 公里的距離；1 : 50,000（五萬分之一）的地圖上，每 1 公分的長度代表地物 500 公尺或半公里的距離。

　　因此，如果我們在一張 1 : 50,000 的地圖上，量度 A 地到 B 地的長度為 1.4 公分，則可代入分數式運算如下，而知二者的距離為：

$$\frac{1}{50,000 \text{ (M)}} = \frac{1.4 \text{ 公分 (L)}}{D}$$

$$D = 1.4 \text{ 公分} \times 50,000 = 70,000 \text{ 公分} = 700 \text{ 公尺}$$

又如我們在地上測得一條直路，距離為 1,260 公尺，要縮繪在一張二萬五千分之一的地圖上，也可以代入分數式運算如下，而知圖上的長度應為：

$$\frac{1}{25,000 \text{ (M)}} = \frac{L}{1,260 \text{ 公尺 (D)}}$$

$$L = \frac{1,260 \text{ 公尺}}{25,000} = \frac{1,260 \times 100 \text{ 公分}}{25,000} = 5.04 \text{ 公分}$$

又如我們買了一塊房地產，知道其形狀是正方形且邊長 50 公尺 (D)，也得到一張地籍圖，卻沒有比例尺；我們可以量度圖上邊長而得 2 公分 (L)，藉運算而知該圖的比例尺為：

$$\frac{1}{M} = \frac{2 \text{ 公分 (L)}}{50 \text{ 公尺 (D)}} = \frac{2 \text{ 公分}}{5,000 \text{ 公分}} = \frac{1}{2,500}$$

上述的量度單位是公里 (kilometer, km)、公尺或米 (meter, m)、公分或釐米 (centimeter, cm)，是屬於十進法之公制單位，1 公里有 1,000 公尺、1 公尺有 100 公分。也有一些地圖是採用英制為量度單位的，並非十進法，我們也應有所認識：

$$\frac{1 \text{ 吋 (L)}}{1 \text{ 哩 (D)}} = \frac{1 \text{ 吋}}{5,280 \text{ 呎}} = \frac{1 \text{ 吋}}{5,280 \times 12 \text{ 吋}} = \frac{1}{63,360 \text{ (M)}}$$

換句話說，1 英寸（吋）代表 1 英里（哩）的地圖，其數字式 1/M 是 1：63,360。這個數值在運算上不太方便，但作為比例尺的道理是相同的。

美國是用英制比例尺的國家，土木工程及都市計劃的常用比例尺是「1 吋代表 M 呎」，而極少使用分數式，因太不方便了，如以下即 1：240 的比例尺。

$$\frac{1\ 吋}{20\ 呎} = \frac{1\ 吋}{20 \times 12\ 吋} = \frac{1}{240}$$

上述表示比例尺的方法，可歸納為兩種型式：其一由「分數式」來表示如 1：50,000 或 1：63,360 等，稱為「分數比例尺」(representative fraction, RF)、或數字比例尺 (numerical scale)；二由「量度單位」來表示，如一公分相當於一百公尺、一吋相當於一哩等，稱為「文字比例尺」(verbal scale)、或「敘述比例尺」(statement scale)。

「數字比例尺」的優點是便於運算，而「文字比例尺」的優點是有明確的量度單位，使縮繪的概念更加清楚。此外，還有一種便於在地圖作業上直接使用的比例尺，稱為「圖解比例尺」(graphic scale)。這種比例尺是直接繪在地圖上，先以地圖的單位長度 (L) 繪出分段直線，但卻於每分段處註記其所代表的相關地表實際距離 (D)。例如在一幅 1：50,000 的地圖上，一公分代表半公里，繪成圖解比例尺時，如圖 3–3。

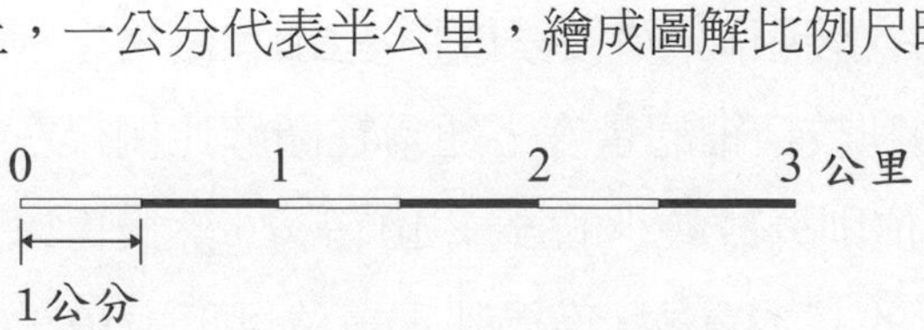

圖 3–3　1：50,000 的圖解比例尺

　　圖解比例尺的優點是可以從圖上直接量度，而馬上讀出其所代表的實際距離、而不必再運算，方法是利用兩腳規、或普通紙片都可。如圖3–4 所示。

　　為了便於讀出實際距離，所以圖解比例尺繪製時有幾點技巧：

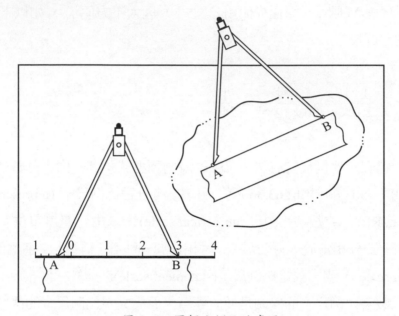

圖 3–4　圖解比例尺的應用

　　一、圖解比例尺的分段宜以實際距離的註記為單位：例如在 1：80,000 的地圖上，不宜繪 1 公分代表 800 公尺，而是繪 1.25 公分代表1,000 公尺或 1 公里。

　　雖然二者的含義相同，都是對的，但卻有優劣之別矣（圖 3–5）。

　　二、為了便利較精細的量度，通常在圖解比例尺左端，多加一基本單位，該基本單位則分成較小的 5 或 10 等分，然後再以這小等分右端為零點起算比例尺的基本單位，獲得基本單位以下 1/10 的數值（圖 3–6）。

　　三、如有需要，可以將不同的單位合畫在同一比例尺上，如圖 3–7上部為公制，下部為英制，可以省卻運算上的困難，同時也可以因此而明瞭二者的相對關係。

四、圖解比例尺一般都繪成直線狀，稱為「直線比例尺」(linear scale)；也有繪成較美觀的棒狀，故又可稱為「棒狀比例尺」(bar scale)。事實上，地圖也是一種藝術，如果在不損害「正確」的科學原則下，加上一些藝術感，以表達地圖的生活情趣，亦未嘗不可。有製圖者把圖解比例尺的基本單位作曲折形狀的排列，既不失其作為量度的效用，而感覺上亦別緻。有時可見曲折形比例尺的末端加繪方向符號，更一舉兩得，發揮地圖學的美感（圖 3-8）。

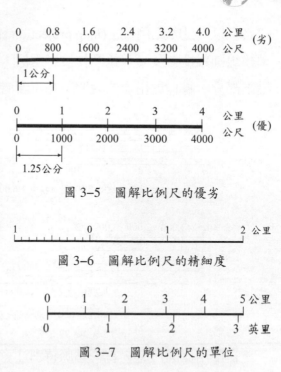

圖 3-5　圖解比例尺的優劣

圖 3-6　圖解比例尺的精細度

圖 3-7　圖解比例尺的單位

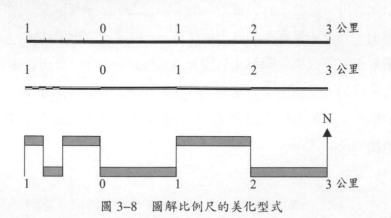

圖 3-8　圖解比例尺的美化型式

圖解比例尺一般而言可以適用於全圖各方位的量度，但在投影地圖上卻是例外。因為投影地圖是依不同的投影方法把地球的經緯網格由球狀變成各種網格狀，是以經緯線的量度長度標準可能依緯度而有差異，

故必須以「投影比例尺」(map projection scale) 來校正。下舉蘭伯特二標準緯線圓錐投影及麥卡托圓柱投影兩例,以茲認識;後續在第五章地圖投影部分,將有實用上的說明來加深讀者的理解（圖 3–9）。

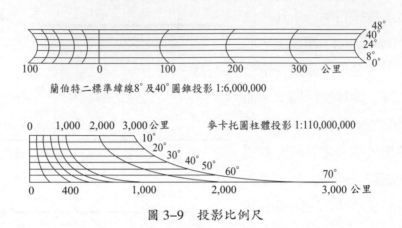

圖 3–9　投影比例尺

在使用比例尺時,有一點應特別注意,就是比例尺只表達地圖上的長度,即兩地點的距離的關係,並不表示區域的面積;故另有「面積比例尺」(area scale)（圖 3–10）。一般而言,面積是線長的平方;中國早在漢代已知使用一稱為「計里畫方」的方法來製圖,實際上就是面積比例尺的運用。其方法是先在圖紙上依比例尺的原則,畫成方格網,每 1 格的面積是 1 平方公里,即每 1 格邊長為直線比例尺的 1 公里,格子的大小依比例尺的不同而定;方格網完成後,再將測得的地理資料,繪在適當的地點上。這是在經緯網發明之前一種極精確的地圖網點控制定位法和面積比例尺的運用。

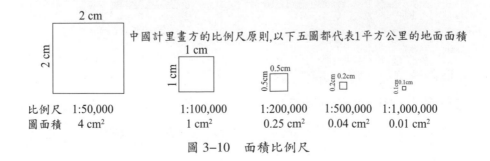

圖 3–10　面積比例尺

　　比例尺是地圖要素最重要者，因其同時決定地圖的精確度和美感。因為人的眼睛只能清楚地分辨出圖上兩點間大於 0.1 公釐的距離，所以這種相當於地圖上 0.1 公釐（毫米，mm，millimeter）的地面距離，稱為**比例尺的精度** (accuracy of scale)，或**極限精度**。但實際上，地圖到達此精度時，縮繪上難免有誤差，故當選用比例尺時，先要依所需要的精確度來決定，例如需要有 1 公尺的極限精度，則

$$\frac{0.1\ 公釐}{1\ 公尺} = \frac{0.1\ 公釐}{100\ 公分} = \frac{0.1\ 公釐}{1,000\ 公釐} = \frac{1}{10,000}$$

　　故 1：10,000 比例尺的地圖可以供給有效的精確度；如果我們現在需要設計一項精度至半公尺的工程，則所用地圖的比例尺不能小於 1：5,000 ；比例尺愈大而圖上量測的精度愈高。但如果我們要繪製一張通論性的專題地圖，則不必選用大比例尺基圖，因為這類地圖的特性不著重於精確度（圖 3–11）。

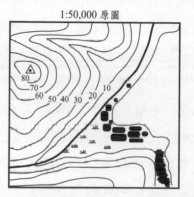

1:50,000 原圖

保留資料
1:50,000

資料簡化
1:50,000

圖 3–11　比例尺與極限精度

　　地圖的比例尺愈大、地圖的內容愈詳細、地理資料也愈複雜，換言之，也愈沒有主題，至少可謂主題已不能明確地彰顯。為了使專題地圖的主題彰顯，在製圖時要把地理資料篩選使用，只使用餘下有關專題的項目；如以大比例尺地圖為基圖，結果是「空洞無物」，雖然極精確，但不美觀；但如在較小比例尺基圖上處理，地理資料比較緊湊，較能發揮地理主題的區域性差異所呈現的視覺效果。

　　相反的，有些製圖人以為資料最是重要、多多益善，可以表達學問豐富，俗語說「有料」。故在縮繪地圖時，把在 1：50,000 地圖上全部資

料都放進 1：500,000 的地圖裡，讀者須知圖幅的面積只有百分之一，縮繪後的資料只是矇矓一片，不僅沒有美感，連精確的原意也失去了，這就是地圖比例尺有其「極限精度」的緣故。

　　此外，製圖人選用比例尺時，也常常忽略比例尺的數值。有時我們看見一些地圖的比例尺是 1：105,000 或 1：97,000，我們或許會問為什麼不是整數 1：100,000？然而或許沒有什麼原因，只是不大注意而已。其實，在十萬分之一的地圖上所表達的地圖效果與其他兩幅稍大或稍小的地圖差不了多少，但最好選用整數值，既易於運算，也讓讀者在感覺上有優劣之別。

　　這情況以地圖集中出現最為嚴重，因地圖集是一系列性的地理資訊，隱含比較和分析的意義；其中比例尺的不同，決定了圖幅的大小及其所包涵的詳細程度。若在地圖集中，同一類的地理資訊，以不同的比例尺縮繪，容易產生誤導，對讀者是一種不公平的對待。例如一本地圖集以 1：300,000 縮繪北京，另以 1：135,000 縮繪武漢（如圖 3-12），武漢比北京大嗎？不對！這是一次失敗的比例尺運用。

　　非整數比例尺數值的選用及地圖集中同類地理資訊使用不同比例尺基圖處理，尤以近代的電腦製圖最易犯錯。因為製圖資料由電腦存儲，成圖的比例尺可以用簡單的按鍵方式縮放自如、或製圖學家以盡量利用圖紙空間為比例尺縮放選擇的標準，故使成圖比例尺出現零畸數值，精確度是足夠的、圖紙也沒有浪費，卻不知不覺間違背了地理學製圖的原則及美學的觀點。故在尚未學習電腦科技製圖之前，不能少了地理學者的素養。成圖雖然只是一張紙，卻也如一張精準的負片，能將製圖者在地理學和美學方面的學問「顯影」出來。

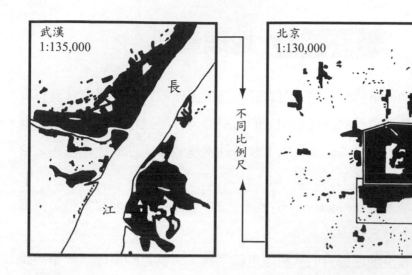

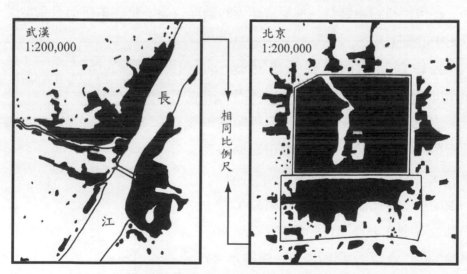

圖 3–12　比例尺所引起的誤會

資料來源：東京開成館編（昭和 12 年），《昭和外國地圖》、潘桂成 (1974)，《中國
　　　　　地理圖集》

第二節　地理資訊

地圖是地表事物的一種表現方式，乃地圖學家以地理學素養及製圖學技術，把地理資訊編繪在地圖上的成果展現。所以地理資訊是顯示地表事物在地圖上的一項要素。以下分別就地理資訊所在的地理位置、資訊的性質及動態來說明。

精確的**地理位置** (location) 為地圖上的一大要素。地理位置應如何確定，在地圖上有三種方法：

第一種確定地理位置的方法是座標系統，最常見的座標系統是經緯網。經緯網格的繪製為一種相當高等的數理技術，將在本書第五章地圖投影中詳細討論。

經緯網為**球面座標系統** (spherical coordinates)，在大比例尺的小區域內使用並不方便。事實上，小區域中直線距離和曲線距離的誤差並不大，故經緯座標乃被修訂成平面座標系統 (plane coordinates)，即以簡單的**平面幾何座標**（縱軸為 Y 軸、橫軸為 X 軸）來作定位的標準，把球面經緯線的度、分、秒，用數學方法轉換為 XY 平面的十進制數值（圖 3–13）。

因為 XY 軸座標系統為正交直線所組成，為麥卡托投影的特徵，美國採用並擴大成為世界性座標，用作軍圖網格，稱為**世界橫軸麥卡托圖網** (Universal Transverse

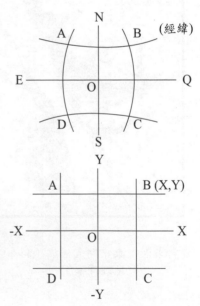

圖 3–13　球面經緯座標與平面座標

Mercator Grid, UTM)（圖 3–14）。在 UTM 圖網系統中，以經線 180° 為起點，每 6 度經度沿赤道自西向東推算至經線 180° 止，分世界地圖為南

北向的 60 帶 (zone)，每帶編以由 1 至 60 的阿拉伯數字代號；以緯度每 8 度為劃分原則，由赤道至南北緯 80°，將南北半球各分為 10 行 (row)，而每行亦編以英文字母代號，由南至北順序為 C 至 X，而其中 A、B、I、O、Y、Z 等六字母不用。因此，在南北緯 80° 間的全部地區便重組成一以六經度及八緯度為單位的四邊形格網 (6° × 8° quadrilateral grid zone)，每一網格皆可用簡單代號叫出，如 "15T" 指 "90°W～96°W，40°N～48°N" 之間的地區，包括美國明尼蘇達州、愛荷華州的大部分及威斯康辛州西部。而臺灣島則坐落於這座標格網的 "51Q"（指 120°E～126°E，16°N～24°N），及 "51R"（指 120°E～126°E，24°N～30°N），因 24°N 緯線通過草屯、埔里及花蓮市。

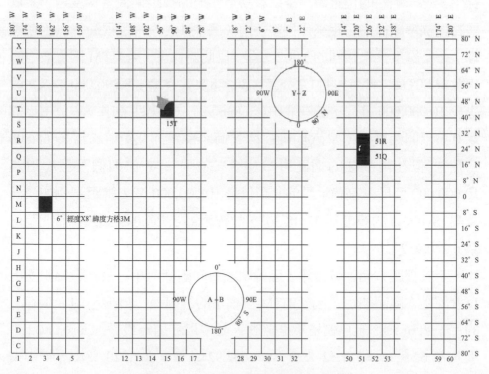

圖 3-14　世界網格帶 UTM 及 UPS

　　平面座標的 XY 值有正值和負值，可以用於數學上，用於地圖上則不方便，為了解決此問題，UTM 網格座標在計算定位上便必須修正。首先在每個 16° 網區找出中央經線，其東西各 3° 經度，以中央經線與赤道交點作為原點，分 1 網格為 4 象限，每一象限皆假設其計量基點在各該象限西南即左下角，則象限內任何一地點的 XY 值皆為正值，其位置數值是先讀向右即向東的 X 值，特稱為**東距值** (easting)；後讀向上即向北的 Y 值，特稱為**北距值** (northing)，這稱為**直角座標** (rectangular coordinates)（圖 3–15）。

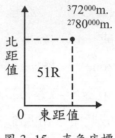

圖 3–15　直角座標

　　由於平面座標以 XY 距離來代替球面座標的經緯度，故當在平面座標上表達一地點的位置時，是以該點至赤道的緯距來代替緯度角，又以該點與標準經線的經距來代替經差角（圖 3–16）。緯距很簡單，因在經線上每一緯度長是相同的 111.2 公里，以此為標準，則 UTM 圖上最遠的南北緯 80° 處，緯距 = 111.2 公里 × 80 = 8,896 公里 = 8,896,000 公尺，即少於 10,000,000 公尺，故在北半球的網區第一及第四象限，Y 值由赤道以 0 公尺開始算起，如花蓮市在 24°N 時，緯距即北距值約為 2,668,800 公尺。但在南半球的網區第二及第三象限，Y 值則假設至赤道為 10,000,000 公尺，高緯地點的北距值是 10,000,000 減去緯距。例如澳洲雪梨 (Sydney) 的緯度為 33°48′30″，故緯距為 3,759,043 公尺，而北距值為 6,240,957 公尺。

　　至於經距方面則較複雜，因緯線圈愈向兩極愈小，故在各緯線圈上每度經距亦隨而縮短，因此 UTM 圖網格的經距是「變形」的。實際上的每一個 6° × 8° 矩形網格不是矩形，其中以赤道為最長，即 111.32 公里，故 6° 經距 = 111.32 公里 × 6 = 667.92 公里 = 667,920 公尺，被中央經線分割後的東西兩部，經距必少於 500,000 公尺，所以在東距值計量上定 500,000 為極限，在中央經線以東的 3° 區，即第一及第二象限，以中央經線為 0 公尺開始起算東距值，而在中央經線以西的 3° 區，即第三

及第四象限，　則以中央經線為 500,000
公尺，任何地點的東距值即 X 值，為
500,000 減去實際對中央經線的經距，例
如花蓮市為在 24°N 緯線上的 121°40′E
點，但中央經線為 123°E，而在 24°N 緯
線上的每度經差距為 101.76 公里，故其
東距值約為 500,000 − (123°−121°40′) ×
101.76 × 1,000 = 333,688 公尺。

　　UTM 網格座標只用於南北緯 80°
以內，而由 80° 緯線至兩極的地區則採
用**世界平射極方位網格座標** (Universal
Polar Stereographic Grid, UPS) 來處理。
作法是以兩極為直角座標 XY 的原點，
0° 及 180° 經線為縱軸即 Y 軸，90°E 及
90°W 經線為橫軸即 X 軸，縱軸將 80°
緯線圍成的極區分成東西兩半，地位等
於 UTM 系統網帶 (zone)，北極區以 Y
及 Z 為代號，南極區以 A 及 B 為代號，

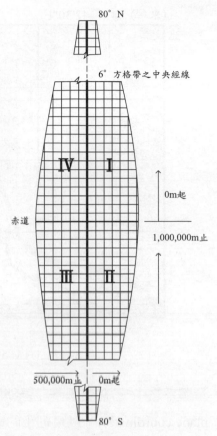

圖 3–16　　6° × 8° 網格帶的直角座
標系統

軸及軸把極區分為四象限，並假設每象限的東距值及北距值皆以
2,000,000 公尺為極限，因極區內的實際最大對極距離為由 80° 緯線至極
的經線長度，至多不超過 1,116,890 公尺。至於四象限的東距值及北距值
的表示法，與 UTM 網格相同。

　　UTM 及 UPS 的網帶，包含面積仍然太大，只作索引用，在實用上
是利用這些網格所統一規劃的資料，來使大比例尺的小區域地圖在直角
座標系統方面一致化。

　　事實上，世界各國為了配合本身的特殊條件，多自有一套區域性的
平面座標系統，尤其用於國家基本地形圖、地質圖、地籍圖，或其他測

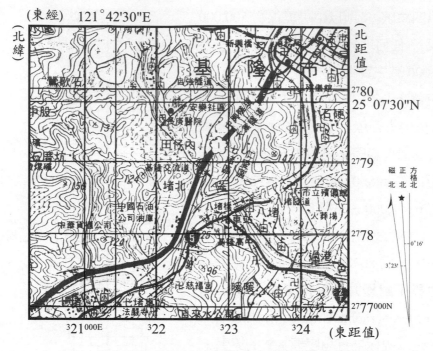

圖 3-17　UTM 51R 網格帶及經緯座標系統

量體系之中。在美國，甚至每一州都有一套「州的座標系統」(state plane coordinates)，以更細小的網格作為計量單位（英制的呎）。

　　附圖 3-17 為基隆至八堵地區，其座標可以用經緯網及 UTM 網格來表達，我們可以看見二者並不重合，但無礙於在地圖上的定位，因為座標系統並非必然的，都是地圖學者的創作，以求達到定位的目的，只不過，一般大眾僅會接觸到經緯網，對於其他座標法則毫無所知，但對於常用大比例尺地圖的土地規劃及土木工程設計人員，直角座標比經緯座標更實用。

　　第二種確定地理位置的方法為大地控制的指標，此乃大地測量的結果，在實際地面上設置如天文墩、測站觀標、標石等作永久性地理位置標記，而在地圖上則用特殊的符號作為定位點，並作為其他地理資料定位的相對依據，大地測量將在本書第 4 章大地現象加以詳述。大地測量所得的地標，設在廣大的郊野區域，一般現代化大都市中，多以消防栓

(fire hydrant)，或汙水排洩系統的下水道 (manhole) 鐵蓋作為定位點，而且在其上鑄有所在地的位置及海拔高度等有關測量的資料，稱為**水準點** (bench mark)，作為其他地理資料定位的相對依據。

第三種確定地理位置的方法為利用**基圖** (base map) 資料，如山峰、河流、海岸線、道路交叉點、特殊建築物、行政界線等，因其為顯著的地標 (land mark)，可以利用作為地圖上其他地理資料定位的相對依據。一般利用基圖來定位的地圖，多為不必精確座標網點的通論性地圖，只要能夠靈活運用，基圖資料定位法更能表現地圖上地理資訊的區位價值，對教學用的地圖尤為重要，這在第六章基圖處詳細討論。

地理資訊本身是地圖的主角，地理資訊所含蘊的特殊性質，在地圖上用特定的符號來繪記，以顯示其分布的現象。所謂特定的符號，不外由點、線、面、體等不同形狀，加上不同的顏色所組合而成，使讀圖者透過符號而了解地理資訊在地表上存在的獨特意義，如人口分布點圖、交通網圖、世界貿易圖、戰爭形勢圖等，這將是本書第七章地圖的定性符號所要討論的題材。

地理資訊是動態的資料，因為地理乃是一門活生生的學問，地理動態在地圖上用特定的量化符號來表達，如人口密度圖、河川流量圖、移民圖、文化景觀的擴散圖等，都因地圖符號靈活運用而使地理動態活現，這將在第八章地圖的定量符號中討論。

總而言之，地理資訊是地圖的主體，其位置、其性質、其量度、其動態等，都可以在地圖上表達出來，表達的方法固然有一定的法則，但型式極多，選擇性很強，如何能製成一幅既精且美的地圖，完全是由製圖者來決定，只要學好製圖學原理，掌握地理學概念，如何運用，製圖者的自由度極大，所以地圖學者應該是一位「有自信心的地理人，是創作者」。

第三節　名稱與方位

　　地圖是地理資料的符號化，但符號的運用，為製圖者的主觀決定，為了使讀圖者也能了解地圖符號所表達的意義，地圖上有名稱與方位的要素，簡單地說明地圖符號的特性，有圖名與方位，是地圖與其他照片或圖像不同的地方。

　　地圖上的名稱，主要分為五類，第一是**圖名** (title)，說明地圖的主題，通常是用圖上最大型的字體，置於地圖上方比下方為佳，又以左上角比右上角為宜，這是讀圖心理試測的結果，不過，這試測結果受西方人讀英文的習慣影響很大，故讀圖時亦以左上角為起點，其實左上角亦未必是最好的圖名位置，在個別的地圖中，由於圖型的特殊性，左上角或許是最壞的位置，甚至整個圖上方都不適宜，因為地圖要素處理，還要加入美學的觀點（圖 3–18）。

圖 3–18　圖名位置舉例（比例尺四千萬分之一）

　　地圖第二類名稱是**地名** (place name)，說明該地圖實際地理位置的所在，地名可分為地點性的地名，如都市、山峰，及走向性的地名，如河流、公路。以中文個體方塊字去排列，都非常方便，所以地名名稱在一

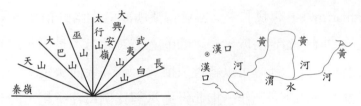

圖 3-19　地名名稱的舉例

幅地圖上是否恰宜，全依製圖者的美學程度決定，如字體的大小，和安排位置等。附圖 3-19 是地景的走向和地名排列的關係，可供參考。

　　地圖上有許多表示特殊地理資料的符號，有時需要用 **圖例** (legend) 來表達，以便讀者檢索，圖例通常是用圖及文的表列式，又以左圖右文為讀圖心理試測的最佳安排（圖 3-20）。圖例只是地圖上的輔助工具，本身並不重要，所以圖例不宜繁雜，有許多製圖者把地

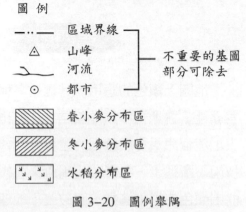

圖 3-20　圖例舉隅

圖上每一項符號都列入圖例中，用資料庫的方式去處理，反而削減圖例運用的價值，圖例內容的選取，以與地圖主題有直接相關的為主，間接相關的為次，一般基圖式的符號，不宜列入圖例中。整個圖例盡量簡小，並且置於圖中次要的位置，如左下角或右下角，因為讀圖者只會在對地圖的主題內涵有疑問時才去看圖例，而看明白之後，圖例便成為廢料，所謂「得魚忘荃」，是正常行為。

　　地圖上還有第四種名稱，就是 **方向標** (direction symbol)（圖 3-21）。由於大多數的方向標都以一箭頭符號來表達，而在箭頭前端寫一北字，故又稱 **指**

圖 3-21　方向標

北針 (north arrow)，與我們中國傳統習慣所謂的指南針相反，實際含義相同。近代地圖，約定俗成，多以圖的上方為北方，是指北針的成因，但實際上不必如此，箭頭可以斜置或橫置，依需要而決定。然而，仍盡可能以指圖上方為北者為佳。指北針通常與比例尺在一起，方向和距離始終是地理動態的兩基本要素。

此外，有些地圖上還名稱一些數字，如交通線距離，地點標高，流量的實際數值等，大多是專題地圖的特色。

第四節　顏　色

地圖上顏色的應用，其實是名稱的另一種型式，以表達地理資訊的差異性。古地圖多以一色為之，但也在區域範圍內加上不同的紋飾以代表地理資訊「質或量」的差異。現代地圖大多數用多色套印，隨著印刷技術不斷進步，色彩的使用愈來愈複雜，固然可以使圖幅美觀，但也可能因顏色使用不適當，而破壞了地理資訊的表達目的。故當考慮顏色作為地圖要素的時候，有以下幾點應該注意。

一、表達地理資訊的差異感

對於不同性質的地理資訊而言，可以利用各種不同顏色的「視覺差異」以彰顯地理資訊在地圖上的特殊區位意義和價值。而此所謂顏色的視覺差異，是藝術界對顏色美學所研究的一套大學問，它不僅指顏色的本身，也特別指人對該顏色經過識覺、價值和判斷，而後產生普遍性的行為，並根據顏色使用的標準，例如我們只宜用藍色、綠色或細黑線來表示河流，而不能用紅色；又例如作為背景的暈渲地形只宜用淡灰或淡棕色，而不能用黑色或其他深色素，以免對其他主題性地理資訊有喧賓奪主之嫌。又例如一片廣大面積也宜用淡素的色澤如黃色、淡綠色等，而小面積的區域或地點，宜用紅色、黑色或其他深色，以增強地理資訊的差異性，展現出在地圖上的對比現象，使讀圖者有「易讀」的感覺。

二、表達地理資訊的層次感

地理資訊除了有性質上的差異外，也有數量上的差異，在單色圖中，可用不同密度的點或線去表達，這在第八章地圖的定量符號再作詳細討論；在顏色圖上，各種不同的顏色之間，也在視覺上產生層次性的差異。通常在一張分層設色的地形圖上，我們看見是一組綠、黃、橙、棕的序列，表示由低地至高山，低於地面的水體用藍色，高於雪線以上用白色，不能只用約定俗成去解釋，而確有美學的理論基礎，一個優良的顏色層次系統，使讀者感到地圖上的地理資訊條理分明，尤其是突顯出階層式的地理空間的分布差異型式，有關這方面的詳細製圖技術問題，請詳第八章地圖的定量符號。

三、簡化地圖符號的複雜性

多色與單色地圖最大的不同，是顏色本身為一變數：當一單色圖要用數種不同的符號去表達性質或數量不同的地理資訊時，多色圖可運用不同顏色的同一種符號來表示，且效果更為清晰，尤其在地理資訊繁多、質與量都非常複雜的時候，單色圖不宜處理，因若要涵蓋全部資料，則因符號太多而難表現地圖清晰度，但若減少部分資料，則會降低地圖的精確程度，這種處理方式可以用多種顏色、較少量符號來清楚分辨。

四、美化地圖

無論如何，色彩是藝術的素材，顏色更能獲得地圖美化的效果，增強讀圖者對地圖上地理資訊的興趣和閱讀效果。當本書開卷而替地圖學下定義時，特別提及美學是地圖的重要手段和目的，地圖學者若能利用顏色來美化地圖，則成功近半矣。

俗語：「水能載舟，亦能覆舟」。端視環境要素是否配合得宜，顏色在地圖上的使用，也有相同的情況，顏色失調，不但沒有美感，反而增加繁煩之擾，像東施效顰，缺乏清純自然之美，所以，優良的地圖學者，應在學海中敞放胸懷，吸收各方面的專門學識，以融入製圖領域之中。

本書大部分製圖原則以單色圖為目的，但在各節的適當位置，皆提

及顏色的處理，請讀者自行留心領會。

第五節　參考資料

　　比例尺、地理資訊及名稱，是真正的地圖要素，而這裡所談的參考資料，則不一定是地圖上必須項目，而且很多時候是沒有的。

　　圖廓指地圖的外廓，通常是鑲嵌狀的直交線，有些地圖使用美觀的花紋作為圖廓，尤以中世紀的歐洲地圖為然，本無不可，或有喧賓奪主之嫌。近代的地形圖多有圖廓，圖廓上標示經緯座標的度數，或與圖廓部分相鄰的圖區資料，以便檢索，增加了圖廓的價值。

　　圖號指系列性地圖的編號，地形圖及地籍圖等圖幅眾多的地圖產品，大多有系統性的編號，圖號多名稱在圖廓之外，純屬參考資料性質，與地圖內容無關。

　　測圖的時間及方法，也是一種參考資料，通常亦只在測繪地形圖上出現，置於圖廓之外。

　　出版或資料來源，多在學術性論著中的地圖上出現，表達學術的責任感，也是給讀圖者的參考資料。

　　由於某種特殊原因，有些地圖還有附註，以使讀圖者更易明瞭製圖者的心意，如教科書上的地圖就常常有附註，多置於圖廓之外。

　　本章所敘述的地圖要素，似為基本常識，卻常被製圖者所忽略，影響地圖的品質，所以製圖時，若能依次檢討，一定可以製成「自己和讀圖者」都滿意的地圖。

第4章

大地現象

　　地圖既然是地表事物的縮影，所以在製圖前，必須了解地圖所要詮釋的對象，即地球的本身，以及實地與圖面二者的相對關係。然後，我們才可以獲得正確的地理資料，以便運用適當的製圖技術，以處理這些資料。

　　地球是一球體，但不是一真正的圓球形，而是一南北較扁平的不規則球體，故特名之為**地球體** (geoid)。另一方面，地球表面也是不規則的曲面，而且在曲面上還有地形起伏，要把這些複雜的地理資料，編繪在一張平面圖紙上，的確是一項大學問。

　　有關地球體的研究，不屬地理學的範疇，那是地球科學家努力所得出的數理成果。驗證有關複雜的地表形態的資料，也不屬地理學的範疇，而是大地測量及航測與遙測學家努力的成果，還有其他許多專題地圖用的地理資料，也來自統計學的研究。但地圖學家卻能靈巧地運用這些外來的資料，編繪正確精美的地圖，這是「地理學」獨特的地方，正如地形學家運用地質學及物理學等資料和原則，經濟地理學家運用各種經濟統計的資料和經濟學的原則等。有人以此而批評「地理學」沒有自己研究的領域，那只是批評者的淺薄，地理學者把大多數學科都視作地理學研究的邊際領域，利用其資源，而卻以宏觀涵化的量度，達到地理學廣大而極精微的研究目的。就如所附的一幅世界石油產銷圖（圖4-1），已經涉及極多的學術領域，但各學術界都不敢說一句話，因為這地圖是顯示了「地理學之學術領域」，只有地理學者能清楚地解說其中的每一部分。

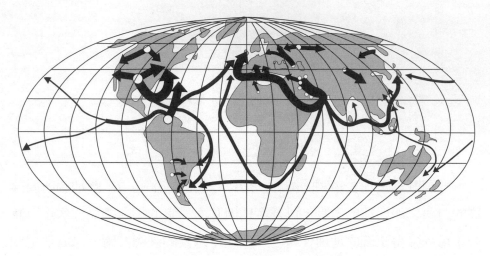

圖 4–1　世界石油產銷情況

　　為了使製圖者了解「地圖學」有關的邊際學科，本章分三大部分：第一是地球科學部分的繪圖的數理基礎，以便在第五章地圖投影中應用。第二是測量學的簡介，以便在第六章地理基圖時應用。第三是地理實察及統計資料的搜集，以便在第七章及第八章專題地圖定性與定量時應用。

第一節　地球體

　　地球表面是一個非常複雜而不規則的曲面，最高的聖母峰為 8,848.13 公尺，最深的馬利亞納海溝為 11,034 公尺，雖然此約 2 萬公尺的差距，就整個地球體的直徑而言，仍是微不足道，但為了在運算上較有規律，地球科學家欲設計一個與地球的形狀和體積都相近的模擬球體，特稱為地球體。

　　理想的地球體以能滿足以下條件為最佳：即地球體中心與地球的重心吻合，地球體的旋轉軸與地軸重合，地球體的體積與地球體積相等，又地球體為模擬橢圓體介乎地表實際高山深谷之間，故橢圓面與地面的高差平方和的最小值，表示二者極相似。依據上述原則，德人白塞爾

(Bershal) 早於 1841 年已計算得一地球體的數值，公式為：

$$\alpha = (a - b) / a$$

a 為模擬長半徑即赤道半徑

b 為模擬短半徑即極半徑

α 為扁平率

後因推算的方法不同有多次修正，現暫以 1980 年國際大地測量及地球物理聯合組織 (International Union of Geodesy and Geophysics, IUGG) 所通過的數值為準，特稱 GRS80（表 4–1）。

表 4–1　地球數值

估算年代	地球體名稱	國家或機構	長半徑（公尺）	短半徑（公尺）	扁平率
1841	白塞爾 (Bershal)	德	6,377,397	6,356,079	1/299.150
1880	克拉克 (Clarke)	英	6,378,249	6,356,515	1/293.470
1909	海福特 (Hayford)	英	6,378,388	6,356,912	1/297.000
1940	克拉索夫斯基 (Kpacobsk)	蘇	6,378,245	6,356,863	1/298.300
1975	GRS75	IUGG	6,378,140	6,356,755	1/298.257
1980	GRS80	IUGG	6,378,137	6,356,752	1/298.257

地球體的扁平率既然只有約三百分之一，故在製作地球儀或小比例尺地圖時，根本可以不考慮地球體為橢圓，而視之為一等積圓球，因此計算出此「等積球體」的半徑為 6,371.10 公里，或 3,958.80 哩，該數值亦普遍在製圖上使用（表 4–2）。

表 4-2　依 GRS80 計算的地球體大小

長半徑（赤道半徑）	6,378.137 公里	3,963.18 哩
短半徑（極半徑）	6,356.752 公里	3,949.89 哩
赤道圓周	40,075.00 公里	24,901.36 哩
子午圈周長	39,940.70 公里	24,817.94 哩
地球面積	510,064,500 平方公里	196,937,000 平方哩
等積球體的半徑	6,371.10 公里	3,958.80 哩
等積球體的圓周	40,030.896 公里	24,879.36 哩

第二節　經緯座標系統

　　在一模擬的地球體，不管是橢圓的或正圓的，都可以在數理上找到規律，因此，地球體便出現一個「人為的座標系統」。此一座標系統由兩組線條組成，一組是通過南北兩極的圓圈，稱為**經線**或**子午線**(meridians)，如果沿著經線作一切面，可把地球體分成兩半，而切面就可以看見「地軸及地心」（圖 4-2）。

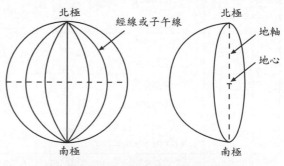

圖 4-2　經線與地球縱剖面

　　另一組是與經線在球面呈直交的圓圈，稱為**緯線**(latitude)，由於這一組圓圈是互相平行的，所以又稱為**平行圈** (parallels)（圖 4-3）。如果沿著緯線作切面，只有通過地心的那一切面能把地球體分成兩等半，而此一緯線也是全部緯線圈中最長

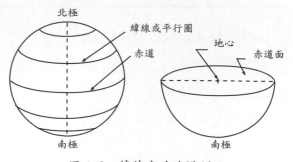

圖 4-3　緯線與地球橫剖面

的，特稱為**赤道** (equator)，英文原義就是平分者，把地球分成南北兩半球。其餘緯線的切面，都與地軸成直交，愈向兩極，切面面積愈小，緯線圈長度亦愈短。最短是兩極，應是無距離的一點。

經緯座標系統有固定的數值，其定量法都和太陽光與地點的相對位置有關，而此相關，甚至遠在新石器時代的人已經了解其定位原理，而且實際使用，古文化中有許多偉大建築物，絕不偶然，是地理學知識運用的結果。

經線的數值稱為**經度** (longitude)，共 360°，為一圓周，這一表示經度的圓周就在緯線圈或平行圈上。緯線上兩點與地軸切面圓心所成「夾角」的度數，就是「經度差」。世界各國起初皆以本國首都所在的經線為起點的 0° 而計算各地的經度差，造成很多混淆，在 1884 年的一次國際會議中，決定以英國倫敦的格林威治 (Greenwich) 天文臺所在的經線為全球經度的起點 0°，特稱為**本初子午線** (prime meridian)，而向東為東半球，分 180°，向西為西半球，亦分為 180°；0° 線及 180° 線是同在一經線圈上。

圖 4–4 的圖 a 表示在赤道面上經差狀況，A、B 是在赤道上兩地點，二者經差角 (λ) 為 100°，若 A 點恰在本初子午線上，則 B 點經度為東經一百度 (100°E) 也。圖 4–4 的圖 b 表示在 60°S 緯線圈切面上的經差狀況，A′、B′ 是在緯線上的兩地點，二者經差角 (λ) 為 100°，若 A′ 點恰在本初子午線上，則 B′ 點的經度為東經一百度 (100°E)。同理的，C 及 C′ 點的經度為西經二十度 (20°W)。故 $\overparen{AA'}$ 連線為本初子午線，$\overparen{BB'}$ 連線為 100°E 經線、$\overparen{CC'}$ 連線為 20°W 經線，經線必延伸而至極點 P。因此，模擬地球

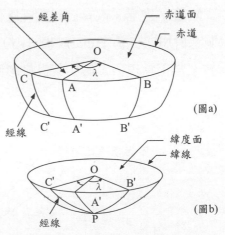

圖 4–4　在不同緯度剖面的相同經差角

體上便定下了一組通過南北兩極而與各緯線圈呈球面直交的經線圈。

　　經線又稱子午線，子午是十二地支的符號，分別代表子夜及中午，顯示出經線與每日的時間有關，地球自轉一周為一日，十二個時辰，即二十四小時，當自轉過程中，每一經線都有被太陽正照的機會，亦即是每日所能見到的太陽仰角最大的時候，這就是「午、中午、正午」。相反的，此一經線相背的另一經線，亦即同一經線圈背向太陽部分，就是「子、子夜」，表示子午兩時辰合成的經線圈就名叫子午圈。

　　中國上古初民，遠在新石器時代已知利用子午線來測方向與時間的技術。「午」字原作「ㅊ、ㅊ」，乃上古中國七大原始圖騰系中伏羲系初民的圖騰柱上的象形字。它就像一高大的木竿，其上刻劃有他們的圖騰神太陽神的符號，每天日出時分，高竿便有長長的日影，日影依太陽仰角增加而縮短，並由西北偏西的方向漸轉為西北偏北的方向，當正午時分，午的日影最短，而且方向是正北方，午後則日影漸長，而方向也改指東北，伏羲系初民每早舉行觀日的迎神禮稱為「朝」，每昏舉行觀日送神禮稱為「乾」，對這一自然現象都非常熟識，並且在「立午」的所在地「陽臺」之上，畫有日影位置變化的符號，以作紀時及定方向之用，名為「日規或日晷」(dial)（圖4–5）。伏羲系初民也領悟到日影永遠偏指北方，為正常現象，假如某日日影偏離「陽臺上之日規」而偏南，則是大

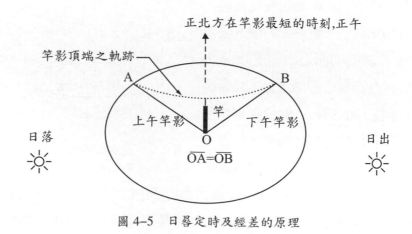

圖4–5　日晷定時及經差的原理

逆不道，稱為「午逆」或「忤逆」，表示太陽神震怒，要降災於人民，亦是「日晷」的原意。不過，伏羲系初民的「設午之地」，在黃淮平原，在北回歸線以北，永遠沒有午逆的機會，立竿見影的成語，源此。順此一提，河南省許昌的地名，是一片優良的歷史化石。詳閱筆者另著《性文化斷層》及《失落的智慧》。

　　子午線通過南北兩極，故為地球上「方向」的定位線，子午線表示太陽仰角最高的時刻，故也是地球上「時間」的定位線。在本初子午線背面的 180° 經線，被定為**國際換日線** (international date line)（圖 4–6）。由於旅行者的行動方向若向西而與地球自轉方向相同，時間上會有相對的損失，若向東而與地球自轉方向相

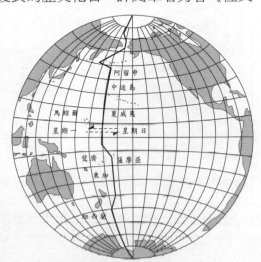

圖 4–6　國際換日線

反，時間上會有相對的增益，為了調和這一種時間上的誤導，乃產生國際換日線，凡通過此線者，更換日期，例如向西則由「星期日」調整為「星期一」，向東則由「星期一」調整為「星期日」。現用的國際換日線，並非完全的沿著 180° 經線，乃是政治體不宜分割的考慮。這條換日線位於廣大的太平洋上，對一般人影響不大，是優良的選擇。

　　世界時區的劃分，也以經線為考量的基礎，每隔 15° 經度則相差一小時，今時區界線不一定沿著經線，也是由於政治體的原因。而由於時間與經度這一相關，所以我們可以利用時差而找到兩地的經差，不必去剖析地球（圖 4–7）。

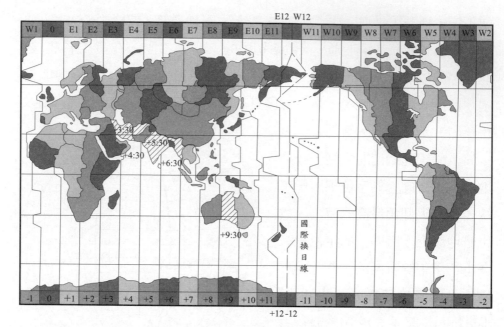

圖 4–7　世界時區圖

　　緯線的數值稱為**緯度** (latitude)，緯度依赤道面而分成南北兩大系統，各占 90°，而緯度的確定，以赤道面為基準面，經線上的任何一點，與赤道面在球心處所成的夾角，就是緯度角 (a)（圖 4–8）。因此，赤道上的

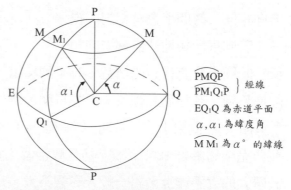

$\overparen{PMQP}$
$\overparen{PM_1Q_1P}$ $\Big\}$ 經線
EQ_1Q 為赤道平面
α, α_1 為緯度角
$\overparen{MM_1}$ 為 $\alpha°$ 的緯線

圖 4–8　赤道面與緯度訂定原理

任何點都是 0° 緯度，而南北極則為 90° 緯度。故在作圖表示緯度很簡單，∠PCQ 為直角，任何分角線交於圓周上的交點 M 其緯度就等於∠QCM。

　　其實，緯度角不必也不可能向地心尋求，那是數理的方法，在現實地理環境中，我們可以利用太陽正午的仰角來定出緯度角（圖 4–9）。由於地軸對太陽的關係呈 23.5° 傾角，當地球繞太陽公轉，在過程中，太

陽光線對地球的直射角度便
產生一年四季的變化：當春
分 (spring equinox) 及秋分
(autumn equinox) 時刻，太陽
直射赤道，南北半球晝夜平
分；而夏至 (summer sol-
stice) 時，太陽直射北回歸
線，即北緯 23.5°，為北半球
晝最長的一日，也是太陽仰
角最高和年中的正午日影最
短的一日；而冬至 (winter
solstice) 時，太陽直射南回
歸線，即南緯 23.5°，為北半
球晝最短的一日，也是太陽
仰角最低和年中正午日影最
長的一日。知道此等太陽仰
角的規律，就可以依此而定
緯度。

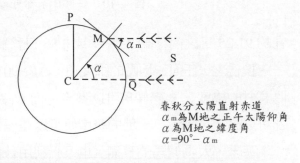

夏至太陽直射北回歸線
α m為M地之正午太陽仰角
α 為M地之緯度角
α =90°− α m+23.5°

春秋分太陽直射赤道
α m為M地之正午太陽仰角
α 為M地之緯度角
α =90°− α m

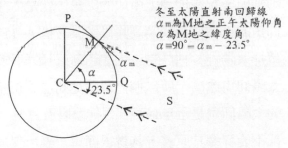

冬至太陽直射南回歸線
α m為M地之正午太陽仰角
α 為M地之緯度角
α =90°− α m − 23.5°

圖 4−9　以太陽仰角測定緯度的原理

　　當春分或秋分時，太陽
直射赤道，任意地點 M 的緯度，等於 90° 減去在該地正午所測得的太陽
仰角。當夏至時，太陽直射北回歸線 23.5°N，故在北半球的任意地點 M
的緯度，等於 90° 減去在該地正午所測得的太陽仰角外，再加上太陽直
射緯度 23.5°。 若地點在南半球，則減去測得的太陽仰角外，再減去
23.5°，結果便是該地的緯度，此推算可由附圖 4−9 的簡單幾何法求得。
而當冬至時，同理情況則相反。

　　事實上，緯度的測定，並不一定在上述太陽直射分至點時才可以算
出，因太陽直射地球各緯度的時間是每日不同而卻是有規律的，亦即是

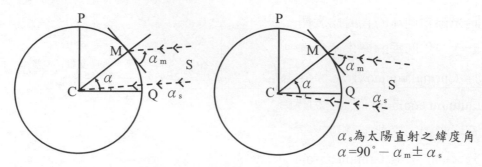

α_s為太陽直射之緯度角
$\alpha = 90° - \alpha_m \pm \alpha_s$

圖 4-10　任何日子都可以測緯度

在約 91.25 日之內移動 23.5°，或 3.88 日移動 1°，或每日移動 15′27″。

　　換言之，任何一地點的緯度角，等於 90° 減去太陽仰角，再加或減太陽直射的緯度。太陽仰角可以實測，而太陽直射的緯度，在年中每一日都可以確定，因此，一地的緯度便可以在任何時刻去測定（圖 4-10）。

　　甚至，太陽仰角的實測，也不必利用什麼儀器，因為「立竿見影」，影端與竿端在地面上所成的夾角，就是太陽仰角，而以三角算法，太陽仰角的正切值等於竿高除以影長（圖 4-11）。前述的伏羲系初民立午以敬拜太陽神，午的長度是固定的，日影則依太陽仰角而變化，日影愈短，太陽仰角愈高，所以他們清楚地知道「正午」的太陽仰角最高，而夏至的太陽仰角是全年最高，習稱陰曆五月為「皐月」，全部大小辭書字典，都不能解釋其原義，其實很簡單，表示陽曆六月，即北半球的太陽仰角在年月最高的月分，高字是皐字的後起字，同音同義，乃伏羲系初民的遺風餘韻，伏羲系初民在此時舉行民族慶典，祭祀他們的太陽神，太陽神位置於兩層高的築物上，故即所謂「皐禖或高禖之禮」，詳筆者另著

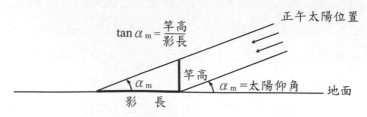

$\tan \alpha_m = \dfrac{竿高}{影長}$　正午太陽位置

竿高

α_m　$\alpha_m =$太陽仰角　地面

影　長

圖 4-11　利用立竿見影測定太陽仰角

《性文化斷層》及《失落的智慧》。

　　由此，我們知道在模擬的地球體上製定經緯座標系統，並非人為的理想架構，而是地球表面現實的「地理網絡」，甚至上古初民早已懂得運用，現代地圖學家用他們來作製圖的定位規範，是科學與生活的結合，所以「地理科」並不是「枯燥所謂純科學」，而是人類「生活的一部分」，上古初民已經懂得享受「地理環境」所賦予的樂趣，反而所謂「現代科學人」不學地理，不了解環境，也不愛護環境，所以才渾渾噩噩，失去了「生活的意義」和「生命的價值」。

第三節　地圖的變形

　　地球體既然是一個橢圓的模擬球體，其上的經緯網格也是曲面，要把它們開展在一張平面圖上（圖 4-12），事實上不可能，唯一可行的辦法，就是進行若干程度的「變形」(deformation)。這就像把一個皮球切成葉片狀，但地圖則應是完整的，所以只好把裂隙作均勻的拉伸，使其填滿，又將褶皺均勻地壓縮，使其平整。換言之，地圖變形，就是把「球面要素」改變為「平面要素」。

　　例如我們要把東經 30° 為主的地圖，首先在待割裂的地球儀上，於赤道、30°N 及

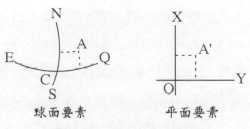

球面要素　　　　平面要素

圖 4-12　球面與平面要素

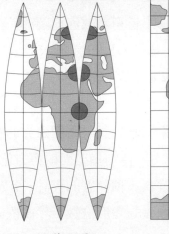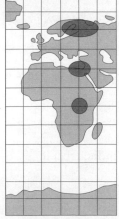

割裂的圓　　　　變形的橢圓

圖 4-13　變形原理在不同地區的表現

60°N 交點處畫一小圓，平鋪在桌面上時，發覺在赤道上的小圓沒有割裂，30°N 裂隙大些，60°N 裂隙更大，裂隙被填滿，就變成平面圖，而 30°N 及 60°N 處的小圓卻變成了橢圓（圖 4–13）。

如果我們把這幾個「變形」放大，便清楚地看見變形的內容，包括了「方向、距離、面積」的改變，而這幾項正是地理學上的基本要素。

在圖 4–14 中的圓或橢圓，都由垂直正交的兩直軸 a 及 b 所組成，在赤道上的 a 及 b，都與原地球儀的比例係數相同，所以沒有變形。但在 30°N 及 60°N，b 軸與原比例係數仍然相同，但 a 軸就變大了，所以 O、A 兩地點的距離便有變形。

另一方面，圓面積公式為 πr^2，橢圓面積為 πab，故在赤道上的小圓，因二軸的比例係數不變，故 $\pi ab = \pi r^2 = 1$，故為正積。但在 30°N 及 60°N 的橢圓，$\pi ab \neq 1$，故有面積上的變形，ab 乘積的值愈大，變形亦愈大。

又在方位角方面，以 xa = xb，為必要條件，亦即是 a 及 b 二軸同以相同倍數放大或縮小皆可，故赤道圖部分的 a = b = 1，為正形，但在 30°N 及 60°N 部分，a ≠ b，故 M 點的方位也有改變。

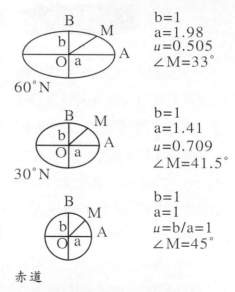

b=1
a=1.98
u=0.505
∠M=33°

b=1
a=1.41
u=0.709
∠M=41.5°

b=1
a=1
u=b/a=1
∠M=45°

圖 4–14　地圖的變形原理

法國數學家底索對這一方面研究的結果，提出**底索指示量** (Tissot's indicatrix) 的論文，特別指出面積與方位變量上的相互關係。

這一由圓改為等積橢圓的設計，是先以任一點 M 的延伸線至 M″ 作半徑，先定長軸 a 的變形倍數，然後依 ab = 1 的公式，求得 b 之值，則由此 a 及 b 所繪成的變形橢圓，便與原圓等積也。而在圓與橢圓相交的 M′ 點，就是原 M 點的新方位，當然，此新方位是有角度變形的，變形

量也依 ab 之值而變動 。 又圖 4–15 上之 M″ 點與 M 點的方位相同 ， 因 OB″ = OA′ = r² = a ，乃是整個圓的放大，當然也不會是等積。

因此，地圖一定有變形，魚與熊掌，不可兼得，變形的取捨依製圖的目的而定，附圖 4–16 是等角、等距及等積的變形地圖，暫作參考，

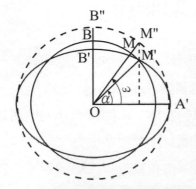

$$a = \overline{OA}'$$
$$b = \overline{OB}'$$
$$ab = 1$$
故變形橢圓與圓等面積
$$\sin \frac{\omega}{2} = \frac{a-b}{a+b} \sin(180° - u + u_1)$$

圖 4–15　底索指示變量

正方位變形

正距變形

正積變形

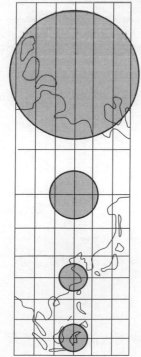
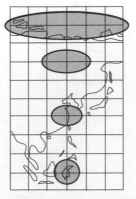
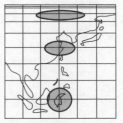

圖 4–16　地圖投影所形成的變形現象

在第五章地圖投影，將有詳述，因地圖投影是用不同的製圖方法，製成不同目的的經緯網圖，或正積，或正距，或正方位，當然也使在目的之外的其他要素變形。

大地測量

　　經緯線供給地圖第一項基本的座標網絡，至於地表的地理資料，得用大地控制網來填充，那便要運用**大地測量** (land survey) 的技術了。大地測量是一項專門的技術，並非地圖學的範疇，本節僅簡介大地測量的一些基本知識，因為在製圖時，會利用測量上的很多成果。

　　大地測量包括天文測量、三角測量、導線測量、水準測量等。前三者稱為「平面控制測量」，後者稱為「高程控制測量」。用這些方法，首先在大地上測定許多的點，稱為「大地控制點」，也因而結成大地控制網，這些網點在地表上都有特殊的標誌，如天文點上的天文墩，三角點上的測量站觀標，還有許多標石，或地點上的固定物如消防栓等作為永久性的標誌，稱為**水準基標** (bench mark)（圖 4–17）。由這些標誌所提供的測量資料，如經緯位置、相關位置、高程數值等，就可以在經緯網上加添一個大地控制網了。

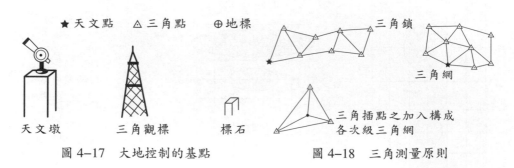

圖 4–17　大地控制的基點　　　　　　圖 4–18　三角測量原則

　　天文測量是首先在地面上選擇一些天文點，用觀測天體的方法來確定天文點的經緯度及其對地面其他目標物的方位角，作為大地上平面位

置的起算點，其地點建有天文墩，而在地圖上多以一「星號」作為地點的符號。

　　三角測量則是選擇地面上一系列的控制點，構成許多互相連接的三角形，測量其中一邊或幾條邊的水平距離，作為三角形測量的基線，又測量各三角點的方位角及每個三角形的三內角，即可通過三角學的運算方法，求得三角形各頂點的座標（圖 4–18）。三角形的各頂點稱為三角點，三角點多設有測量站觀標，在地圖上多以「三角形」符號表示之。若此等三角點連成鎖狀，稱為三角鎖，連成網狀則稱三角網，視各地區的實際條件而定，作為一地區的大地控制的骨幹。通常三角點的距離約 20 公里左右，以建立區域性的一級三角鎖或三角網。然後依測量精度的需求，採用分級布網的方式，在三角形內加入「三角插點」，使成為二級、三級或四級三角網。網點密度依地圖的比例尺而定，因每圖幅至少要求一個控制點，如表 4–3：

表 4–3　三角網點的密度

測圖比例尺	至少三角點數	每三角點控制面積	三角網平均邊長	三角點等級
1：50,000	3	約 150 平方公里	13 公里	二等
1：25,000	2～3	約 50 平方公里	8 公里	三等
1：10,000	1	約 20 平方公里	2～6 公里	四等
1：5,000	1	–	–	–

　　導線測量是大地測量的輔助方法，乃選擇一系列的點，結成連續的折線，測量各折線的水平距離和折角，然後根據起算點的座標和起算邊的方位角，推算各點的座標（圖 4–19）。導線有兩種，一稱附合導線，適用於地理界線的測量，如海岸線，國界或其他行政界線。另一稱為閉合導線，適用於小面積的周邊測量，如一建築地盤或小社區規劃。

　　地球體是一模擬球體，但地表是充滿高低起伏差異的，所以大地測量除了平面控制網的確定外，也要高程控制網的確定，高程控制以水準

面為基礎（圖4-20）。所謂**水準面**，就是「平均海水面」(sea level)。一點沿鉛垂線方向至大地水準面的垂直距離，稱為**高程**，也稱「海拔」或「真高」（elevation 或 height）。

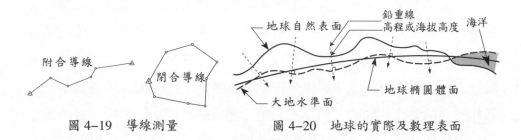

圖4-19　導線測量　　　　　　　　圖4-20　地球的實際及數理表面

不過，大地水準面並不是一個絕對的數值，由於地殼內部物質密度分布不均勻，引起鉛垂線方向的不規則變化，所以大地水準面也有高低起伏，一般而言，在大陸上的所謂平均海水面稱為凸高，在海洋中則稱為低凹，但高差都不超過60公尺，所以總算是極接近地球橢圓體。

因此，世界各國的基本地形圖所採用的水準面不一定相同。中國在軍閥割據時代測繪的地形圖就同時有幾個不同的水準面，更於1956年以在青島測潮站測得的黃海海域平均海水面，定為標準水準面，推算出青島水準原點的高程為海拔72.289公尺，作為全國高程測量之依據，稱為「1956黃海高程系」，並對過去的測繪地圖找到修正換算的數值，請參附表4-4。

不過，1987年中國國家測量局公布，採用新測定的「1985國家高程基準」，其比黃海平均海水面上升29公釐。

水準測量是借助水平視線

表4-4　中國地形圖的高程起算點

高程起算點	依1956年修正 （單位：公尺）
1956年黃海平均海面	0
1954年黃海平均海面	+0.083
坎門平均海面	+0.237
吳淞口平均海面	+0.056
大沽平均海面	+0.005
大連平均海面	−0.026
羅星塔零點	−2.179
吳淞零點	−1.807
廢黃河零點	−0.063
大沽零點	−1.296
珠江基面	+0.596

來測定兩點間的高差，水準儀及水準尺是主要工具，測量時依地形需要把水準儀調整為平測及仰角測，都可以利用簡單的數值運算，而得出各地的高程網點（圖 4–21）。高程測量上，多配合天文點、三角點，及各種標石進行，此外還有局部性的水準點，在地圖多以小圓圈內加十字的符號「⊕」表之，因地形起伏的複雜程度，遠比平面測量為大。

透過大地測量，大地控制網便可以正確地確定，與經緯網配合，構成基圖，就是世界各國的大比例尺「國家基本地形圖」，作為進行區域研究、區域規劃及專題地圖編繪的基本資料（圖 4–22）。

原地貌

測量點

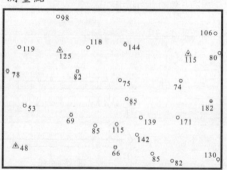

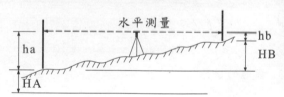

圖 4–21　水準測量

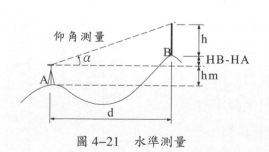

等高線地形圖

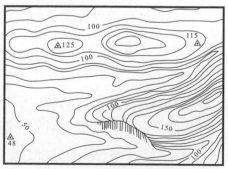

圖 4–22　大地測量例說

第五節　航測與遙感

　　航空測量 (aero-survey) 是利用飛機運載航空攝影機，按照預定的航行方向，航行高度，和**航照相片** (air-photo) 的重疊度，對地表立體資料進行攝取的工作。航測技術的運用，對地圖學是一項突破性的進步。

　　航測最大的優點是飛機可以在高空自由活動，避免在大地測量上，受到地形上的障礙。當航測進行時，飛機的航行方向可以依目的地範圍而任意安排，如果航測地是一面狀區域，航行方向可以用「連續的定向回歸式」，就很容易地把全區都攝影下來，但如果航測區是帶狀，如河流或計劃中的鐵路路線，則飛機的航行方向也可以隨所需而為直線或折線（圖 4–23）。

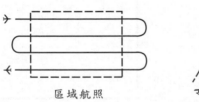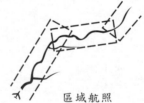

區域航照　　　　　　　　　區域航照

圖 4–23　航照的進行

　　飛機的航行高度視航測所需的地圖比例尺而定，通常大於 1：10,000 的稱為大比例尺航照，在 1：10,000 至 1：30,000 之間者為中比例尺航照，小於 1：30,000 者為小比例尺航照。航照比例尺可以利用航高算出來，因為航照比例尺是與焦距 (f) 成正比，與航高 (H) 成反比（圖 4–24）。

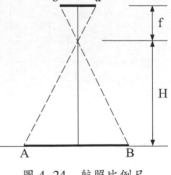

圖 4–24　航照比例尺

$$\frac{1}{M} = \frac{\overline{ab}}{AB} = \frac{f}{H}$$

　　拍攝航照時，攝影機鏡頭的焦距及航高（即鏡頭至攝區中央平均地面高度），都是可知的，例如航高為 4,000 公尺，焦距為 40 公分，則：

$$\frac{1}{M} = \frac{40\ 公分}{4,000\ 公尺} = \frac{40\ 公分}{400,000\ 公分} = \frac{1}{10,000}$$

　　航照的比例尺也可以利用與航照區位相同的實測地形圖的四個相應地點求得（圖 4–25）：

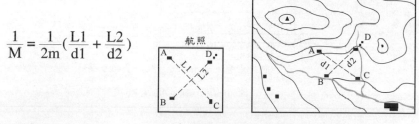

$$\frac{1}{M} = \frac{1}{2m}\left(\frac{L1}{d1} + \frac{L2}{d2}\right)$$

圖 4–25　航照比例尺的校正

　　L1 及 L2 是航照上四定點的交角長度，d1 及 d2 是地形圖上四相應地點的交角距離，m 為地形圖的比例尺數值。

　　但有一點應注意的是航照的比例尺只以攝影機鏡頭正照的一點為正確，其他部分都有變形，航高愈低，變形率愈大，同時也因航鏡的傾斜角度而有很大的差異。通常以航鏡的主光軸與鉛垂線夾角小於 3° 時，稱為垂直攝影，而得水平航照，水平航照上呈現的是地物和地貌的頂部影像，周緣與中央比例尺雖然不同，但相差不太大，故地景的相對位置及距離，大致是正確的。若航照的主光軸與鉛垂線夾角大於 3° 時，稱為傾

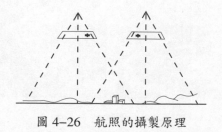

圖 4–26　航照的攝製原理

斜攝影,而得傾斜航照,其上的地景,是頂部及一側面,而各部分的比例尺並不一致,地景愈近,形象愈大,但卻可看見地景的側面景觀(圖4–26)。

　　故而航測最重要的乃是航照相片的**重疊度** (overlap)。所謂重疊度,乃是在同一的飛行高度的兩攝影點,用不同的角度,對同一地點攝取兩張航照,這樣可以保證目的地區的立體性(圖4–27)。

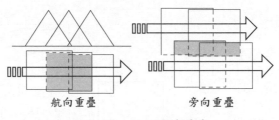

航向重疊　　　　　　旁向重疊

圖 4–27　航照的重疊度

　　通常,在同一航線上的連續航照重疊部分為 60%,稱**航向重疊**,而在相鄰航線上航照的重疊部分為 30%,稱**旁向重疊**。

　　這兩張重疊的航照,可利用航照立體鏡 (aero photo stereoscope) 協助判讀,方法是將兩航照負片,分別依拍攝時的相對高度、焦距、傾斜角及航機的位差等資料,置於航照立體鏡的視差杆上,然後投影在其下顯像板上,則航照重疊部分便因重疊而使立體的影像重現,製圖者也可以

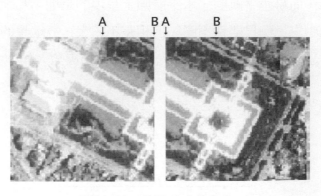

圖 4–28　航照的重疊部分

藉此而用透明的繪圖紙直接描繪草圖，並利用大地測量所得控制網點的
校正，較容易製成精確的地圖（圖4–28）。

航照既然是由高空向下拍
攝，故在判讀上最大的困難是
有關地景的高度問題 （圖4–
29），航照測量必須精確地計算
地景的日影長度，而這在現代
精密儀器協助下也大致可以解
決了。日影的長度與太陽傾角

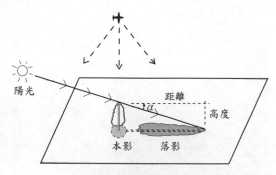

圖 4–29　航照資料的判讀

有直接的關係，所以在拍攝時，由年月日時及地點緯度等基本資料，便
可正確地運算求得地景的本影及落影的長度，再運算出地景高度。

衛星遙感（或稱遙測，remote sensing）是航照技術以外之另一種高
科技測量方法，可以從數百公里以外的人造衛星來測繪地球，使測繪工
作所受政治及自然條件的限制減到最少，由於電子資訊科技的日益精微，
遙感測量也可以繪製 1：100,000 及 1：50,000 比例尺的地形圖。

同步衛星遙感測量對地理資訊的獲取，最重要的特色是對地球上任
何一個廣大區域都可以進行「週期性的重覆控測」，使製圖者可以得到不
同季節，不同月分，不同日期，甚至連續的不同時段的動態製圖信息，
對地理學的動態分析研究上有極大的助力。其中尤以定時天氣圖的攝取
（如圖4–30），可以清楚地在遙感圖上看見在廣大的海洋上空，颱風的
形成、發展、進行路向，以及消亡的時刻，都是技術不斷突破的功勞。

此外，遙感測量對時限性專題地圖資訊的提供非常有效，例如可以
當某種農作物的收成期而錄取其最大生產面積的資料；也可以在農作物
尚未覆蓋地面時，清楚地獲得防護林的最佳信息。

衛星遙感的圖像信息，是以二進制的數據型式存儲在磁帶上的，因
此很方便地轉移入電子計算機及電腦製圖系統中，對製圖作業的自動化，
更是一項製圖學上的突破。

圖 4-30　紅外線遙測雲圖
（2004 年 6 月 28 日 22 時敏督利颱風侵臺）

第六節　訪查與統計

　　地理學者的研究主題，包羅萬象，有很多資料並非大地測量、地形圖、遙感信息等方法所能提供，而需要用問卷訪查 (questionnaire) 或搜集公私機構的統計資料 (statistics) 等方法來取得，而製圖者也需要了解如何把這些「文字性的或數字性的」資料，轉化為地圖符號，編繪入地圖中。

　　對於這一類地理信息的處理，與測量的素材完全不同，測量的資料著重於「定位」，而統計的資料則稍重於「區域化或相關化」，二者所含的地理意味略有不同，但不可偏廢，因為不懂定位的測量資料，則沒有「基圖」(base map)，如不懂把地理資料作相關分析的融入，地圖的主題性便無法彰顯，而不能表達出地理學中「活之現象」。

　　由於現代電子科技的快速發展，建立**地理資訊系統** (geographic information system, GIS)，成為地理學界最流行的工作，極龐大的資料都可以存儲入電腦系統之中，同時也利用電腦檢索、計算及分析功能，直接就可以把資料轉化為地圖，對製圖學上是一大突破。

　　然而，有一點應特別注意的：「電腦就是電腦」，電腦始終不是人腦，也不如人腦，電腦或許知道如何選擇或運用其所存儲的資料，但對地理學者腦中的「地圖目的」是不了解的，用電腦製圖時的「指令者」，仍然是「地理學家」的本身，近年來，"GIS" 好像成為世界上地理學的主流，甚至有「懂得 GIS 才是地理學者」的感覺，那是極端錯誤的觀念，使人在科技世界中消損其存在的主體價值。其實，GIS 與地圖一樣，只是地理學者所使用的工具，其本身不是地理學，製圖者如果沒有地理學的素養，用手繪方法編繪不出好地圖，用 GIS 更編繪不出好地圖，因為太過依賴機械的自動運作。事實上，愈來愈多在工學院主修電腦的人士，入侵製圖學界，原本就沒有一點兒「地理氣息」，製成許多怪異難明的地

圖，也製成許多容易使人誤解的地圖。

　　總而言之，不管用什麼方法去製圖，地圖的品質和價值，皆取決於其能否表達地理資料的地理含意，而不僅是地理資料的堆砌，地理學者如果能運用高級科技的 GIS 去編繪「地理地圖」，當是地理學界的福祉。但不要忘記，地理素養第一，製圖工具第二，「物有本末，事有終始，知所先後，則近道矣」，這是在《大學》一書中的「儒學經典名句」，可引用作為製圖學者的座右銘。

第 5 章
地圖投影

　　地圖投影 (map projection)，簡言之，就是把地球面上的經緯網格系統轉繪到平面上的數學方法。所以「地圖投影學」也稱為「數理製圖學」，是地圖學上重要的分科。

　　地球上的經緯線，是大地定位的準繩，也是所有基圖的基礎，所以地圖投影的知識，可說是地圖學的基本知識。

　　在第 4 章大地現象，我們已經了解經緯網格的劃定，不單純是模擬地球體上的人為座標，而是地球上每一地點在實際時空中的確實定位，然而球面是一種曲面，圖紙是一個平面，由曲面轉繪成平面，一定會在某些部分產生「變形」現象。地圖投影學的內容，就是在轉繪經緯網格的過程中，考量到變形的目的不同，而應用了不同的數理原則和數理方法，去完成轉繪的任務。

　　由於地圖投影是數理地圖在製作時，可從兩種不同的步驟去處理。一種是數學法，即依公式求取各項定位數值，然後定位劃線；另一種是幾何方法的直接製圖。但無論如何，地球各經緯度的實際長度必須清楚，附表 5–1、5–2、5–3 提供這一方面的資料，可以隨時引用和驗證。

表 5-1　地球橢圓體各緯線上經差 1° 弧長（單位：公里）

緯度	經1° 長	緯度	經1° 長	緯度	經1° 長	緯度	經1° 長
0°	111.32	23°	102.53	46°	77.47	69°	40.01
1°	111.31	24°	101.76	47°	76.06	70°	38.19
2°	111.26	25°	100.95	48°	74.63	71°	36.35
3°	111.17	26°	100.12	49°	73.68	72°	34.51
4°	111.06	27°	99.26	50°	71.70	73°	32.65
5°	110.90	28°	98.37	51°	70.20	74°	30.78
6°	110.72	29°	97.44	52°	68.68	75°	28.90
7°	110.50	30°	96.49	53°	67.14	76°	27.02
8°	110.25	31°	95.51	54°	65.58	77°	25.12
9°	109.96	32°	94.50	55°	64.00	78°	23.22
10°	109.64	33°	93.46	56°	62.40	79°	21.31
11°	109.29	34°	92.39	57°	60.78	80°	19.40
12°	108.91	35°	91.29	58°	59.14	81°	17.48
13°	108.49	36°	90.17	59°	57.48	82°	15.55
14°	108.04	37°	89.02	60°	55.80	83°	13.61
15°	107.56	38°	87.84	61°	54.11	84°	11.68
16°	107.04	39°	86.63	62°	52.40	85°	9.74
17°	106.41	40°	85.40	63°	50.68	86°	7.79
18°	105.91	41°	84.14	64°	48.93	87°	5.85
19°	105.30	42°	82.86	65°	47.18	88°	3.80
20°	104.65	43°	81.55	66°	45.41	89°	1.95
21°	103.98	44°	80.21	67°	43.62	90°	0.00
22°	103.27	45°	78.85	68°	41.82		

表 5-2　地球橢圓體經線上緯線至赤道的距離（單位：公里）

緯度	緯距	緯度	緯距	緯度	緯距	緯度	緯距
0°	0.00	23°	2,544.57	46°	5,096.18	69°	7,657.63
1°	110.58	24°	2,655.32	47°	5,207.35	70°	7,769.19
2°	221.15	25°	2,766.09	48°	5,318.53	71°	7,880.76
3°	331.73	26°	2,876.87	49°	5,429.74	72°	7,992.35
4°	442.31	27°	2,987.67	50°	5,540.96	73°	8,103.94
5°	552.89	28°	3,098.49	51°	5,652.20	74°	8,215.55
6°	663.48	29°	3,209.32	52°	5,763.46	75°	8,327.17
7°	774.07	30°	3,320.16	53°	5,874.74	76°	8,438.80
8°	884.66	31°	3,431.03	54°	5,986.04	77°	8,550.44
9°	995.26	32°	3,541.91	55°	6,097.36	78°	8,662.09
10°	1,105.87	33°	3,652.80	56°	6,208.70	79°	8,773.74
11°	1,216.48	34°	3,763.72	57°	6,320.06	80°	8,885.40
12°	1,327.10	35°	3,874.65	58°	6,431.43	81°	8,997.07
13°	1,437.73	36°	3,985.61	59°	6,542.82	82°	9,108.75
14°	1,548.36	37°	4,096.58	60°	6,654.23	83°	9,220.43
15°	1,659.01	38°	4,207.57	61°	6,765.65	84°	9,332.11
16°	1,769.66	39°	4,318.58	62°	6,877.10	85°	9,443.80
17°	1,880.33	40°	4,429.61	63°	6,988.55	86°	9,555.50
18°	1,991.01	41°	4,540.65	64°	7,100.03	87°	9,667.19
19°	2,101.69	42°	4,651.72	65°	7,211.52	88°	9,778.89
20°	2,212.39	43°	4,762.81	66°	7,323.02	89°	9,890.59
21°	2,323.11	44°	4,873.91	67°	7,434.54	90°	10,002.29
22°	2,433.83	45°	4,985.04	68°	7,546.08		

表 5-3　修正經緯長度（單位：公里）

緯度	緯圈周長	經差 1° 長	緯距	緯度	緯圈周長	經差 1° 長	緯距
0°	40,031	111.20	0	70°	13,692	38.03	7,784
5°	39,879	110.78	556	75°	10,361	28.78	8,340
10°	39,423	109.51	1,112	80°	6,951	19.31	8,896
15°	38,667	107.41	1,668	85°	3,489	9.69	9,452
20°	37,617	104.49	2,224	90°	0	0.00	10,008
25°	36,281	100.78	2,780				
30°	34,668	96.30	3,336				
35°	32,792	91.09	3,892				
40°	30,666	85.18	4,448				
45°	28,306	78.63	5,004				
50°	25,732	71.48	5,560				
55°	22,961	63.78	6,116				
60°	20,006	55.60	6,672				
65°	16,918	46.99	7,228				

赤道半徑 = 6,378.3880 公里
兩極半徑 = 6,356.9119 公里
平均半徑 = 6,371.2000 公里
經線圈周長 = 40,009.1532 公里
赤道周長 = 40,076.5938 公里
地球表面積 = 510,100,934 平方公里
平均圓周長 = 40,031.43 公里
平均每 1° 弧長 = 111.198 公里
修正表面積 = 510,096,500 平方公里

第一節　地圖投影的分類

　　地圖投影有三項基本要素，第一是一個有經緯網線的透視地球儀；第二是一張與地球儀交切或交割的圖紙；第三是投影的光源。這三項要素相互關係的改變，就產生許多不同的投影成果，而地圖投影的分類也主要依此三要素的相互變數而定。

一、光源位置的差異

　　地圖投影的基本概念，是利用光源把地球儀上透視經緯網線，投射在圖紙上，圖紙與光源及球心的連線呈直交狀況，而圖上的線影，就成為地圖的經緯座標系統。

　　在理論上，在球心和光源連線上任何一位置都可作為光源，如置於地球儀的內部，稱為**內射投影** (internal projection)，在地球儀以外的稱為

外射投影 (external projection)，而光源恰置於地球儀表面上者，稱為**平射投影**（stereographic projection，如圖 5–1 中 S 點）。但在實際使用上，內射投影中，通常只有置於球心的一種，稱為**心射投影**（central projection，如圖中 C 點），其餘的位置都沒有被採用。在外射投影中，以光源置於無限遠處，假設光線平行入射而投影者，稱為**正射投影**（orthographic projection，如圖中 O 點）。此外，拉哈爾 (La Hire) 將光源置於距球心 1.71r 處（如圖中 H 點）；詹士 (Sir H. James) 將光源置於距球心 1.367r 處（如圖中 J 點），而克拉克 (Clarke) 將光源置於距球心 1.65r 及 1.35r 處（如圖中 C_1 及 C_2 點），r 為球體的半徑，以上三種外射投影法，皆偏於理論上的研討，實用上並不重要。

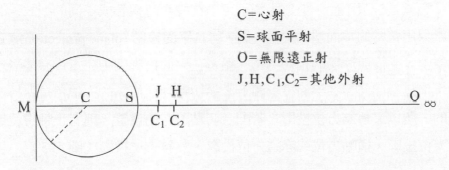

C＝心射
S＝球面平射
O＝無限遠正射
J,H,C_1,C_2＝其他外射

圖 5–1　投影光源的位置

二、投影方位的差異

　　所謂**投影方位** (azimuthal projection)，是指投影圖紙與地軸相對關係而言（圖 5–2）。若投影圖紙與地軸呈直交，稱**正軸方位投影**，則圖紙與地球儀相切或相割的部分在極點或極區，故又稱**極方位投影** (azimuthal projection of polar case)。

　　若投影圖紙與地軸呈平行，則圖紙與地球儀相切或相割部分在赤道上或赤道區，故稱為**橫軸投影**或**赤道方位投影** (azimuthal projection of equatorial case)。

　　除了極方位和赤道方位投影外，投影圖可以任意置於地球儀上任何

相切或相割位置，統稱為**斜軸投影**或**斜方位投影** (azimuthal projection of oblique case)。

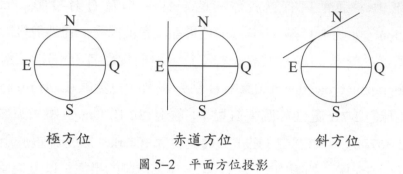

極方位　　　　　　赤道方位　　　　　斜方位

圖 5-2　平面方位投影

三、圖紙型式的差異

圖紙是一張平面，但這張圖紙可以在投影時摺疊成不同的型式。若圖紙只用正常的平面型式進行投影，稱為**平面投影** (plane projection)。在數學上，平面與球體的相切處為一點，在平面投影圖中完全沒有變形現象。但無論如何，在平面投影圖上，從切點到任何點的方位角是保持不變的，所以又稱為方位投影。若配合切點所在的位置，則有正軸方位或極方位投影，橫軸方位或赤道方位投影，及斜方位投影（圖 5-3）。

極方位平面　　　　赤道方位平面　　　　斜方位平面

圖 5-3　平面方位投影的經緯網

圖幅的成果也依光源所在的位置而有不同，如圖 5-3 極方位投影的光源在球心的心射投影，而赤道方位及斜方位投影的光源在球面上的平

射投影，光源點的位置和投影圖的切點分別在地球儀直徑兩端，特名為**對蹠點** (antipode)。

　　圖紙也可以捲成圓筒，包在地球儀外邊，把經緯網格投影在圓筒圖紙上，然後把紙展開，回復平面圖紙的狀況，稱為**圓筒投影** (cylindrical projection)（圖 5–4）。

　　圓筒投影也可依圓筒與地球儀的地軸關係而有正軸圓筒投影，橫軸圓筒投影及斜軸圓筒投影之分（圖 5–5）。

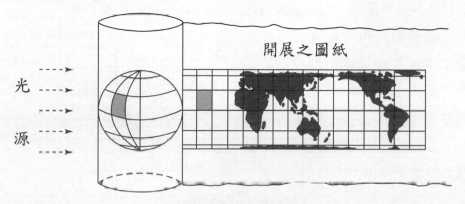

圖 5–4　圓筒投影原理

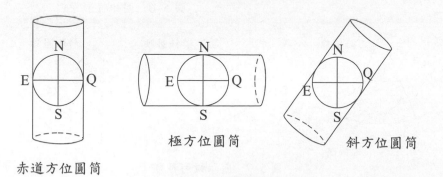

赤道方位圓筒　　　　極方位圓筒　　　　斜方位圓筒

圖 5–5　圓筒投影種類

　　圓筒和地球儀的接觸處，是地球儀上最大圓周處，這圓周乃是投影圖上唯一完全沒有變形的正確部分，當圓周展開後是一直線，距離此直線愈遠的地方，變形量愈大。所以在赤道方位圓筒投影圖上，以赤道為

唯一正確線，在極方位圓筒投影圖上，以某一特定的子午圈為最正確，稱**標準經線** (standard meridian)，而在斜軸圓筒投影圖上，切線所在的大圓周，稱標準大圓圈 (standard great circle)，也就是**大圓航線** (great circle route)，但通常以赤道方位圓筒投影最為常用。

圓筒投影的光源為置於球心的心射投影，或是置於無限遠處的正射投影，此外還有很多依數理原則而修正的變異圖法。

圖紙也可以捲成圓錐形而套切在地球儀上，把經緯線投影在圖紙上，然後展開為平面圖，稱為**圓錐投影** (conic projection)（圖5-6）。

圓錐投影也可依圓錐體的中軸與地球儀的地軸相對關係而有正軸，橫軸及斜軸圓錐投影之分 （圖5-7）。通常以極方位作的正軸圓錐投影最常用。

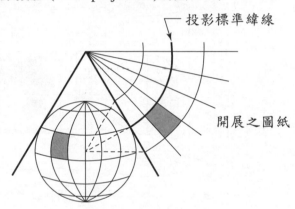

圖 5-6　圓錐投影原理

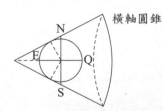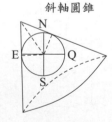

圖 5-7　圓錐投影種類

由於圓錐體展開後成扇狀，故圓錐體與地球儀的切線，在地圖上是一條弧線，這條弧線一定不是大圓圈，但是圖上最正確的一條。而在正軸圓錐投影上， 這一弧線正好就是某一特定的緯線 ， 稱**標準緯線** (standard parallel)。至於橫軸及斜軸圓錐投影上，這一條正確的切線則與

地球儀座標系統沒有明顯的相關，但也不失為標準線 (standard line)。

四、切割的差異

上述關於各種投影的列舉，都是說圖紙以平面，圓筒或圓錐的型式
和地球儀表面相切，而實際的地圖投影圖，也可模擬地球儀是一個可以
任意割裂的模型，圖紙可以插入割裂面中使圖紙與地球儀呈相割的關係
（圖 5–8）。

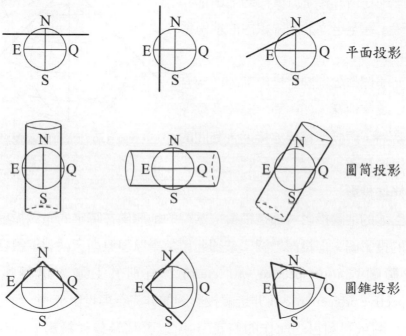

圖 5–8　圖紙與地球儀的相割投影

以相割代替相切，改變了投影圖變形的狀況，平面圖紙與地球儀相
割，交接處不再是一切點，而是一交割面。故在正軸方位投影圖上，最
正確的地方已不再是「極點」，而是平面所切割的緯度面外緣的緯線圈，
亦即是標準緯線，投影資料由此標準緯線向兩側變形，距離愈遠，變形
量愈大。

而在圓筒及圓錐投影圖上，交割面的兩外限則形成兩條標準線（圖5–9）。由於投影圖的變形量依與標準線的距離成正比，故在兩標準線之間的地區，雖然有變形，但卻因受兩標準線調節，反而是相當正確而變形量較小的區域。故如果我們需要製一張熱帶地區的基圖，用橫軸圓筒交切投影，則赤道為標準緯線，但若用橫軸圓筒交割投影，交割點在 15°N 及 15°S，則在南北緯十五度內的地區都非常正確，甚至至南北回歸線內的地區都相當正確。

而雙標準緯線圓錐投影則因而適合用於中緯度地區，如中國，美國及歐洲等。當然，兩標準緯線愈接近，其間的區域變形量愈小。

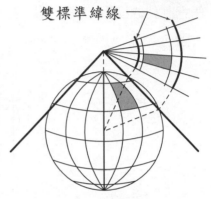

雙標準緯線

圖 5–9　相割圓錐投影

五、條件投影

上述的地圖投影，都是模擬一透視的地球儀在特定的光源投射下所製成的投影圖。但投影地圖學家卻運用數學原理原則，創製了很多**非透視投影圖** (non-perspective projection)，有別於上述的**透視投影圖** (perspective projection)。而非透視投影圖並非完全與投影無關，而是對透視投影圖依製圖目的而作的修正，所以又稱為**條件投影** (conditional projection)。所謂條件，乃指正形、正積、正距、正方位等特殊的要求，為了達成這些特殊條件，正規的投影圖經過割裂、壓縮、變形、量化等方法，使地圖投影學更多姿多采。

第二節　方位投影

這投影法是將平面圖紙相切在球面上某一點，投影後，則圖上任何一點的位置，對此切點的方位，都是正確的，故稱「方位投影」。通常，

切點以二極或赤道上任一地點為常用，理論上，地表任何一點皆可作方位投影的切點。當然，方位投影也有將平面圖紙與地球儀相割者，但應用上很少見。由於切點、光源或製圖者不同的特殊需求，方位投影圖的樣式繁多，以下列舉說明。

一、極方位投影

又稱**日規法**或**日晷法** (gnomonic projection)，這種投影圖即用平面的投影圖紙以地球儀兩極為切點所製成。

極方位圖的特徵是經線為由極點射出的直線組，間距依圓心角等分，角度大小即經差。緯線則為以極點為圓心的同心圓組，但各緯線的半徑，則因圖的特殊需求而異，以下分別介紹五種：即心射極方位圖、正射極方位圖、平射極方位圖、正距極方位圖及正積極方位圖。每一圖都可以用簡單的幾何方法繪出，而各緯線半徑也可以數學公式計算得出，以便依據作圖。

（一）心射極方位圖

因心射極方位圖的投影光源置於球心 C，投影平面在極切點 P，$\overline{PC}$ 即地球儀半徑 R，故緯度角在球面上 A 點，投影在圖紙上則為 A'，$\overline{PA'}$ 的長度，就是緯度角 α 的緯圈半徑 r_α，依附圖 5–10 用三角算式，求得：

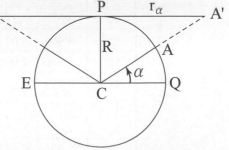

$$\angle PA'C = \angle A'CQ = \alpha$$

$$r_\alpha = \overline{PA'} = \overline{PC}\cot\alpha = R\cot\alpha$$

圖 5–10　心射極方位投影原理

依此公式，只要利用三角函數表，找出餘切 cot 的數值，又知地球儀的比例半徑，便可直接算出各緯線圈的半徑，並據以繪製同心圓組的緯線（參看表 5–4）。

　　用幾何法作圖，首先決定比例尺的大小，例如附圖 5–11 比例尺為 1：150,000,000，故求得赤道半徑圖長為 $\overline{PC}$ = 6,371 公里 / 150,000,000 = 4.25 公分。以赤道半徑圖長 4.25 公分為半徑作一直角弧，分直角為若干等分，分角線與赤道的夾角就是緯度角，而分角線與圓弧的交點是緯度點，分角線的延線與極點切線交點則是緯度點的投影位置，最後以極為心，分別以各緯度投影點為半徑製成同心圓，則是緯線圈，例如附圖 75°、60°、45° 等緯線。至於經線則以 15° 為標準以等分圓周，即得 15° 經差的經線組。

　　這種投影法最大的特點是距離極區愈遠，變形情況愈大，故通常只適宜作極區的小地區圖。

表 5–4　五種極方位圖的緯圈距極半徑
（單位：公里）

緯度	心射	正射	平射	正距	正積
85°	557	555	556	556	556
80°	1,123	1,106	1,115	1,112	1,111
75°	1,707	1,649	1,678	1,668	1,663
70°	2,319	2,179	2,247	2,224	2,213
65°	2,971	2,693	2,825	2,780	2,758
60°	3,678	3,186	3,414	3,336	3,298
55°	4,461	3,654	3,018	3,892	3,831
50°	5,346	4,095	4,636	4,448	4,358
45°	6,371	4,505	5,278	5,004	4,876
40°	7,593	4,881	5,942	5,560	5,385
35°	9,099	5,219	6,633	6,116	5,884
30°	11,035	5,518	7,360	6,672	6,371
25°	13,663	5,774	8,118	7,228	6,846
20°	17,505	5,987	8,922	7,784	7,309
15°	23,778	6,154	9,776	8,340	7,757
10°	36,133	6,274	10,692	8,896	8,191
5°	72,823	6,347	11,696	9,452	8,609
0°	α	6,371	12,742	10,008	9,010

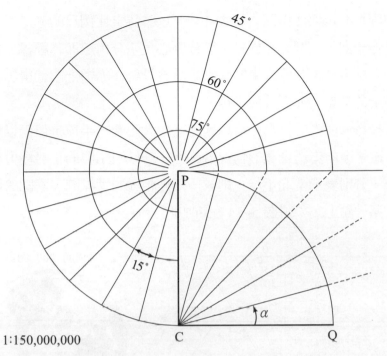

圖 5-11　心射極方位投影圖

1:150,000,000

（二）正射極方位圖

　　因正射極方位圖投影的光源置於兩極地軸延線的無限遠處，故光線擬為平行入射，使 A 地投影在 A′ 點，而投影在圖上緯線 $\overline{PA'}$ 長度和地球儀上的緯線圈 $\overline{LA}$ 等長，依附圖 5-12 用三角算式，求得：

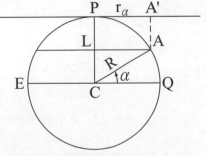

$$\angle LAC = \angle ACQ = \alpha$$

$$r_\alpha = \overline{PA'} = \overline{LA} = R\cos\alpha$$

圖 5-12　正射極方位投影原理

　　依此公式，只要利用三角函數表，找出餘弦 cos 的數值，又知地球儀的比例半徑，便可直接算出各緯線圈的半徑，並據以繪製同心圓組的緯線（參看表 5-4）。

　　用簡單的幾何法作圖（圖 5-13），以某特定比例尺的赤道半徑圖長為半徑作一圓，以圓心作極點，等分圓心角，分角線即為經線，角度即為經差，把各經線在圓周上的交點，垂直投射在赤道上，就得出緯線圈在赤道上的交點，亦即緯圈半徑。

　　這投影法最大的特點是可以赤道為最大範圍的半球，但仍以愈近極區愈正確，愈向赤道則變形情況愈嚴重。若以兩相同的正射極方位投影圖並排，分別表示南北半球，則成一兩極相對的世界圖，兩圓的切點在赤道的某一點上，如附圖 5-14 在新加坡。

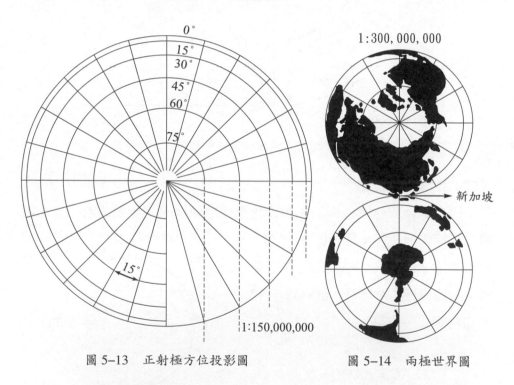

圖 5-13　正射極方位投影圖　　　　圖 5-14　兩極世界圖

（三）平射極方位圖

　　因平射極方位圖投影的光源置於投影平面切點的對蹠點，即為另一極點 P′，故三角算式關係稍為複雜，依附圖 5-15 演算如下：

$$\angle PCA = \angle R - \alpha$$

$$\angle PP'A = \frac{1}{2}\angle PCA = \frac{1}{2}(\angle R - \alpha)$$

$$r_\alpha = \overline{PA'} = \overline{PP'}\tan\frac{1}{2}(\angle R - \alpha)$$

$$= 2R\cot\frac{\alpha}{2}$$

依此公式,只要利用三角函數表,找出餘切 cot 的數值，又知地球儀比例半徑，便可直接算出各緯線圈的半徑，並據以繪製同心圓組的緯線（參看表 5-4）。

用簡單的幾何法作圖（圖 5-16），以某特定比例尺的赤道半徑圖長為半徑作一半圓，以圓心為基點，分半圓

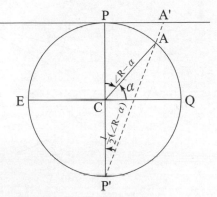

圖 5-15　平射極方位投影原理

弧為等分角，圓弧上各點即為南北緯的各緯度點，再以投影切點 P 的對蹠點 P′ 為投影光源，把各緯度點投影在投影平面上，即得出緯圈半徑，然後以切點 P 為圓心作同心圓，就是緯線組。至於經線組，仍以所需經差角等分圓心角即可。

這個投影法最大的特點是可用以作全球的緯線圈圖，但仍以愈近切點極區愈正確，愈遠則變形情況愈嚴重，低緯部分誤差已很大，另一半球則沒有太大意義，故仍以作為極方位的小區域圖為宜。

（四）正距極方位圖

這是一非透視投影法，是純由數理方法運算出各緯圈半徑的數值，由於本圖的目的是求正距，故以經線圈上每一緯度弧長為基本單位，然後以各緯度點與極點間相差的度數 ($d_\alpha = 90 - \alpha$) 而算出緯圈半徑。

$$r_\alpha = 2\pi R / 360 \times (90 - \alpha) = 0.01745 R d_\alpha$$

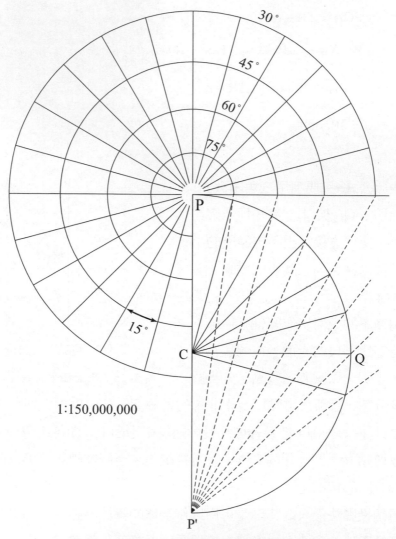

1:150,000,000

圖 5-16　平射極方位投影圖

　　依此公式，則地球儀半徑 R 可知，所求的各緯圈半徑亦可直接算
出，並據以繪製同心圓組的緯線（參看表 5-4）。

　　用簡單的幾何法作圖（圖 5-17），以某特定比例尺的赤道半徑圖長
為半徑作一圓，把赤道用幾何法等分為若干段，如六段則為每段 15° 緯
差，以分段點為半徑，即得同心圓組的緯線圈。至於經線組仍以所需經

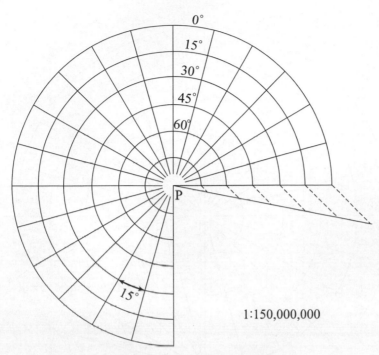

1:150,000,000

圖 5-17　正距極方位投影圖

差角等分圓心角即可。

　　此投影法在原則上可作全球圖，但因距極點愈遠、誤差愈大，對蹠極點由一點變成一極大的圈，因此常只用作半球極圖，表達由極點至各緯圈間正確的距離。

（五）正積極方位圖

　　這是一種非透視投影法，可由純數理方法推算出各緯線圈半徑的長度，由於本圖的目的是求取各緯線圈向極的圓面積是正確的，故用球面積公式運算如下：

在地球面緯度 α 的緯圈向極切取的球面積 S，則

$S = 2\pi R^2(1 - \sin\alpha)$

圖上緯線半徑 r 所作的圓面積為 $S' = \pi r\alpha^2$

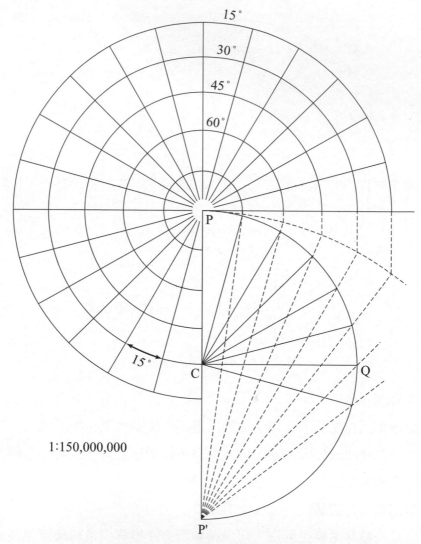

圖 5–18　正積極方位投影圖

因 $S = S'$

故 $r_\alpha = 2R\sin((90° - \alpha) / 2)$

　　依此公式，只要利用三角函數表，找出正弦 sin 的數值，又知地球儀的比例半徑，則圖上的緯圈半徑便可直接算出，並據以繪製同心圓組

的緯線（參看表 5–4）。

用簡單的幾何法作圖（圖 5–18），以某特定比例尺的赤道半徑圖長 $\overline{PC}$ 為半徑作一半圓，又以赤道圖長的二倍即地軸 $\overline{PP'}$ 為半徑，以極切點 P 的對蹠極點 P′ 為圓心作外直角弧，以 P′ 為擬光源，把半圓上的緯點先投射在外直角弧面上，再擬光源從無限遠處平行射入，把直角弧面上的投影點再投射至投影平面上，即得出緯圈半徑。至於經線組仍以所需經差角等分圓心角即可。這投影法最大特徵為各經緯格內正積，但距極切點愈遠，形狀變形愈大，理論上可以製全球圖，然而，另一半球因距離極切點甚遠，形狀變形亦極大，但正積效果仍然存在。

（六）極方位圖的比較

上述五種極方位圖各有特色，為了使其間相對關係更易明瞭，此特提供兩項資料，以供參考：第一是表 5–4 註明了各種極方位圖法所算出以極點為圓心的各緯圈距極半徑 。 第二是附圖 5–19 中同時繪出五種圖

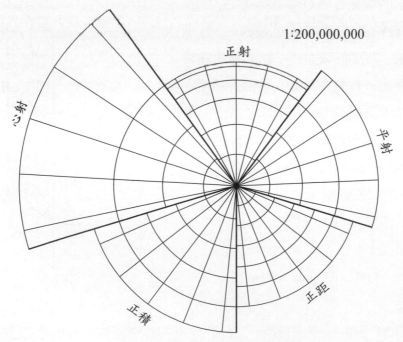

1:200,000,000

圖 5–19　極方位投影圖的比較

法，各占 72° 經度，但緯圈的差異性很大，從而了解投影圖的變化多端，各具優點。

二、赤道方位投影

　　這種投影圖由橫軸平面投影法製成，平面投影圖紙以地球儀赤道上的任何一點為切點，本圖組的特徵是除了赤道及切點所在的主經線一定是直線外，其他經緯線變量依不同的作圖過程而定，以下介紹心射赤道方位圖、正射赤道方位圖、平射赤道方位圖及橫軸正積圖（正積赤道方位圖及漢麥爾投影圖）。

（一）心射赤道方位圖

　　心射赤道方位投影的投影光源置於球心，除了赤道因切點所在而成直線外，其他緯線俱為雙曲線，而經線皆為直線，但以切點所在的經線為標準經線，其他經線依經差而定。

　　在圖 5–20 中， Q 點為投影平面在赤道上的切點 ， $\overline{XQX'}$ 為赤道 $\overline{EQ}$ 的投影，$\overline{YOY'}$ 為經線 $\overline{PQP'}$ 的投影，亦即標準經線，若要把球面任一點 L 投影在投影平面上，首先要知道 L 點的經緯度，M 點為與 L 點經度相同而在赤道上的一點，M 點與切點 Q 的經差角為 λ，即 ∠QCM′ ， 而 M′ 即是 M 點在赤道投影 $\overline{XQX'}$ 上的投影點，若以三角法運算，經度的距離乃可由下列公式求得：

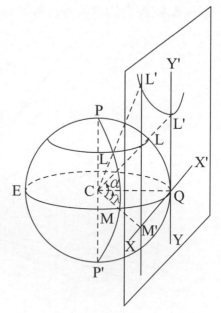

圖 5–20　心射赤道方位投射原理

$$\overline{QM'}= \overline{CQ}\tan\lambda = R\tan\lambda$$

　　當 M′ 點的位置求得後，由 M′ 作一與標準經線平行的直線，L′ 點

必在其上。L 點的緯度以緯度角，即∠MCL 表示，L′ 點為 L 點在投影平面上的投影點，用三角法運算，L′ 的緯距可由下列公式求得：

$$\overline{L'M'} = \overline{CM'}\tan\alpha = \overline{CQ}\sec\lambda\tan\alpha = R\sec\lambda\tan\alpha$$

同理，可求得各經線上的同緯度各點，連結起來就成緯線，而此緯線為雙曲線。附表 5–5 是由上述公式所求得的經緯數值，可依據以直接製圖。

表 5–5　心射赤道方位投影的經緯定位（單位：公里）

經度	0°	5°	10°	15°	20°	25°	30°	35°	40°	45°	50°	60°	70°	80°
經距	0	557	1,123	1,707	2,319	2,971	3,678	4,461	5,346	6,371	7,593	11,035	17,505	36,133

經度＼緯度	0°	5°	10°	15°	20°	25°	30°	35°	40°	45°	50°	60°	70°	80°
5°	557	560	566	577	593	615	644	680	728	788	867	1,115	1,630	3,210
10°	1,123	1,128	1,138	1,163	1,196	1,240	1,297	1,371	1,467	1,589	1,748	2,247	3,285	6,469
15°	1,707	1,714	1,733	1,767	1,817	1,884	1,971	2,084	2,229	2,414	2,655	3,414	4,991	9,831
20°	2,319	2,328	2,355	2,401	2,468	2,559	2,678	2,834	3,027	3,280	3,608	4,638	6,780	13,354
25°	3,971	2,982	3,017	3,076	3,162	3,278	3,431	3,927	3,878	4,202	4,622	5,942	8,686	17,109
30°	3,678	3,692	3,735	3,808	3,914	4,055	4,247	4,480	4,802	5,202	5,723	7,357	10,755	21,183
35°	4,461	4,478	4,530	4,618	4,742	4,922	5,151	5,446	5,823	6,309	6,440	8,922	13,043	25,089
40°	5,346	5,366	5,429	5,535	5,689	5,899	6,173	6,526	6,979	7,560	8,317	10,692	15,631	30,783
45°	6,371	6,396	6,469	6,596	6,780	7,030	7,357	7,778	8,317	9,010	9,912	12,742	18,628	36,690
50°	7,593	7,622	7,710	7,861	8,080	8,378	8,761	9,296	9,912	10,738	11,812	15,186	22,200	
60°	11,035	11,077	11,205	11,425	11,743	12,176	12,742	13,471	14,406	15,606	17,168	22,070	32,265	
70°	17,505	17,572	17,775	18,122	18,628	19,314	20,213	21,369	22,851	24,755	27,233	35,009		
80°	36,133	36,271	36,690	37,407	38,452									

此投影法也可用簡單的幾何作圖法來完成，首先以某特定比例尺的赤道半徑圖長為半徑作一半圓，平分半圓得 Y 點，而此平分線的延長線 $\overline{CYY'}$，就是投影圖的標準經線，在標準經線上任意選擇一點 Q，作一與標準經線相垂直的直線，就是投影圖的赤道 $\overline{XQX'}$。然後，在半圓的 Y

點作一切線 $\overline{AYB}$，與投影赤道 $\overline{XQX'}$ 平行，這是一條極重要的幾何作圖輔助線。現將半圓依所需經差角 λ 而分角，延長而在輔助線 $\overline{AYB}$ 上所得各點，就是各經差角點所投影的位置，從各點作與標準線平行的直線，就成經線組，例如 $\angle YCM_2 = 30°$ 經差角 λ，則 $\overline{L'_2M_2}$ 為在標準經線以西的 $30°$ 經差線，其他以此類推。

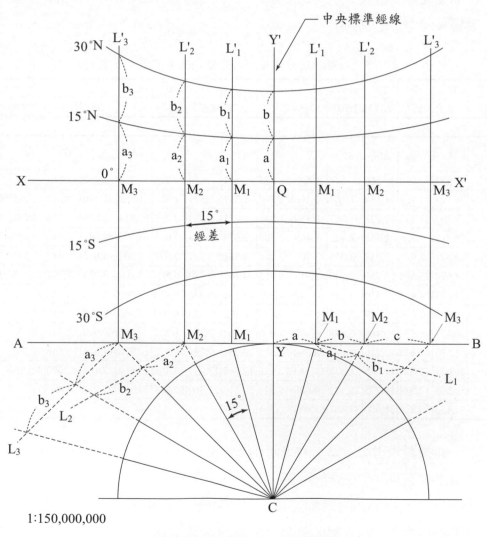

1:150,000,000

圖 5–21　心射赤道方位投影圖

　　而在輔助線上的經差點 M_n（M_1、M_2……等），作一與經差分角線垂直的延線 $\overline{M_nL_n}$，例如圖上的 $\overline{M_1L_1}$、$\overline{M_2L_2}$ 等，則此延線必與其他經差分角線相交，而此兩經差分角線間的夾角，正好是在經線上的緯差角 α，因此，$\overline{M_nL_n}$ 上各相交點，也就成為在該經線上的緯距，而可以依據其實際長度，如圖 5–21 上 a、b、c，移置在經線 $\overline{M_nL'_n}$ 上，最後連成雙曲線的緯線組。

　　此投影法的特性是以切點，即赤道與標準經線的交點 Q 為最正確，變異誤差向四周增大，僅宜用於較小的赤道區位。

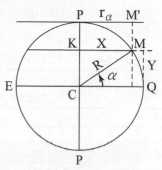

圖 5–22　正射赤道方位投影原理

（二）正射赤道方位圖

　　正射赤道方位投影的投影光源置於無限遠處，故地軸為正距，各緯線投影皆成平行線，而距離赤道的數值 (Y)，可依三角法運算求得：

$$Y = \overline{MQ} = \overline{CM}\sin\alpha = R\sin\alpha$$

　　各緯線上的經線圈則為橢圓弧，由於橫軸投影的畫面與正軸投影的畫面恰成直角，故可利用正射極方位圖的緯線圈來作三角法運算的基礎，求得經線在各緯線圈上的交點 M（圖 5–22）：

$$X = \overline{MK} = r_\alpha = R\cos\alpha$$

因此，可以利用三角函數表計算出在各點的座標值，而據以作圖（參看表 5–6）。

此投影法也可用簡單的幾何作圖法來完成（圖 5–23），原理是依據上述先畫正射極方位圖，然後作直角方向轉移的再投影即可，作圖時先以某特定比例尺的赤道半徑圖長作一直角弧，依所需經差及緯差而分直角為若干分，分角線在圓弧上的交點即為緯度點，以各點為定位點畫出與赤道平行的線，就是緯線組。

表 5–6　正射赤道方位投影的經緯定位（單位：公里）

緯度	0°	5°	10°	15°	20°	25°	30°	35°	40°	45°	50°	55°	60°	65°	70°	75°	80°	85°	90°
緯距	0	555	1,106	1,649	2,179	2,693	3,186	3,654	4,095	4,505	4,881	5,219	5,518	5,774	5,987	6,154	6,274	6,348	6,371

經度＼緯度	0°	5°	10°	15°	20°	25°	30°	35°	40°	45°	50°	55°	60°	65°	70°	75°	80°	85°	90°
0°	0	555	1,106	1,649	2,179	2,693	3,186	3,654	4,095	4,505	4,881	5,219	5,518	5,774	5,987	6,154	6,274	6,348	6,371
5°	0	553	1,102	1,643	2,170	2,682	3,173	3,640	4,080	4,488	4,862	5,199	5,496	5,752	5,964	6,130	6,250	6,323	6,348
10°	0	545	1,090	1,625	2,146	2,635	3,137	3,576	4,033	4,436	4,806	5,138	5,434	5,684	5,896	6,061	6,179	6,250	6,274
15°	0	536	1,068	1,593	2,105	2,601	3,077	3,530	3,956	4,352	4,714	5,041	5,330	5,577	5,782	5,944	6,061	6,130	6,154
20°	0	520	1,040	1,550	2,048	2,514	2,993	3,412	3,848	4,233	4,586	4,903	5,185	5,424	5,626	5,782	5,896	5,964	5,987
25°	0	502	1,002	1,016	1,963	2,425	2,887	3,291	3,713	4,082	4,423	4,729	5,000	5,231	5,424	5,577	5,684	5,752	5,774
30°	0	480	958	1,424	1,887	2,318	2,759	3,145	3,547	3,901	4,227	4,519	4,778	5,000	5,185	5,330	5,434	5,496	5,518
35°	0	454	906	1,347	1,774	2,192	2,610	2,975	3,356	3,690	3,998	4,274	4,519	4,729	4,903	5,041	5,138	5,199	5,219
40°	0	425	848	1,259	1,669	2,050	2,440	2,782	3,137	3,451	3,739	3,998	4,227	4,423	4,586	4,714	4,806	4,862	4,881
45°	0	392	782	1,167	1,532	1,892	2,253	2,568	2,896	3,185	3,451	3,690	3,901	4,082	4,233	4,352	4,436	4,488	4,505
50°	0	356	711	1,061	1,401	1,720	2,048	2,334	2,632	2,896	3,137	3,356	3,547	3,713	3,848	3,956	4,033	4,080	4,095
55°	0	318	634	946	1,242	1,535	1,827	2,083	2,334	2,568	2,782	2,975	3,145	3,291	3,494	3,530	3,576	3,640	3,654
60°	0	277	533	825	1,090	1,338	1,593	1,827	2,048	2,253	2,440	2,610	2,759	2,887	2,993	3,077	3,137	3,173	3,186
65°	0	234	468	697	916	1,131	1,338	1,535	1,720	1,892	2,050	2,192	2,318	2,425	2,514	2,601	2,635	2,682	2,693
70°	0	190	378	564	745	916	1,090	1,242	1,401	1,532	1,669	1,774	1,887	1,963	2,048	2,105	2,146	2,170	2,179
75°	0	143	286	427	564	697	825	946	1,061	1,167	1,259	1,347	1,424	1,516	1,550	1,593	1,625	1,643	1,649
80°	0	96	192	286	378	468	533	634	711	782	848	906	958	1,002	1,040	1,068	1,090	1,102	1,106
85°	0	48	96	143	190	234	277	318	356	392	425	454	480	502	520	536	545	553	555
90°	0	0	0	0	0	0	0	0	0	0	0	0	0	0	0	0	0	0	0

　　再以球心為圓心，緯線組與地軸的交點為半徑作同心圓弧，同心圓弧與分角線形成許多交點，以此等交點作與地軸的平行線，依次序投影在緯線組上，就可找出各條橢圓弧形的經線（圖5-24）。

　　此投影法的特徵是可作一有標準經線的半球圖，但如同時作兩相同的半球，則成為全球圖，頗適合為東西半球的基圖，但應注意的是每半球的中心部分為正確，愈向球緣則變異誤差愈大。

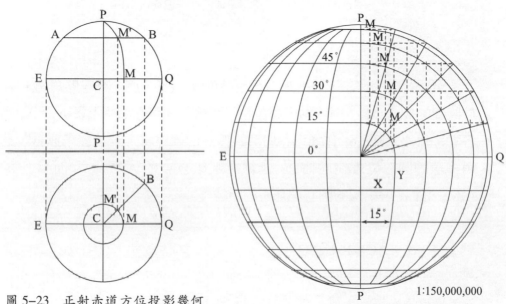

圖 5-23　正射赤道方位投影幾何
作圖法

圖 5-24　正射赤道方位投影圖

（三）平射赤道方位圖

　　平射赤道方位投影的投影光源置於地球儀的赤道圈上，在投影平面的切點的對蹠點位置，所得的投影圖為球形，只有赤道及通過兩極的中央標準經線為直線，其他經緯線都是圓弧，這些經緯圓弧皆可以用三角法把圓心和半徑的數值算出。

　　首先以某特定比例尺為赤道半徑圖長作一圓，並作出赤道 $\overline{EQ}$ 及兩極 $\overline{PP'}$，經線組的圓心在赤道的延線上。若在 P′ 作一切線 $\overline{E'P'Q'}$，並以所需經差角 λ 等分 ∠E′P′C 及 ∠Q′P′C，分角線乃交赤道 $\overline{EQ}$ 及其延線於

F_1、F_2……等點，分別以之為圓心，作通過 P 及 P′ 的弧，即經線組，若以三角運算，λ 角經線的圓心位置在赤道延線上距球心 $\overline{F_nC}$ 處（如 75° 角經線的圓心在 F_1，半徑為 $\overline{F_1P'_2}$，60° 角者為 F_2、$\overline{F_2P'_2}$，依此類推），而半徑為 $\overline{F_nP'}$，故 λ 角經線的圓心與球心距離：

$$d_\lambda = \overline{F_nC} = \overline{P'C}\cot\lambda \qquad\qquad r_\lambda = \overline{F_nP'}$$
$$= R\cot\lambda \qquad\qquad\qquad\qquad = R\sec(90-\lambda)$$
$$= R\csc\lambda$$

　　至於緯線的作法，乃由圓心 C 以緯度 α 角等分圓心角，即緯角，交於圓周的 M_1、M_2……等點，於各點引切線，則可在 $\overline{PP'}$ 上得 A_1、A_2…各點，以之為圓心，作通過各切點的弧，即緯線組，若以三角運算，α 角緯線的圓心位置在地軸 $\overline{PP'}$ 延線上距球心 C 的 $\overline{A_nC}$ 處，而半徑為 $\overline{A_nM_n}$，故 α 角緯線的圓心與球心的距離：

$$d_\alpha = \overline{AC} = R\sec(90-\alpha)$$

α 角緯線的半徑：

$$r_\alpha = \overline{AM} = R\cot\alpha$$

利用三角函數，可以求得任何經緯線的定點數值（參看表 5–7）。

表 5–7　平射赤道投影經緯定位（單位：公里）

經線圓心定位			緯線圓心定位		
經度 λ	與球心距離 d_λ	至極點半徑 r_λ	緯度 α	與球心距離 d_α	至緯點半徑 r_α
0°	為中央標準經線		0°	為赤道直線	
5°	14,564.4	14,620.2	5°	14,620.2	14,564.4
10°	7,226.6	7,338.1	10°	7,338.1	7,226.6
15°	4,755.5	4,923.3	15°	4,923.3	4,755.5
20°	3,500.9	3,725.6	20°	3,725.6	3,500.9
25°	2,732.6	3,015.1	25°	3,015.1	2,732.6
30°	2,207.0	2,538.5	30°	2,548.5	2,207.0
35°	1,819.8	2,221.6	35°	2,221.6	1,819.8
40°	1,518.6	1,982.4	40°	1,982.4	1,558.6
45°	1,274.2	1,802.0	45°	1,802.0	1,274.2
50°	1,069.2	1,663.4	50°	1,663.4	1,069.2
55°	892.2	1,555.6	55°	1,555.6	892.2
60°	735.7	1,471.4	60°	1,471.4	735.7
65°	594.2	1,406.0	65°	1,406.0	594.2
70°	463.8	1,356.0	70°	1,356.0	463.8
75°	341.4	1,319.2	75°	1,319.2	341.4
80°	224.7	1,293.9	80°	1,293.9	224.7
85°	111.5	1,279.1	85°	1,279.1	111.5
90°	0.0	1,274.2	90°	–	–

　　這投影圖也可以用簡單的幾何方法來完成，首先以所需經緯角等分大圓周於各 M_1、M_2……與 M'_1、M'_2……等點，再以 P 或 P′ 為視點，透視另一半圓周上的各等分點，則此透視線便通過赤道 $\overline{EQ}$ 於 M_1、M_2……等點，利用 $\overline{PX_n}$ 及 $\overline{P'X_n}$ 便可以找出通過 $\overparen{PX_nP'}$ 三點的圓心 F_n（F_1、F_2……等），在赤道延線上，$\overparen{PX_nP'}$ 弧即為經線（圖 5–25）。

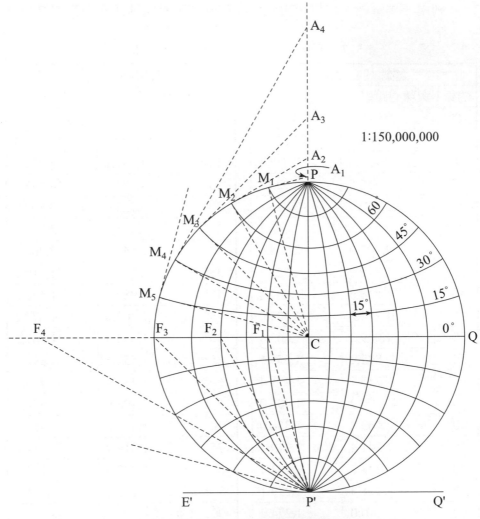

圖 5–25　平射赤道方位投影圖㈠

　　同理的以 E 或 Q 為視點，透視另一半球圓周上的各等分點，則此透
視線便通過地軸 $\overline{PP'}$ 於 Y_1、Y_2⋯等點，利用圓周上的緯角點 M_1、M_2⋯
等與地軸上的 Y_1、Y_2⋯等各點，則可找出通過 $\overparen{M_n Y_n M'_n}$ 三點的圓心 A_n
（A_1、A_2⋯等），在地軸延線上，$\overparen{M_n Y_n M'_n}$ 弧即為緯線（圖 5–26）。

　　此投影法也可作一有標準經線的半球圖，故亦可同時作兩相同的半
球而成為全球圖，請與正射赤道方位圖作一比較，可更了解兩者的特徵。

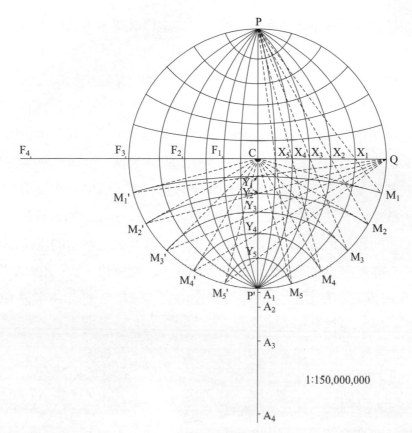

圖 5-26 平射赤道方位投影圖㈡

（四）正積赤道方位圖

這是一非透視投影圖， 投影平面切點在赤道上， 而作圖要求是經緯網格的球面面積為正確， 所以這是以純數理方法推演出來的投影圖。

圖 5-27 上的 P 為極點，H 為在赤道上的切點，L 為緯度 α 的某點，從 H 看 L 的方位角為 θ，H、L 二地的經差角為

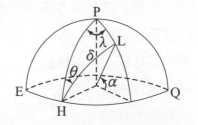

圖 5-27 正積赤道方位投影原理

λ，則 H、L 二地的球面距離為 δ，依球面的角度而得球面各點的經緯定位如下：

$$\cos\delta = \cos\alpha\cos\lambda$$
$$\tan\theta = \cot\alpha\sin\lambda$$

　　並依此而運算出正積赤道方位投影的座標數值，可依據而作圖（表5–8）。

　　如圖 5–28，先要設置座標的基本架構，即以某特定比例尺的赤道半徑圖長為半徑而作一圓，依所需緯差角而等分半徑，以圓心為心作同心圓組，那是緯線座標的基本架構，又以所需經差角等分圓心角，而成一自圓心出發的放射線組，那是經線座標的基本架構，然後把附表的數值移植在基本架構上，便出現很多經緯定位點，連接各點乃成正積赤道方位圖。植點的方法，先在表上找到經差角 λ 及緯差角 α 的座標數值，如某點 $L_{\lambda\alpha}$ 的經差角為 30° 而緯差角為 60°，其在表上顯示的緯差距 θ 為 16°06′，經差角距 δ 為 64°20′；緯差距由 $\overline{PP'}$ 軸算起，$\theta = \angle PCA_\lambda$ 即緯差距，緯度點必在 $\overline{CA_\lambda}$ 上，經差角距由圓心算起，把赤道半徑 $\overline{CQ}$ 作90° 算，則由圓心 C 至 B_α 的比例長度即經差角距，以 $\overline{CB_\lambda}$ 為半徑作弧，交 $\overline{CA_\lambda}$ 於 $L_{\lambda\alpha}$，如此類推，座標系統便可以定出。

　　本圖的特徵是各經緯格都是正積，為一常用的半球圖，如兩球合併，同時使用，則為一世界圖的基圖。

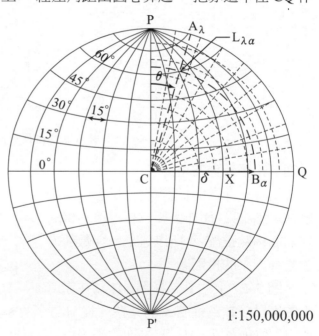

1:150,000,000

圖 5–28　正積赤道方位投影圖

表 5-8　正積赤道方位投影經緯定位（單位：°）

說明：每格內數值為「θ / δ」，以（度 分）表示；θ 為方位角，δ 為距中心角距。

緯度 α ＼ 經度 λ	0	5	10	15	20	25	30	35	40	45	50	55	60	65	70	75	80	85	90
0	0°0′/0°0′	90°0′/5°0′	90°0′/10°0′	90°0′/15°0′	90°0′/20°0′	90°0′/25°0′	90°0′/30°0′	90°0′/35°0′	90°0′/40°0′	90°0′/45°0′	90°0′/50°0′	90°0′/55°0′	90°0′/60°0′	90°0′/65°0′	90°0′/70°0′	90°0′/75°0′	90°0′/80°0′	90°0′/85°0′	90°0′/90°0′
5	0°0′/5°0′	44°53′/7°3′	63°16′/11°10′	71°19′/15°47′	75°39′/20°35′	78°18′/25°28′	80°4′/30°22′	81°20′/35°19′	82°15′/40°16′	82°57′/45°13′	83°29′/50°11′	83°54′/55°9′	84°14′/60°8′	84°29′/65°6′	84°41′/70°5′	84°50′/75°4′	84°55′/80°2′	84°59′/85°1′	85°0′/90°0′
10	0°0′/10°0′	26°18′/11°10′	44°34′/14°6′	55°44′/17°58′	62°43′/22°15′	67°21′/26°48′	70°34′/31°28′	72°54′/36°13′	74°40′/41°2′	76°0′/45°52′	77°2′/50°44′	77°51′/55°37′	78°29′/60°30′	78°59′/65°24′	79°22′/70°19′	79°39′/75°14′	79°50′/80°9′	79°58′/85°5′	80°0′/90°0′
15	0°0′/15°0′	18°1′/15°47′	32°57′/17°58′	44°0′/21°0′	51°55′/24°49′	57°38′/28°54′	61°49′/33°13′	64°58′/37°42′	67°22′/42°16′	69°14′/46°55′	70°43′/51°37′	71°53′/56°21′	72°48′/61°7′	73°32′/65°55′	74°5′/70°43′	74°30′/75°31′	74°46′/80°21′	74°57′/85°10′	75°0′/90°0′
20	0°0′/20°0′	13°28′/20°35′	25°30′/22°16′	35°25′/24°49′	43°13′/27°59′	49°16′/31°37′	53°57′/35°32′	57°36′/39°40′	60°29′/43°58′	62°46′/48°21′	64°35′/52°50′	66°2′/57°23′	67°13′/61°59′	68°6′/66°36′	68°49′/71°15′	69°21′/75°55′	69°43′/80°37′	69°56′/85°18′	70°0′/90°0′
25	0°0′/25°0′	10°35′/25°28′	20°25′/26°48′	29°2′/28°54′	36°15′/31°36′	42°12′/34°46′	47°0′/38°17′	50°53′/42°4′	54°2′/46°2′	56°35′/50°9′	58°40′/54°22′	60°21′/58°41′	61°42′/63°3′	62°46′/67°29′	63°37′/71°57′	64°14′/76°26′	64°39′/80°57′	64°55′/85°28′	65°0′/90°0′
30	0°0′/30°0′	8°35′/30°22′	16°44′/31°28′	24°9′/33°13′	30°39′/35°32′	36°11′/38°17′	40°54′/41°25′	44°49′/44°49′	48°4′/48°26′	50°46′/52°14′	53°0′/56°10′	54°49′/60°13′	56°19′/64°20′	57°30′/68°32′	58°26′/72°46′	59°8′/77°3′	59°37′/81°21′	59°54′/85°40′	60°0′/90°0′
35	0°0′/35°0′	7°5′/35°19′	13°56′/36°13′	20°17′/37°42′	26°2′/39°40′	31°7′/42°4′	35°32′/44°49′	39°19′/47°51′	42°33′/51°8′	45°17′/54°36′	47°34′/58°14′	49°29′/61°59′	51°2′/65°49′	52°19′/69°45′	53°18′/73°44′	54°4′/77°46′	54°36′/81°49′	54°54′/85°54′	55°0′/90°0′
40	0°0′/40°0′	5°56′/40°16′	11°42′/41°2′	17°8′/42°16′	22°10′/43°58′	26°44′/46°2′	30°47′/48°26′	34°21′/51°8′	37°27′/54°4′	40°7′/57°12′	42°24′/60°30′	44°18′/63°56′	45°54′/67°29′	47°12′/71°7′	48°14′/74°49′	49°1′/78°34′	49°34′/82°21′	49°54′/86°10′	50°0′/90°0′
45	0°0′/45°0′	4°59′/45°13′	9°51′/45°52′	14°31′/46°55′	18°53′/48°22′	22°55′/50°9′	26°34′/52°14′	29°50′/54°36′	32°44′/57°12′	35°16′/60°0′	37°27′/62°58′	39°19′/66°4′	40°54′/69°18′	42°11′/72°37′	43°13′/76°0′	44°0′/79°27′	44°34′/82°57′	44°53′/86°28′	45°0′/90°0′
50	0°0′/50°0′	4°11′/50°11′	8°17′/50°44′	12°15′/51°37′	16°1′/52°50′	19°31′/54°22′	22°45′/56°10′	25°42′/58°14′	28°20′/60°30′	30°41′/62°58′	32°44′/65°36′	34°30′/68°22′	36°0′/71°15′	37°15′/74°14′	38°15′/77°18′	39°1′/80°25′	39°34′/83°35′	39°53′/86°47′	40°0′/90°0′
55	0°0′/55°0′	3°30′/55°9′	6°56′/55°37′	10°16′/56°21′	13°28′/57°23′	16°29′/58°41′	19°18′/60°13′	21°53′/61°59′	24°14′/63°56′	26°21′/66°4′	28°13′/68°22′	29°50′/70°48′	31°14′/73°20′	32°24′/75°58′	33°21′/78°41′	34°4′/81°28′	34°35′/84°17′	34°54′/87°8′	35°0′/90°0′
60	0°0′/60°0′	2°53′/60°8′	5°44′/60°30′	8°30′/61°7′	11°10′/61°59′	13°43′/63°3′	16°6′/64°20′	18°19′/65°49′	20°22′/67°29′	22°12′/69°18′	23°52′/71°15′	25°19′/73°20′	26°34′/75°31′	27°37′/77°48′	28°29′/80°9′	29°9′/82°34′	29°37′/85°1′	29°54′/87°30′	30°0′/90°0′
65	0°0′/65°0′	2°20′/65°6′	4°38′/65°24′	6°53′/65°55′	9°4′/66°36′	11°9′/67°29′	13°8′/68°32′	14°59′/69°45′	16°41′/71°7′	18°15′/72°37′	19°39′/74°14′	20°55′/75°58′	21°59′/77°48′	22°55′/79°43′	23°40′/81°41′	24°15′/83°43′	24°40′/85°47′	24°55′/87°53′	25°0′/90°0′
70	0°0′/70°0′	1°49′/70°5′	3°37′/70°19′	5°23′/70°43′	7°6′/71°15′	8°45′/71°57′	10°19′/72°46′	11°48′/73°44′	13°10′/74°49′	14°26′/76°0′	15°35′/77°18′	16°36′/78°41′	17°30′/80°9′	18°15′/81°41′	18°53′/83°17′	19°22′/84°55′	19°43′/86°36′	19°56′/88°18′	20°0′/90°0′
75	0°0′/75°0′	1°20′/75°4′	2°40′/75°14′	3°58′/75°31′	5°14′/75°55′	6°28′/76°26′	7°38′/77°3′	8°44′/77°46′	9°46′/78°34′	10°44′/79°27′	11°36′/80°25′	12°23′/81°28′	13°4′/82°34′	13°39′/83°43′	14°7′/84°55′	14°31′/86°10′	14°46′/87°25′	14°56′/88°42′	15°0′/90°0′
80	0°0′/80°0′	0°53′/80°2′	1°45′/80°9′	2°37′/80°21′	3°27′/80°37′	4°16′/80°57′	5°2′/81°21′	5°47′/81°49′	6°28′/82°21′	7°7′/82°57′	7°42′/83°35′	8°13′/84°17′	8°41′/85°1′	9°5′/85°47′	9°24′/86°36′	9°40′/87°25′	9°51′/88°16′	9°58′/89°8′	10°0′/90°0′
85	0°0′/85°0′	0°26′/85°1′	0°52′/85°5′	1°18′/85°10′	1°43′/85°18′	2°7′/85°28′	2°30′/85°40′	2°52′/85°54′	3°13′/86°10′	3°32′/86°28′	3°50′/86°47′	4°6′/87°8′	4°20′/87°30′	4°32′/87°53′	4°42′/88°18′	4°50′/88°42′	4°56′/89°8′	4°59′/89°34′	5°0′/90°0′
90	／	／	／	／	／	／	／	／	／	／	／	／	／	／	／	／	／	／	／

（五）正積方位漢麥爾圖法

這是正積橫軸方位圖的變更圖法，因製圖人又稱**漢麥爾投影**(Hammer's projection)，特徵是將經差角擴大一倍，使正積赤道方位圖的球形變成橢圓形。此圖的作法可由座標式運算而得：

$$\cos\delta = \cos\theta\cos(\lambda/2) \qquad X = 4R\sin(\delta/2)\sin\alpha$$

$$或$$

$$\tan\alpha = \cot\delta\sin(\lambda/2) \qquad Y = 2R\sin(\delta/2)\cos\alpha$$

表 5–9 為所算出的座標值，可依據此作圖，植點方法和前述的正積赤道方位投影法相似，但以圓心為起點，分別在赤道半徑 $\overline{CQ}$ 或 $\overline{EC}$ 作經度距（X 值）及極半徑 $\overline{CP}$ 或 $\overline{CP'}$ 作緯度距（Y 值），X、Y 值的交點即為經緯的座標系統（圖 5–29）。

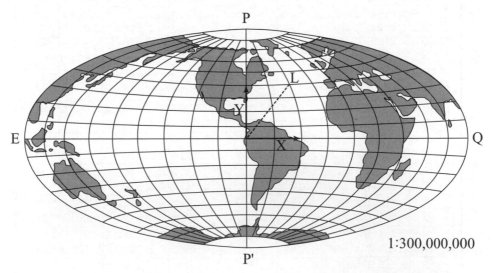

1:300,000,000

圖 5–29　漢麥爾正積赤道方位投影圖 (Hammer's projection)

三、斜軸任意方位投影

這種投影圖由斜軸平面投影法製成，平面投影圖紙以地球儀上的任意一點為切點，故平面與地軸呈斜交，圖上只有一標準經線為直線，其

表 5-9　漢麥爾正積方位投影經緯定位（單位：公里）

緯度	經度	0°	10°	20°	30°	40°	50°	60°	70°	80°	90°	100°	110°	120°	130°	140°	150°	160°	170°	180°
0°	x	0	1,112	2,221	3,326	4,425	5,516	6,596	7,663	8,716	9,753	10,770	11,765	12,742	13,693	14,617	15,514	16,381	17,217	18,020
	y	0	0	0	0	0	0	0	0	0	0	0	0	0	0	0	0	0	0	0
10°	x	0	1,099	2,195	3,289	4,374	5,450	6,521	7,571	8,614	9,635	10,639	11,623	12,581	13,514	14,423	15,302	16,150	16,968	17,738
	y	1,111	1,111	1,114	1,120	1,127	1,137	1,150	1,163	1,181	1,202	1,225	1,251	1,280	1,316	1,354	1,397	1,446	1,501	1,565
20°	x	0	1,060	2,119	3,174	4,218	5,258	6,287	7,300	8,302	9,280	10,241	11,182	12,097	12,975	13,843	14,688	15,464	16,218	16,934
	y	2,213	2,214	2,221	2,232	2,245	2,264	2,288	2,317	2,350	2,388	2,433	2,483	2,543	2,608	2,680	2,764	2,858	2,959	3,082
30°	x	0	997	1,991	2,982	3,964	4,928	5,900	6,848	7,777	8,690	9,582	10,449	11,290	12,102	12,880	13,625	14,329	14,990	15,606
	y	3,298	3,300	3,312	3,325	3,345	3,375	3,405	3,446	3,493	3,548	3,610	3,683	3,762	3,855	3,957	4,072	4,201	4,345	4,505
40°	x	0	907	1,811	2,709	3,602	4,483	5,350	6,206	7,043	7,861	8,657	9,423	10,165	10,874	11,547	12,181	12,771	13,316	13,885
	y	4,358	4,363	4,373	4,390	4,417	4,450	4,490	4,505	4,598	4,665	4,740	4,828	4,925	5,035	5,156	5,291	5,441	5,606	5,792
50°	x	0	788	1,573	2,354	3,128	3,893	4,643	5,378	6,093	6,792	7,465	8,110	8,725	9,309	9,854	10,357	10,818	11,230	11,583
	y	5,385	5,389	5,402	5,421	5,449	5,486	5,531	5,587	5,650	5,723	5,807	5,900	6,005	6,121	6,250	6,391	6,546	6,716	6,902
60°	x	0	642	1,283	1,918	2,541	3,160	3,762	4,351	4,926	5,475	5,994	6,508	6,979	7,418	7,824	8,190	8,510	8,785	9,010
	y	6,371	6,376	6,387	6,407	6,437	6,472	6,518	6,572	6,635	6,708	6,774	6,879	6,979	7,090	7,210	7,342	7,485	7,639	7,803
70°	x	0	464	926	1,384	1,835	2,277	2,707	3,127	3,526	3,911	4,276	4,616	4,934	5,219	5,481	5,705	5,897	6,054	6,163
	y	7,309	7,312	7,323	7,341	7,365	7,398	7,436	7,483	7,537	7,615	7,666	7,741	7,824	7,915	8,011	8,115	8,227	8,344	8,467
80°	x	0	253	501	751	992	1,232	1,457	1,682	1,890	2,086	2,276	2,444	2,600	2,738	2,855	2,957	3,036	3,095	3,129
	y	8,191	8,193	8,200	8,208	8,228	8,248	8,273	8,302	8,336	8,375	8,415	8,463	8,511	8,564	8,622	8,680	8,742	8,807	8,873
90°	x	0	／	／	／	／	／	／	／	／	／	／	／	／	／	／	／	／	／	／
	y	9,010	／	／	／	／	／	／	／	／	／	／	／	／	／	／	／	／	／	／

餘的經緯線皆為曲線，作圖方法比較複雜，但仍然是有規律的，只要循著方法，必可成功，特介紹如下。

（一）心射斜軸方位圖

　　由於斜軸方位投影的切點是任意的，所以切點所在的緯度角影響成圖的形狀很大，下述以傾斜 25° 為例，說明心射斜軸方位投影（圖 5–30）。

　　首先以某特定比例尺的赤道半徑圖長作一半圓，為輔助圖 A，本例斜軸 25°，赤道 $\overline{EQ}$ 下斜 25°，使 25°N 緯線平置，L 點為 25°N 的切點，由此引一切線至地軸 $\overline{EP}$ 的延線相交於 P′，又至赤道 $\overline{EQ}$ 的延線相交於 A′，在此切線上，可以用三角法運算得：

$$\overline{P'L} = R\cot\alpha$$

$$\overline{A'L} = R\tan\alpha$$

　　然後作一與切線平行的另一直線，把 P′、L、A′ 三點投影在其上，就是主圖的中央標準經線，在 A′ 點作一直交直線，就是圖的赤道，而 P′ 點則為主圖的極點。

　　在標準經線的延線上，以同一比例尺赤道半徑圖長為半徑再作一半圓，為輔助圖 B，把輔助圖 A 的 $\overline{EQA'}$ 的長度移植在輔助圖 B 上，在 B 圖的 A 點作一直交直線，以所需的 15° 來等分圓心角，分角線延長而與之相交，把交點投影至主圖的赤道上，為 B、C、D 等各點，把這些點與極點 P 所連的直線，就是經差 15° 的經線組。

　　再回頭把 B 圖的圓心 E′ 至交點 B、C、D 等的長度，移植至 A 圖的赤道 $\overline{EQ}$ 延線上，而得 B′、C′、D′ 等各點，連接 $\overline{P'B'}$、$\overline{P'C'}$、$\overline{P'D'}$ 線，作為緯線投影的依據。方法是以所需的 15° 來等分 A 圖的圓心角，分角線延長而分別與 $\overline{P'A'}$、$\overline{P'B'}$、$\overline{P'C'}$、$\overline{P'D'}$ 等各線相交，再由各交點作一與 A 圖赤道平行的線至 $\overline{P'A'}$ 這一投影平面上，再把這些所得的投影點，

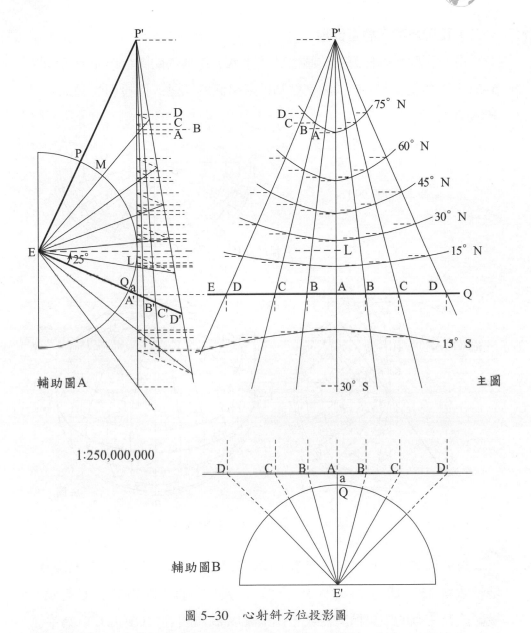

圖 5-30　心射斜方位投影圖

依次投影在主圖的相對經線組上，以便連線成緯線組。

　　這一投影法雖然複雜，但可以用幾何法來作任意的位點的投影，對以某一特定地點為中心的小範圍投影圖而言，是一很好的方法。因圖的其他不需要而變異性太大的部份，可以簡單地裁撤。

（二）正射斜軸任意方位圖

　　這一正射斜軸任意方位圖也是需要 A、B 兩輔助圖合作完成，如圖 5–31，以地軸傾斜 35° 的緯度點為投影平面的切點，而投影光源則來自無限遠處。

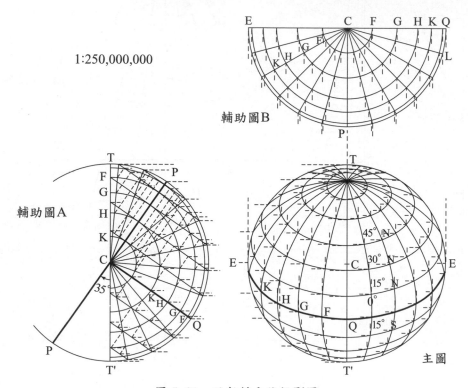

圖 5–31　正射斜方位投影圖

　　首先以某特定比例尺的赤道半徑圖長為半徑作一半圓，為輔助圖 A，地軸傾斜 35°、球心 C、北極 P、赤道 E，及傾斜軸兩端的 T 及 T′ 等點，投影成為主圖的中央標準經線，在主圖以 C 為圓心，$\overline{CT}$ 或 $\overline{CT'}$ 為半徑作一圓，就是投影的半球。

　　將標準經線延長，以相同的比例尺作另一半圓，為輔助圖 B，此例以每 15° 為經緯差，故以 C 為圓心，以 15° 等分圓心角，交於半圓周的 F、G、H、K、L 等點，投影在圖 B 的赤道 $\overline{ECQ}$ 上，由圓心 C 至各 F、

G、H、K、L 等交點為半徑作小圓弧，弧線與球心分角線形成相交，交點就是系列性的經緯度座標點。這些座標點與主圖的標準經線平行的方向，向主圖投影。

在圖 A 上，用和圖 B 相同的方法，也可以在各小圓弧上定出系列性的相關經緯度標點，由於圖 A 呈 35° 傾斜，當圖 A 上這些座標點以與主圖的標準經線直交的方向向主圖投影時，與圖 B 的投影線形成許多相關交點，將交點連接起來，就形成緯線圈，同理可作任意緯線圈。

同時，這些座標點也可以用另一型式，通過極點 P 及各緯線上的相關點而連結起來，形成經差 15° 的經線組，全圖便可順利完成了。

本投影法因可以任意方位點於投影切點，故在許多以某城市為主題中心的地圖上都可以使用，同時全圖除中央經線外都是弧線，在視覺上有球狀的立體感，如果兩球並列，則為世界圖。

（三）平射斜軸任意方位圖

這平射斜軸任意方位投影的投影光源置於投影平面切點的對蹠點，故此投影圖本是放大很多，但作幾何作圖時，可以用回歸法，把投影回縮到在輔助圖上，再用正射的方式投影到主圖上，便可以順應主圖的比例尺。舉例以地軸傾斜 40° 的緯度點為投影平面的切點，作圖如下頁（圖 5–32）：

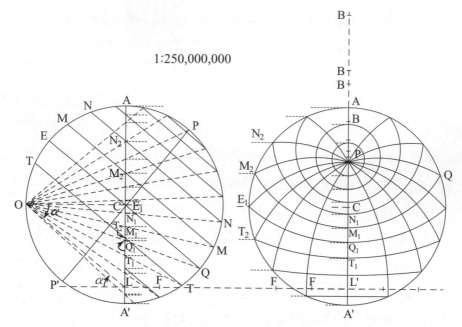

1:250,000,000

圖 5-32　平射斜方位投影圖

　　首先以某特定比例尺的赤道半徑圖長為半徑作一圓為輔圖，地軸傾斜 40°，以經緯差 15° 為作圖目的，$\overline{MM}$ 為 15°N 緯線，$\overline{NN}$ 為 30°N 緯線等，$\overline{EQ}$ 為赤道，$\overline{TT}$ 為 15°S 緯線，O 點為光源所在，從 O 點至緯線各端點的連線，在投影軸 $\overline{AA'}$ 上相交而產生各緯線的投影點 M_1、N_1、Q_1、T_1，這些投影點都投影至主圖的中央標準經線上，標準經線與輔圖的投影軸 $\overline{AA'}$ 平行，輔圖的中心點 C 也投影在主圖標準經線上，並以之為圓心，相同的比例尺的赤道半徑圖長為半徑而作一圓，即主圖的外緣。而在輔圖各緯線的原在投影軸的各點如 M_2、N_2、E_2、T_2、A' 等各點，則投影在主圖的圓周上。如圓周上的兩投影點加上在標準經線上的另一相關投影點，三點可找到一圓心以其作圓弧，並通過此三點，此圓弧就是緯線圈，緯線圈的圓心一定在標準經線 $\overline{AA'}$ 上的各 B 點，其位置也可以用三角算式求得，當在主圖只有球心 C 點時，其與球心的距離為 $\overline{BC}$：

$$\overline{BC} = d_{\alpha} = R(\tan\frac{\alpha - \alpha_0}{2} + \cot\frac{\alpha + \alpha_0}{2})$$

其中的 α 為緯度角，α_0 為投影的傾斜角度，而於 B 的定位後，各緯線圖的半徑也可以用三角運式求得：

$$\overline{BR} = r_\alpha = 2R\left(\frac{\cos\alpha}{\sin\alpha + \sin\alpha_0}\right)$$

至於經線組的圓心位置的確定，也受到傾斜情況影響，首先在輔助圖中地軸的北極點投影在主圖的標準經線為 P，經線組各線必須通過此點，在輔助圖的圓心 C 對投影點 O 作一傾斜角度 $\alpha = 40°$ 而交投影輔助線 $\overline{AA'}$ 於 L，在 L 作一與標準經線垂直的 $\overline{LL'}$，然後以所需的經差角等分以 P 為心的圓心角，分角線與 $\overline{LL'}$ 相交於 F 點，交點就是各經線的圓心，其至 P 為半徑作弧，乃得經線組。作為經線組圓心的 F 點的位置，也可以用三角式運算出來，其與 L 點的距離為 $\overline{FL}$，其與主圖極點 P 的距離為 $\overline{FP}$，α_0 為傾斜角，而 λ 為與標準經線所成的經差角。

$$\overline{FL} = 2R\sec\alpha_0\cot\lambda$$

$$\overline{FP} = 2R\sec\alpha_0\csc\lambda$$

（四）斜軸正積方位投影

這是一非透視投影圖，投影平面切點在球面的任意方位點，而作圖要求是經緯格的球面面積為正確，所以這是以純數理方法推算出來的投影圖。

圖 5–33 中，P 為極點，H 為切點，其緯度為 α_0，而 L 為球面上的另一地點，其緯度為 α，從切點 H 看 L 點的方位為 θ，H、L 兩地的經差角為 λ，而 H、L 兩地的球面距離為 δ。依據球面三角得算式如下：

$$\cos\delta = \sin\alpha_0\sin\alpha + \cos\alpha_0\cos\alpha\cos\lambda$$

$$\sin\theta = \cos\alpha\sin\lambda / \sin\delta$$

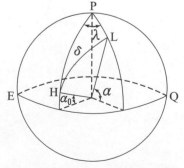

圖 5–33　正積斜方位投影原理

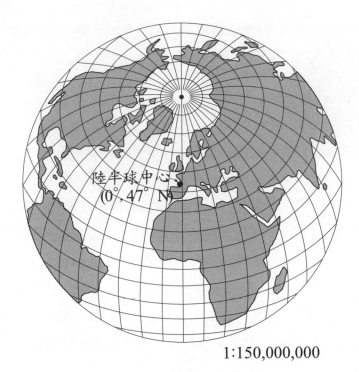

1:150,000,000

圖 5-34　正積斜方位投影圖

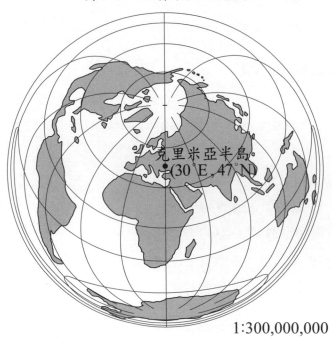

1:300,000,000

圖 5-35　正積斜方位投影全球圖

依此兩算式，可以求得在正積斜軸方位投影的座標數值，此數值依切點 H 的位置而定，在投影圖中，H 點乃是投影半球圓圖的圓心，各座標值依此圓心而定位。作圖的方法與正積橫軸赤道方位投影相同，可以參考。

附圖 5-34 為著名的陸半球圖，投影中心為法國羅艾爾河 (Loire River) 河口，經緯度約為 (0°, 47°N)，以此為基礎，可以找出球面上任何一點的座標值，乃可製成正積的斜軸方位圖。

正積斜方位圖可以依對蹠點而擴展為世界圖，附圖 5-35 的經緯網與圖 5-34 相同，因斜軸緯度皆為 47°N，但圖心經度則有 30° 的差別，由此可見在相同經緯網上的世界，可依製圖者的意願而作選擇位移。

（五）正距斜軸方位投影

正距斜軸方位投影為一非透視投影，為純數理方法製成的投影圖，其作圖要求是對投影切點正距。

正距斜軸方位投影的繪製，最好由平射斜軸投影圖的基本方位架構轉變而成。方法是先完成一同樣傾斜度的平射斜軸投影圈，然後繪製一「球面距離比例尺」(radial scale) 作為轉換的工具。球面距離比例尺的作法，首先以某特定比例尺的赤道半徑圖長作一圓，地軸傾斜如所需，在傾角的緯度點作一切線為投影面，以所需的經緯角差等分球心角，角度愈小愈能增加球面距離比例尺的精確性，分角線在圓周上形成分點，以切點的對蹠點作光源，把圓周上的分點投射到投影切線上，就是球面距離比例尺的平射斜軸投影的量度依據。而在比例尺的另一側，以相同經緯角差的度數，計算出其相同投影比例尺的大圓圈球面距離，運算式為 $d = 2\pi R\eta / 360M = 111.2\eta/M$，所以若經緯度差的 η 及投影比例尺的 M 既知，d 的長度是固定的，這是球面距離比例尺的正距量度的依據。當此基本單位完成後，或可把各單位細分為五或十等分，以利精確地讀出轉換數值（圖 5-36）。

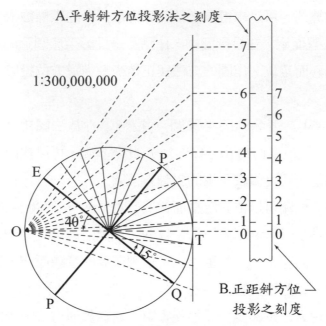

圖 5-36　球面距離比例尺的製造

　　當有了平射斜軸方位圖及球面距離比例尺之後,將比例尺的平射單位的 O 點置於投影圖的中心,選定圖上的經緯交點,作一方位線,並讀出該點的「平射比例度數」,然後轉用比例尺的另一側,同樣以 O 點置於投影圖的中心,在同一方位線上,找出與「平射比例度數」相同的「正距比例度數」,則在此方位線上得一新點,即是原有經緯交點在「正距斜軸投影圖」上新的經緯位置,以相同的步驟,平射斜軸投影圖上的每一點都能夠順利轉換,把新點相應地連結,就成為正距斜軸方位投影圖的經緯網格(圖 5-37)。

　　這種轉換原理很簡單,因為地球表面的球面距離以大圓圈為最大而固定者,全部經線及赤道都是大圓圈,大圓圈的特點是若沿大圓圈切割,可把地球分成兩等半,而剖

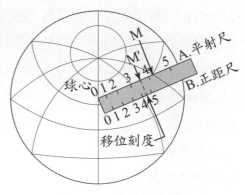

圖 5-37　經緯點的移植

1:300,000,000

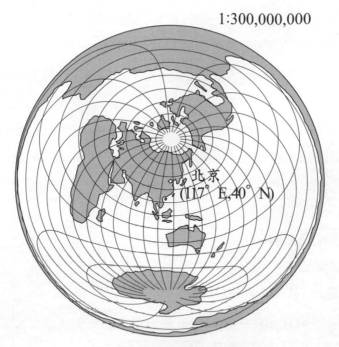

圖 5-38　正距斜方位投影圖

面必然通過球心，故在立體的球面投影圖上，由球心所引出的任何一直
線，都是大圓圈，在平射斜軸方位投影圖上，經緯位置的方位正確，但
距離變形，而經轉換後，在新圖上的經緯位置的方位仍然正確，而其對
球心即投射切點的球面距離亦正確。

　　由球面距離比例尺的兩側，我們很清楚地看見平射斜軸方位投影的
量度單位，離投影切點愈遠則愈放大，乃是球面距離的變形，故正距斜
軸投影圖將因正距而使各經緯點內收，然而，正距斜軸投影圖並不以劃
半球為目的，因大圓圈的原理，各經緯點與對蹠點的連線，理論上必然
通過投影切點，所以在繪得由平射斜軸方位投影轉換過來的半球後，再
利用球面距離比例尺，在原平射斜軸圖上量得球面對蹠點即圓圈直徑的
長度，再轉換為正距比例長度，然後以此長度，一端置於新的經緯點上，
通過投影切點，則另一端也找到一點，為對蹠點。同理，則全球的經緯
點都因而定位，使正距斜軸方位投影圖成為一全球圖。

正距斜軸方位投影圖為一常被使用的投影圖，因其可以任何一點作為投影中心的世界圖，雖然外緣的形狀變異很大，但對中心位置的敏感度卻很高，附圖 5–38 為以北京附近 (40°N, 120°E) 為投影中心的正距斜軸方位投影。

除了上述的極方位投影，赤道方位投影及斜軸方位投影外，還有其他不少投影圖法，有些根本不必經過透視方式而製成的，為純數理的創作；有的則結合幾種投影法來繪製，稱之為「任意投影圖法」(optional projection)，或「便宜圖法」(conventional projection)。

四、其他方位投影圖

（一）球狀圖法

球狀圖法 (globular projection) 為義大利尼哥羅西 (Nicolosi) 所發明，後再由英國人亞羅史密夫 (Arrowsmith) 重新提出，屬正距橫軸投影，最大的特點是投影光源置於地球之外，但又不是在無限遠處，而是在赤道延線上的 S 點，其與球面的距離 $\overline{SE} = R / \sqrt{2}$。如圖 5–39，

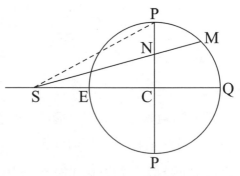

圖 5–39　球狀投影原理

M 為 $\overset{\frown}{PQ}$ 的中點，N 為 $\overline{PC}$ 的中點，$\overline{MN}$ 連線延長而交赤道延線於 S 點。

球狀圖法的繪法很簡單，首先以某特定比例尺的赤道半徑圖長為半徑作一圓（圖 5–40），並定出赤道為若干段 X 等分點，透過兩極及此等 X 點找到 A 點為圓心，作通過兩極及此等 X 點的弧，就是經線組。

再以所需的緯差角等分球心，分角線交於圓周而得若干緯道點 M 等，又以同等緯差角等分地軸為若干段，而得分點 Y 等，透過 M、Y、M 三點而在地軸延線上找到圓心 B 點，則緯道點及地軸分點便可作成一弧，就是緯線組。

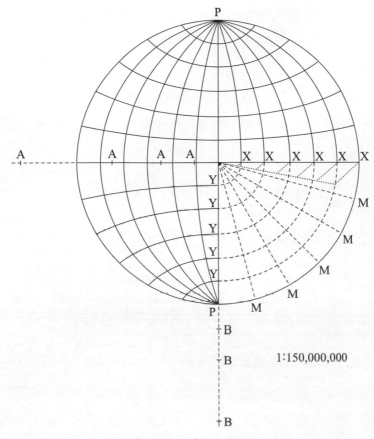

圖 5-40　球狀投影圖

　　球狀圖法的特色是不正形，亦不正積，但扭曲較少，為一重要的擬方位圖法。

（二）廖爾修正球狀圖法

　　廖爾修正球狀圖法 (Nell's modified globular projection) 與正規球狀圖法不同的地方在於赤道和地軸上分點的定位。廖爾圖法不僅採取等分方式，而同時又兼用透視方式，才得出修正經緯分點。

　　作圖時先以某特定比例尺的赤道半徑圖長為半徑作一圓（圖 5-41），並定赤道 $\overline{EQ}$ 及地軸 $\overline{PP'}$，以所需經緯度差角等分球心角，分角線交於圓周上為各緯度點 M 等，然後由極點 P 或 P′ 向此等 M 點透視，而在赤道

上產生分點 H 等，廖爾選擇等分的 X 及透視的 H 間的中點 K 作為經線的定位點，其與兩極合而成為 $\overparen{PKP'}$ 的經線組。

在緯線方面，也以相同的概念，先從赤道的 E 或 Q 向圓周上的 M 點透視，而在地軸上產生分點 L 等，廖爾選擇等分 Y 及透視的 L 間的中點 N 作為緯線的定位點，其與圓周上的緯度點合成為 $\overparen{MNM'}$ 的緯線組。

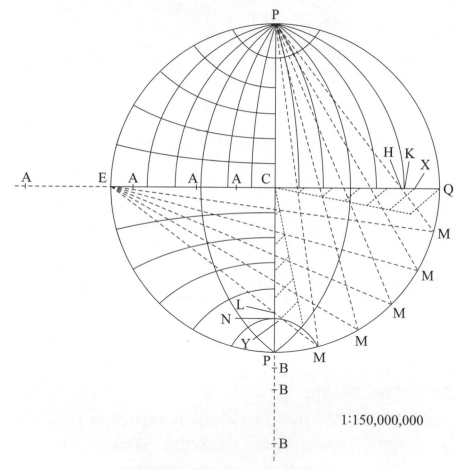

1:150,000,000

圖 5-41　廖爾修正球狀投影圖

（三）心形圖法

心形圖法 (heart shaped projection) 為一非透視擬方位正距投影，又以創製人而稱為**斯太普威納投影** (Stab-Werner's projection)。

原理是各經緯線正距，計算以兩極之間的中央標準經線為基礎。由於經緯正距可由下列公式運算而得：

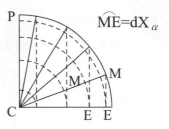

圖 5-42　心形投影原理

$$d_y = 2\pi R\eta / 360 = 111.2\eta$$
$$d_x = 111.2\eta\cos\alpha$$

依三角函數可以找得在各緯線上每度經差的數值如表 5-10，可以作為製圖依據。而此等數值也可以用簡單幾何方法作出（圖 5-42），首先以某特定比例尺的赤道半徑圖長作一直角弧，以所需經緯差角等分球心角，分角線交圓周為緯度點，各點作垂直線交赤道後，以球心為圓心，各垂線在赤道上各分段點為半徑作弧，其與分角線間的弧長 $\overline{\text{ME}}$，即為各

表 5-10　心形圖法經緯定位
（單位：公里）

緯度	緯距	經差 **1°** 長
0°	0	111.2
5°	55.6	110.8
10°	111.2	109.5
15°	166.8	107.4
20°	222.4	104.5
25°	278.0	100.8
30°	333.6	96.3
35°	389.2	91.1
40°	444.8	85.3
45°	500.4	78.6
50°	556.0	71.5
55°	611.6	63.8
60°	667.2	55.6
65°	722.8	47.0
70°	778.4	38.0
75°	834.0	28.8
80°	889.6	19.3
85°	945.2	9.7
90°	1,000.8	0

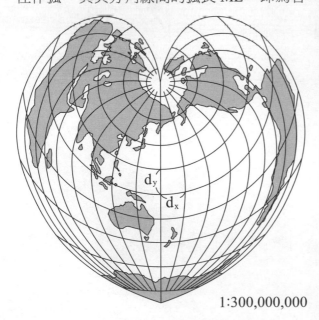

1:300,000,000

圖 5-43　心形投影圖

緯線上的經差距 d_x。

　　作圖時，首先決定中央標準經線，以 d_y 值定出各緯線的位置，以極點 P 為圓心，極點至各緯線點的距離為半徑作圓，即得緯線組。然後在各相關緯線上，以 d_x 值作度量單位，即得系列性的經線點，連結相關經線點即得經線組（圖 5–43）。

　　此圖的兩極皆為一點，緯線皆為未閉合的同心圓弧，全形呈心形。

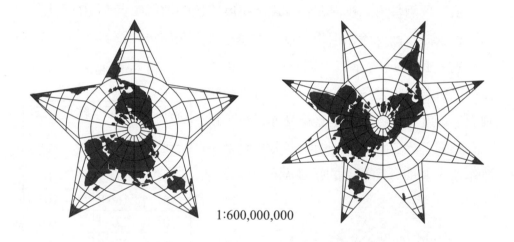

1:600,000,000

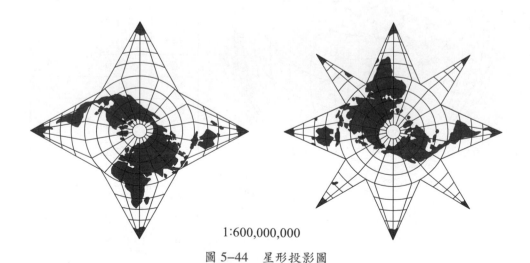

1:600,000,000

圖 5–44　星形投影圖

（四）星形圖法或菱形圖法

星形圖法 (slernbormige entwiirfe) 為正距極方位圖法的變更形式，正距極方位圖通常只畫半球，以赤道為外限，而星形圖法乃在赤道之外，加上另一半球，此新的半球亦是正距為主題，但以分割型式來呈現，至於分割成多少部分，依製圖者而決定，通常以五等分，即每份含 72° 經差，或八等份，即每份含 45° 經差，也可以有不規則的八角星或四角星等不同形式（圖 5-44）。

星形圖法有以弧形葉瓣以代替菱尖形葉瓣的，是同理的製法，故又稱**菱形圖法** (phombic projection)。而且有些有斷裂處不一定在赤道，可見製圖者有非常大的自由度。

（五）六面體圖法

這是由心射極方位和心射赤道方位兩種圖法所合併而成的，換言之，地球儀由一正方形的六面體所包圍，每一面都與地球儀相切，切點分別在兩極及赤道上的四點，投影後展開即成六面體圖法，兩極片可以配於任意部分，很有創意（圖 5-45）。

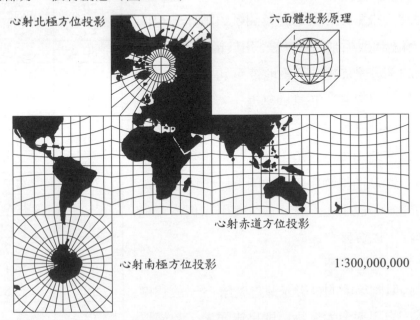

心射北極方位投影

六面體投影原理

心射赤道方位投影

心射南極方位投影

1:300,000,000

圖 5-45　六面體投影

第三節　圓筒投影

圓筒投影法是將圖紙捲成圓筒型，與地球儀相切或相割製成的投影圖，至於圖紙與地球儀的相對位置也有極方位、赤道方位、斜方位等不同，光源也有心射、正射、平射的不同，而非透視圖法在圓筒投影方面似乎更靈活運用。

圓筒圖最大的特徵是開展時成一長方形，經緯網為直交線，通常的數值表示法以 X 為經距，Y 為緯距。

一、普通圓筒圖法

此所謂普通圓筒圖法，指最常見的橫軸投影為主的圓筒圖，當圓筒開展時，經緯線呈直交直線組合，只是依投影方法的不同而產生不同的相關組合效果而已。

其實除橫軸外，任何方位的切割皆可，只是因圓筒投影的正確部分為圖紙與地球儀相切的一條線，或相割的兩條線。用於橫軸的效果，正確的部分是赤道或低緯地帶，可把一般人印象中的「世界圖」正常地呈現。若用於正軸，也可製成世界圖，但正確部分是經線圈或經度帶，以南北兩極為主角，對人的「世界識覺」並不一致，而斜軸所製成的圖更怪，除了特殊目的外，一般用途不廣，很少使用，但本章仍會介紹，以資參考。

（一）心射圓筒圖

心射圓筒圖的投影光源置於球心，故緯度愈高，變異率愈大，極區則呈無限大，故僅以

表 5–11　心射圓筒投影緯線定位值（單位：公里）

緯度	緯距
0°	0
5°	557.4
10°	1,123.4
15°	1,707.1
20°	2,318.8
25°	2,970.8
30°	3,678.3
35°	4,461.0
40°	5,345.9
45°	6,371.0
50°	7,592.7
55°	9,098.7
60°	11,034.9
65°	13,662.7
70°	17,504.2
75°	23,776.9
80°	36,131.7
85°	72,820.9
90°	

近赤道部分為較正確。

經線為直線組,其間的經差距以每度經差 111.2 公里計算,依比例尺及經度差數而定(表 5–11)。故運算式為:

$$X = 2\pi R\eta / 360 = 111.2\eta$$

緯線亦為直線組,緯距依三角法運算,公式為:

$$Y = R\tan\alpha$$

此圖也可以用簡單幾何方法製成,首先以特定比例尺的赤道圖長作

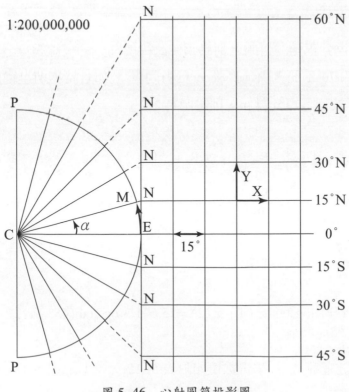

圖 5–46　心射圓筒投影圖

一半圓（圖 5–46），依所需經緯差的度數等分球心角，分角線延長而交於切線 $\overline{\text{NE}}$ 上的各 N 點，自各 N 點引與切線垂直的平行線即得緯線組。而經線組與緯線直交，經距可以直接量算定位。

（二）正角圓筒圖

這是麥卡托於 1569 年所製成的圓筒投影圖，故又稱**麥卡托投影**(Mercator's projection)。事實上，此圖已不是純粹的心射圓筒投影，而是依數學原理推算出來的投影圖，目的為求正角，按在地球上的赤道長為 $2\pi R$，兩各緯線長為 $2\pi R\cos\alpha$，在圓筒投影圖上，各緯線與赤道等長，故在緯度 60° 處的經距已較實際放大了一倍，即：

$$X = \frac{緯線投影長}{緯線實際長度} = \frac{2\pi R}{2\pi R\cos\alpha} = \frac{1}{\cos\alpha} = \sec\alpha$$

為了達到正角的目的，則必須使此緯度部分的經線長度於無限短範圍內等於緯度 α 的實際延長 $\sec\alpha$ 倍方向處，即若將赤道至緯度 α 間的經長 (R_α) 按無限短分為 m，則緯距為：

$$Y（緯距）= \frac{R_\alpha}{m}\sec\alpha_1 + \frac{R_\alpha}{m}\sec\alpha_2 + \cdots + \frac{R_\alpha}{m}\sec\alpha_{m-1} + \frac{R_\alpha}{m}\sec\alpha$$
$$= \frac{R\alpha}{m}(\sec\alpha_1 + \sec\alpha_2 + \cdots + \sec\alpha_{m-1} + \sec\alpha)$$

上式的 $m = \infty$，則積分：

$$Y = R\log_e\tan(\pi/4 + \alpha/2) = 15{,}671.3\log_{10}\tan(45° + \alpha/2)$$

由上述運算式，求得數值如附表 5–12，可以依據來作圖（圖 5–47）。作圖時，只要決定比例尺的圖表，便可以依一般的赤道一度圖長

表 5-12　正角圓
筒投影緯線定位
值（單位：公里）

緯度	緯距
0°	0
5°	557
10°	1,118
15°	1,687
20°	2,270
25°	2,873
30°	3,500
35°	4,159
40°	4,861
45°	5,615
50°	6,439
55°	7,357
60°	8,391
65°	9,598
70°	11,057
75°	12,918
80°	15,518
85°	19,950
90°	∞

表 5-13　正積圓
筒投影經緯定位
（單位：公里）

緯度	緯距
0°	0
5°	555
10°	1,106
15°	1,649
20°	2,179
25°	2,693
30°	3,186
35°	3,654
40°	4,095
45°	4,505
50°	4,881
55°	5,219
60°	5,518
65°	5,774
70°	5,987
75°	6,154
80°	6,274
85°	6,347
90°	6,371

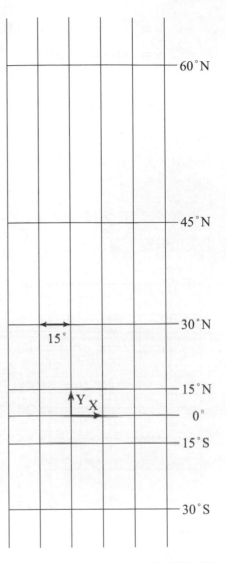

1:200,000,000

圖 5-47　麥卡托正角圓筒投影圖

（40,032 公里 ÷ 360 = 111.2 公里）計
算，作相應的經緯直交線圖網。

（三）矩形圖

　　這圖法是依據角差的經緯距運算出來的，因同一經線上的每度緯距
是等長的，故：

$$Y（緯距）= R\alpha$$

　　但各緯線上的每度經距卻不是等長，赤道上的經距 $X_0 = 2\pi R$，而其他緯線 $X = 2\pi R \cos\alpha$，換言之二者的差別為 $\cos\alpha$ 倍，故：

$$X（經距）= R\lambda\cos\alpha$$
$$若\ \lambda = \alpha$$
$$X = Y\cos\alpha$$

　　則經緯距的相對差值為 $\cos\alpha$ 倍，經距比緯距小，若以直交經緯作圖則成矩形圖（圖 5-48）。

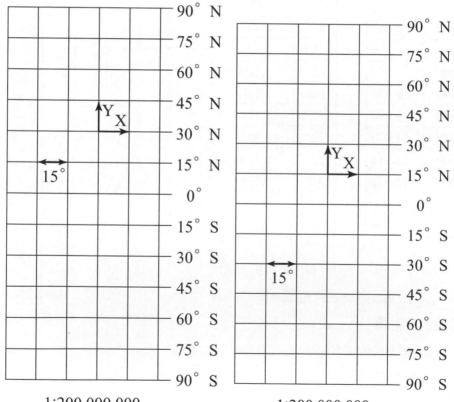

圖 5-48　矩形投影圖　　　　　　圖 5-49　正距方眼投影圖

（四）正距方眼圖

這又稱**簡單圓筒投影圖法**，經緯距相等，使經緯格呈方形，算式是：

$$X（緯距）= R\lambda$$
$$Y（經距）= R\alpha$$
$$若\ \lambda = \alpha$$
$$X = Y = 111.2n / M$$

只要決定圖的比例尺，便可以直接依圖長值作圖（圖 5-49）。

（五）正積圓筒圖

是蘭伯特所製的正積圖法，又稱**蘭伯特投影** (Lambert projection)，乃依據地球上的某緯度 α 的緯線圈與赤道間所夾的球面面積 $S = 2\pi R^2 \sin\alpha$，與圓筒圖的緯距 Y 的緯線與赤道所夾的矩形面積 $S' = 2\pi RY$，因等積而 $S = S'$，故：

$$X（緯距）= R\sin\alpha$$
$$Y（經距）= R\lambda$$

經距指赤道上每度經度的弧長，即 111.2 公里，而各緯度至赤道之間的緯距乃可依運算式求得（參看表 5-13）。

此圖可以用簡單幾何法作圖，先以某比例尺的赤道半徑圖長為半徑作一半圓，等分圓心角，交於圓周，圓周上的交點投影在以赤道為切點的圓筒上，使得與赤道平行的直線，即為緯線組。以與緯差相同的經差算出同比例尺的經距值，等分赤道，作與緯線直交的線，即為經線組（圖 5-50）。

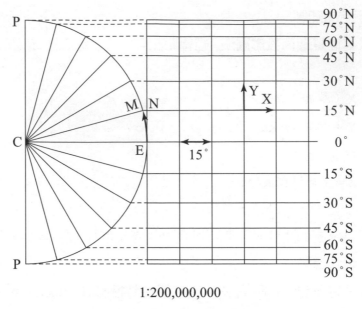

1:200,000,000

圖 5-50　蘭伯特正積圓筒投影圖

（六）高爾二標準緯線圓筒投影

　　凡是二標準緯線，表示投影圓筒與地球儀是相割的關係，此為**高爾投影** (Gall's projection)，附例為以 40° 為相割緯度，並以赤道面上的投影對蹠點為光源，來進行投影。

　　幾何方法是首先以某特定比例尺的赤道半徑圖長作半徑作一圓（圖 5-51），以光源點為圓心以分角，然後作割線通過 40° 處，而割線與分角線的交點，即為緯距的投影點，作平行線即為緯線組。各緯距可用三角運算而求得：

$$Y = \tan(\alpha / 2) \cdot \overline{EQ} = \tan(\alpha / 2) \cdot (R + \overline{CQ})$$

因 $\overline{CQ} = R\cos\alpha_0$

故 $Y = R\tan(\alpha / 2)(1 + \cos\alpha_0)$

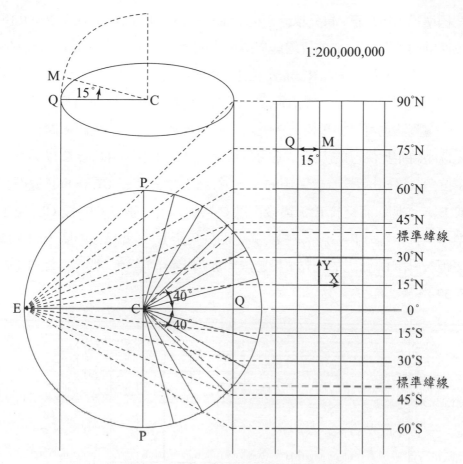

圖 5–51　高爾二標準緯線圓筒投影圖

　　至於經距則以圓筒的圓心角所夾的圓弧長而定，也可以依三角運算
而得：

$$X = \overline{MQ} = 2\pi\lambda(\overline{CQ}) = 2\pi R\lambda\cos\alpha_0$$

（七）伯爾文尼投影

　　伯爾文尼投影 (Behrmann projection) 為一變更的正積圓筒圖法，以

雙標準緯線作修正。首先以修正的赤道經距 $X = R\lambda\cos\alpha_0$，代替 $X = R\lambda$，故使圓筒圖的緯距 Y 的緯線與赤道所夾的矩形面積 $S' = 2\pi RY\cos\alpha_0$，與相當的球面面積 $S = 2\pi R2\sin\alpha_0$ 相比，$S = S'$，故 $Y = R\sec\alpha\sin\alpha$，故與原有的正積圓筒圖比較，經距稍短，而緯距稍長，而面積則相等。

　　這圖法也可以用幾何方法製圖，並可更清楚其中經緯距的關係。首先以某特定比例尺的赤道半徑圖長為半徑作一半圓，由圓心 C 以某特定緯度角 α_0 作分角線交於圓周的 M，由 M 分別對赤道 $\overline{CE}$ 作垂直線而交於 E_0，作切線而交於 E_1，最後再以 C 為圓心，分別以 $\overline{CE_0}$ 及 $\overline{CE_1}$ 為半徑作半圓，等分圓心角，在 E_0 弧上的分角距 $\overset{\frown}{E_0S_0}$ 就是投影圖上的赤道經距 X，在 E_1 弧上的交點，投影成與赤道平行的直線，就是緯線組（圖 5–52）。

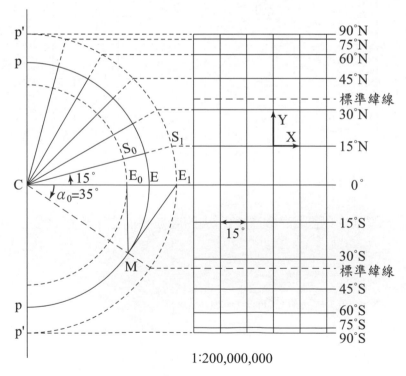

圖 5–52　伯爾文尼修正正積圓筒投影圖

二、擬圓筒圖

這是運用數學方法而製成的投影圖，其中與圓筒投影相同的現象是各緯線皆為平行直線，而經線除了中央標準經線為直線而與緯線直交外，其他經線皆為曲線，包括正弦曲線、雙曲線、拋物線或橢圓曲線等，故多以達到正積為目的，為一作世界圖的重要投影基圖，同時還有全球一體或區域分割的不同型式，種類繁多近百種，但常用的僅是少數，簡介如下：

表 5-14　正弦圓筒投影經緯定位（單位：公里）

緯線	經差 1° 長
0°	111.20
5°	110.78
10°	109.51
15°	107.41
20°	104.49
25°	100.78
30°	96.30
35°	91.09
40°	85.18
45°	78.63
50°	71.48
55°	63.78
60°	55.60
65°	47.00
70°	38.03
75°	28.78
80°	19.31
85°	9.69
90°	0.00

（一）正弦正積投影

此投影圖法又以製作人而稱為**森遜及法蘭斯特德投影** (Samson-Flamsteed's projection)，赤道為正長的 $X_0 = 2\pi R$，中央標準經線亦為正長 $Y_0 = \pi R$，故緯距為固定的 $Y = R\alpha_0$，亦即 111.2Rλ 來等分中央標準經線，自各分點作與赤道的平行線，即為緯線組（如附表 5-14）。但各緯線的經距則依 $X = R\lambda\cos\alpha$ 求得，並以上述數值把緯線分段，連接各相關點而成經線組，因此等經線組為正弦曲線，故又稱正弦正積投影 (sinusoidal equal area projection)（圖 5-53）。

埃圖爾斷裂圖法 (Atoll's interrupted projection) 的作圖法和原始的森遜及法蘭斯特德圖法完全相同，只是依照地球上各大洲的陸地位置的完整性，而把原圖分割成不規則形狀，每一分割部分設一標準經線，使各地的形狀扭曲現象相對的減少（圖 5-54）。

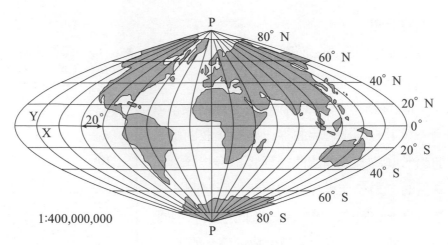

圖 5-53　森遜正弦正積圓筒投影圖

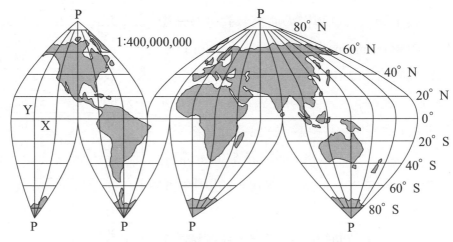

圖 5-54　埃圖爾斷裂的正弦正積圓筒投影圖

（二）修正森遜及法蘭斯特德圖

製圖原理相同，但在運算上改變經緯距的相對值，使形狀的扭曲度在視覺上相對的減少，其運算式為：

$$X = R\lambda\cos\alpha / \cos(3\alpha / 5)$$
$$Y = 5[R\sin(3\alpha / 5)] / 3$$

運算求得數值如表 5–15，可依據以作圖（圖 5–55）。

表 5–15　修正正弦圓筒投影經緯定位（單位：公里）

緯度	緯距	經差 1° 長	緯度	緯距	經差 1° 長
0°	0	111.20	50°	5,309.3	82.54
5°	557.7	110.93	55°	5,783.3	76.05
10°	1,110.0	110.11	60°	6,241.5	68.73
15°	1,661.1	108.75	65°	6,682.5	60.47
20°	2,207.7	106.83	70°	7,105.3	51.18
25°	2,748.3	104.34	75°	7,508.5	40.70
30°	3,281.3	101.26	80°	7,891.2	28.86
35°	3,805.4	97.57	85°	8,252.3	15.40
40°	4,319.0	93.25	90°	8,590.7	0.00
45°	4,820.8	88.25			

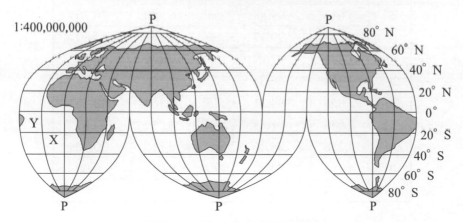

圖 5–55　修正森遜圓筒投影圖

（三）摩爾威特投影

　　摩爾威特投影 (Mollweide projection) 最大的特徵是全圖為橢圓型（圖 5–56），橢圓面積 $S = 2\pi L^2$，而地球面積為 $S' = 4\pi R^2$，因為 $S = S'$，故 $L^2 = 2R^2$，而 $L = \sqrt{2}R$ 在作圖時，中央標準經線長 $\overline{PP'} = 2\sqrt{2}R$，而赤道長 $\overline{EQ} = 4\sqrt{2}R$。

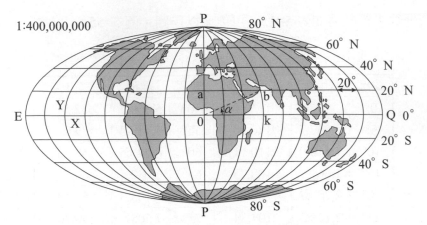

圖 5-56　摩爾威特圓筒投影圖

表 5-16　摩爾威特投影經緯定位（單位：公里）

緯度	緯距	經差1°長	緯度	緯距	經差1°長
0°	0	100.12	50°	5,868	75.98
5°	617	99.88	55°	6,380	70.70
10°	1,233	99.17	60°	6,869	64.80
15°	1,845	97.99	65°	7,333	58.18
20°	2,451	96.34	70°	7,766	50.76
25°	3,050	94.21	75°	8,164	42.36
30°	3,640	91.58	80°	8,519	32.59
35°	4,218	88.46	85°	8,816	20.70
40°	4,784	84.84	90°	9,010	0.00
45°	5,334	80.69			

設緯度 α 的緯線與赤道所夾的面積 AEQB 為 S

$$S = 4aOKb = 4(bok + \triangle aob)$$

$$= 4[(\overline{bo}^2 \alpha)/2 + (\overline{bo}\cos\alpha \cdot \overline{bo}\sin\alpha/2)]$$

$$= \overline{bo}^2(2\alpha + 2\sin\alpha\cos\alpha)$$

$$= (\sqrt{2}R)^2(2\alpha + \cos2\alpha)$$

$$= 2R^2(2\alpha + \cos2\alpha)$$

此 $\overline{\text{AEQB}}$ 面積相當於地球面積 $S' = 2\pi R\sin\alpha$，故

$2\alpha + \cos2\alpha = \pi\sin\alpha = \sin2\alpha + 2\alpha$

Y（緯距）$= \alpha O = \overline{bO}\sin\alpha = \sqrt{2}R\sin\alpha$

$X = \overline{ab} + \overline{aO}\cot\alpha = \sqrt{2}R\cos\alpha$

由三角運算式可得數值表 5–16。

摩爾威特投影也可依所需而作斷裂式設計，分割型態隨使用者而任意決定，每割裂部分有一標準經線，其經緯數值，完全不需改變（圖 5–57）。

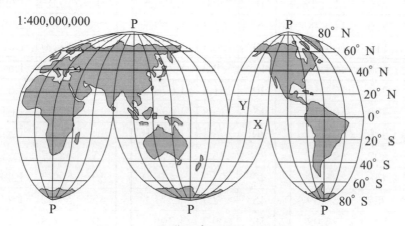

圖 5–57　斷裂的摩爾威特圓筒投影圖

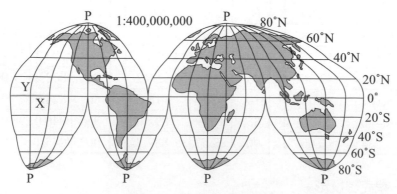

圖 5–58　古特圓筒投影圖

（四）古特投影

　　古特投影 (Goode projection) 是合併森遜及摩爾威特兩圖法而成，以南北緯 40° 為分界線，低緯為森遜圖法，高緯為摩爾威特圖法，故 40° 緯線的經差距是經過修正以配合二者的（圖 5-58）。於 1923 年採用，並用斷裂式，著有 *Goode Atlas*，為美國最流行的教育用地圖集。茲將古特的經緯距列於表 5-17，以便作圖時翻閱並作為依據。

表 5-17　古特投影經緯定位（單位：公里）　　表 5-18　魏克特第六投影經緯定位（單位：公里）　　表 5-19　魏克特第四投影經緯定位（單位：公里）

緯度	緯距	經差 1° 長	緯度	緯距	緯線長	緯度	緯距	緯線長
0°	0	111.20	0°	0.0	1,765.4	0°	0.0	1,690.2
5°	556	110.78	5°	63.3	1,759.7	5°	65.9	1,687.0
10°	1,112	109.51	10°	126.5	1,743.1	10°	131.0	1,677.4
15°	1,668	107.41	15°	189.3	1,715.8	15°	196.1	1,661.4
20°	2,224	104.49	20°	251.8	1,678.2	20°	260.3	1,639.8
25°	2,780	100.78	25°	313.8	1,631.4	25°	322.8	1,611.0
30°	3,336	96.30	30°	375.1	1,576.0	30°	383.7	1,577.0
35°	3,892	91.09	35°	435.5	1,513.4	35°	443.7	1,537.4
40°	4,448	85.18	40°	494.7	1,445.0	40°	500.3	1,492.5
45°	4,982	80.69	45°	552.7	1,371.8	45°	555.2	1,442.7
50°	5,532	75.98	50°	609.3	1,295.5	50°	606.8	1,388.3
55°	6,044	70.70	55°	663.1	1,218.8	55°	655.0	1,329.8
60°	6,533	64.80	60°	713.3	1,144.9	60°	698.9	1,267.7
65°	6,997	58.18	65°	759.7	1,074.2	65°	738.6	1,202.3
70°	7,430	50.76	70°	800.7	1,010.1	70°	773.3	1,134.1
75°	7,828	42.36	75°	835.6	956.8	75°	802.8	1,063.8
80°	8,183	32.59	80°	861.1	916.6	80°	824.8	991.9
85°	8,480	20.70	85°	876.9	892.0	85°	840.0	918.8
90°	8,674	0.00	90°	882.7	882.7	90°	845.1	845.1

（五）魏克特投影

　　這是依據森遜及摩爾威特的製圖原理而成的正積圖法，故有兩類，

一類是用正弦曲線為經線，另一用橢圓為經線，其最大的特徵是極點不是一點，而是等於赤道的 1/2 長度的平行圈，因此使全圖經線的曲率較小，等積情況相同，以經距及緯距的相對調整而修正，附上表 5-18 及表 5-19 以作為作圖依據。

此圖法也可以用幾何法作出，**魏克特第六投影** (Eckert's VI projection) 以正弦曲線為經線（圖 5-59），方法是把兩個正弦曲線組並列，故赤道比森遜圖略短，各緯線則延長而相連成新的長度，等分各緯線，連結各分點則為經線組。**魏克特第四投影** (Eckert's IV projection) 以橢圓為經線（圖 5-60），方法是把兩圓並列，赤道比摩爾威特圖略短，經緯線修正法相同。

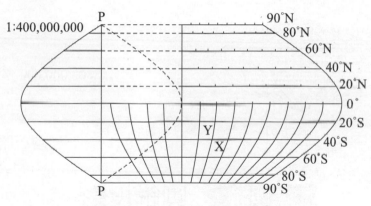

圖 5-59　魏克特第六圓筒投影圖

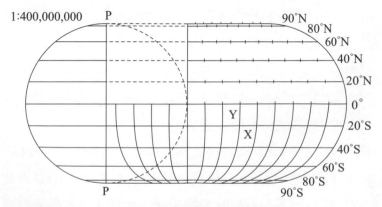

圖 5-60　魏克特第四圓筒投影圖

（六）正軸及斜軸圓筒斜影

　　圓筒投影雖然多用於橫軸，但並不是不能用於正軸及斜軸投影，地圖投影，尤其是非透視投影是數理製圖，投影圖上的各經緯網點都附有一定的數值，此等數值都可轉換成圖，附圖 5-61 為森遜的正弦正積投影的橫軸、正軸及斜軸成圖，可資比較而已。

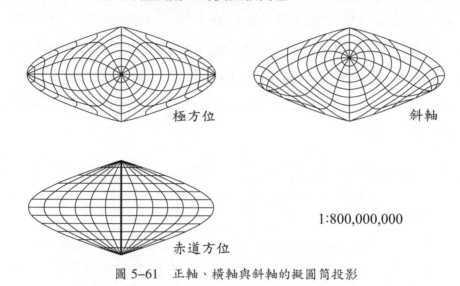

極方位　　　　　　　　　　　　　斜軸

赤道方位

1:800,000,000

圖 5-61　正軸、橫軸與斜軸的擬圓筒投影

第四節　圓錐投影

　　圓錐投影法是將圖紙捲成圓錐型，與地球儀相切或相割而製成的投影圖，至於圖紙與地球儀的相對位置也有極方位、赤道方位、斜方位等不同，光源也有心射、正射、平射的不同，而非透視圖法也很多。

　　圓錐圖最大的特徵是開展時呈一扇形，扇的幅度與切割狀況關係極大，這也是使用圓錐圖時最要注意的地方。

　　如附圖 5-62 的圖 A，以較高緯為切線，展開的圖幅為 216° 扇形，而附圖 B，以較低緯為切線，展開的圖幅為 156° 扇形，但應注意的是此兩扇形都同樣地表達了全投影圓周的 360°，換言之，直接影響圖上經差

角的實際量度，圓錐投影的運算式上，有一特殊的單位，稱為**經差角係數**，通常用 "K" 為代號，K 值一定少於 1.0，"Kλ" 代表某經差角 λ 在圓錐圖上應有的角度。如圖 A 的 K = 216 / 360 = 0.60，而圖 B 的 K = 156 / 360 = 0.43。

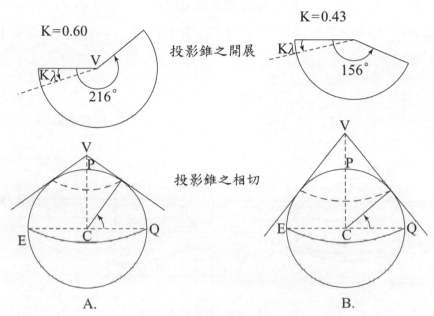

圖 5-62　圓錐投影原理

一、普通圓錐投影

　　普通圓錐投影為圓錐與球面相切或相割的關係，二者相交的為一圓周 360°，但開展扇形面則與圓錐的形狀有關，而理論上與所相切的球面位置有關。

　　圓錐投影雖然可置圓錐於地球儀上的任何方位，但通常以極方位為最常用，因而緯線就成為切線或割線，也是圓錐圖上最正確的不變形之處，故常有所謂標準緯線。

　　圓錐投影既呈扇狀，與一般方形或矩形地圖不同，故常只是截取扇面某一部分而成圖，事實上，錐體的頂端及扇緣部分的變形率甚大，本

亦不宜採用，除非是為了某些特殊目的，意圖誇張。

（一）心射圓錐圖

　　心射圓錐圖的投影光源置於球心，地球儀的極點被投影至圓錐的頂端 (V)，因任何經線都必通過極點 P，故在圓錐投影圖上，經線組是由錐頂 V 向外放射的直線，由於圓錐開展後呈扇狀，則扇狀弧長已經等於緯線圈 360° 圓周的總長，故扇狀弧分角的實際角度一定比實量角度為小，在圓錐投影，通常以係數 Kλ 表示之，0 > K > 1 為正常情況。

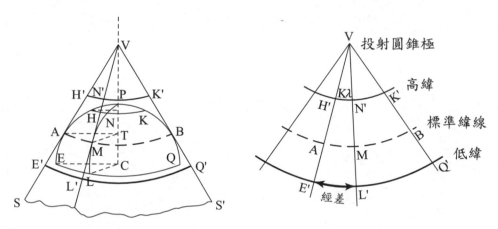

圖 5–63　心射圓錐投影原理

　　在附圖 5–63 上，C 為球心，$\overset{\frown}{AB}$ 為標準緯線，亦即圓錐和球體相切的部份，$\overset{\frown}{HK}$ 為緯線，而其投影在圓錐上則為 $\overline{H'K'}$，$\overset{\frown}{EQ}$ 為赤道，而其投影在圓錐上為 $\overline{E'Q'}$，$\overset{\frown}{PNML}$ 為一經線，其投影在圓錐上為 $\overline{VN'ML'}$ 直線，λ 為 $\overset{\frown}{PHAE}$ 和 $\overset{\frown}{PNML}$ 兩經線間的經差角，而 $\overset{\frown}{HN}$，$\overset{\frown}{AM}$，$\overset{\frown}{EL}$ 為此經差角和不同緯線上的經差距，而此經差角在圓錐上則為 ∠H'VN'，∠AVM，∠E'VL'，而 $α_0$ 為 $\overset{\frown}{AB}$ 標準緯線的緯度角，由赤道平面算起，同理的，α 為 $\overset{\frown}{HK}$ 緯線的緯度角，亦由赤道平面算起，故 $\overset{\frown}{AE}$ 為球面緯距，$\overline{AE'}$ 為圓錐上的投影緯距，$\overset{\frown}{HE}$ 亦為球面緯距，$\overline{H'E'}$ 則為其在圓錐上的投影緯距，當了解此等相對關係後，心射圓錐投影法的作圖方法便可以利用三角運算求得，因我們只要定一點作為極點 P 的投影點 V，找

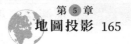
出各緯線的 V 與其數值，便可以作為半徑作弧，即是投影圖的緯圈，找
出各經線間的經差角 Kλ 或經差距，則可以定投影圖的經線。故：

$$\overline{VA} = R\tan(90 - \alpha_0) = R\cot\alpha_0$$

為標準緯線的半徑。

$$\overline{H'A} = R\tan(\alpha - \alpha_0)$$

為任何緯線與標準緯線的距離。

$$\overline{VH'} = \overline{VA} - \overline{H'A}$$
$$= R\cot\alpha_0 - R\tan(\alpha - \alpha_0)$$
$$= R[\cot\alpha_0 - \tan(\alpha - \alpha_0)]$$

為任何緯線的半徑。

$$\overset{\frown}{AM} = \overline{AT}\lambda = R\cos\alpha_0\lambda = 2\pi R\cos\alpha_0(\lambda / 360)$$

為在標準緯線上的經差弧的距離，但弧距在作圖時或有技術上的精
確度的困難，故可依圓錐公式而得：

$$K\lambda = \angle AVM = \frac{\overset{\frown}{AM}}{\overline{VA}} = \frac{R\lambda\cos\alpha_0}{R\cos\alpha_0} = \lambda\sin\alpha_0$$

為任何兩經線間的夾角。

　　心射圓錐圖也可以用簡單幾何方法來完成，如圖 5–64，首先以某特定比例尺的赤道半徑圖長為一直角弧，依特定需求而作圓心角，分角線交於圓周，在交點 A 作一切線，此切線就是投影圓錐要開展的平面的一側，延長地軸而交切線於 V 點，即圓錐圖之極，延長赤道而交切線於 E′ 點，即赤道上的一點，以 V 為圓心，$\overline{VE'}$ 為半徑作弧，即得圓錐圖的赤道，$\overline{VA}$ 為半徑作弧，即得標準緯線，等分圓心角，並延長分角線而交於切線上各點，以這些交點與圓心 V 的距離為半徑作弧，即為緯線組。由切點 A 作一對赤道的垂直線，交於 A′ 點，以球心 C 為圓心，$\overline{CA'}$ 為半徑作一弧，弧線與由球心引出的分角線的交點 (N′) 間的弧距 $\overset{\frown}{A'N'}$，亦即在圓錐圖的標準緯線上所出現的弧距 $\overset{\frown}{AN}$，連接 V、N 就得經線組。

（二）二標準緯線正距圓錐投影圖

　　二標準緯線正距圓錐投影圖又因製作人而稱為**德利斯爾投影** (De

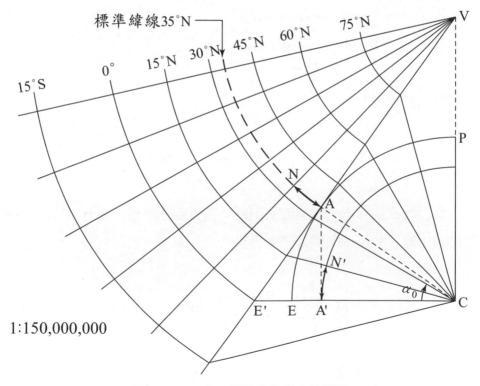

圖 5–64　心射一標準緯線圓錐投影圖

l'Isle's projection)。所謂二標準緯線，表示圓錐與地球儀呈相割情況，相割的緯度在圓錐圖上為標準緯線，為投影的正確部分，而在二標準緯線的平均數值的緯線，特稱中央緯線，因在圖的中央。

如圖 5–65 的圓錐與地球儀相割於 A 及 B，實際是相割於 $\overline{AA'}$ (55°N) 及 $\overline{BB'}$ (25°N) 兩條緯線，$\overline{AB}$ 延長而交地軸的延線於 V 點，以 V 為圓心，$\overline{VA}$ 及 $\overline{VB}$ 為半徑作弧，就是 $\overline{AA'}$ 及 $\overline{BB'}$ 兩標準緯線。而 M 點為 A、B 兩點割線上的平均值，以 V 為圓心，$\overline{VM}$ 為半徑作弧，就是中央緯線，但請注意，中央緯線在圓錐圖上是代表 $\overline{AA'}$、$\overline{BB'}$ 兩標準緯線之間的緯線，即 (55° + 25°) ÷ 2 = 40°，但在實際地球儀上，40° 球心角 α_m 雖然通過 M 點，但 $\overline{NN'}$ 才是 40°N 緯線，這是二標準緯線投影中的變異現象。

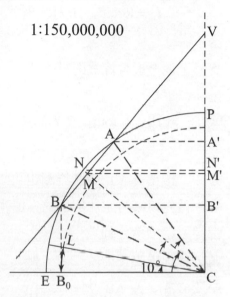

1:150,000,000

圖 5–65　二標準緯線正距圓錐投影原理

但無論如何，在此二標準緯線圓錐圖上，二標準緯線的半徑以中央緯線為基礎，即：

$$r_\alpha = \overline{VA} = \overline{VM} - \overline{AM} = r_m - R\sin\alpha_m = r_m - R\sin\frac{\alpha_a + \alpha_b}{2} = r_m - R\beta_0$$

同理 $r_\beta = \overline{VB} = r_m + R\beta_0$

故欲求 $\alpha_m + \beta_0$ 及 $\alpha_m - \beta_0$ 所交的緯線 $\overline{AA'}$ 及 $\overline{BB'}$ 正長，則圓錐經差角係數 K 的值為：

$$K = \frac{R\cos(\alpha_m + \beta_0)}{r_m - R\beta_0} = \frac{R\cos(\alpha_m - \beta_0)}{r_m + R\beta_0} = \frac{\sin\alpha_m + \sin\beta_0}{\beta_0}$$

而中央緯線的半徑亦可以運算求得：

$$r_m = R\cot\alpha_m \cdot \beta_0 / \tan\beta_0$$

至於一般緯線式則為：

$$r_\beta = R(\cot\alpha_m \cdot \beta_0 / \tan\beta_0 - \beta)$$

　　二標準緯線正距圓錐圖也可以用簡單的幾何方法來完成，如圖5–66，首先以某特定比例尺的赤道半徑圖長作一直角弧，以所知的二標準緯線的緯度角分圓心角，分角線交圓周於A及B點，連 $\overline{AB}$ 並延長而交地軸延線於V，V即為圓錐投影的極點，以V為圓心，分別以 $\overline{VA}$ 及 $\overline{VB}$ 為半徑作弧，即為二標準緯線，平分 $\overline{AB}$ 線而得M點，以 $\overline{VM}$ 為半徑作弧，即為中央經線，而 $\overline{AM}$ = $\overline{BM}$，是所謂正距，換言之，緯線與緯線

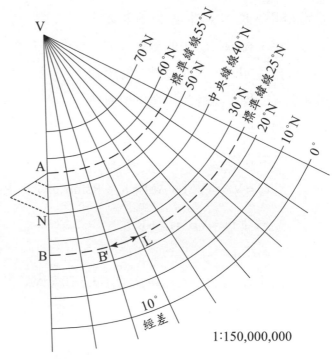

圖 5–66　二標準緯線正距圓錐投影圖

之間在此投影圖上的距離是相等的 。 但如果我們要決定一緯線組如每 10° 或 15° 緯線等，也很簡單，只要依 $\overline{AM}$ 或 $\overline{BM}$ 的長度作比例的校正即可 ， 如附圖 5–65 的標準緯線與中央緯線的緯度差 55°～40° 或 40°～25° 等於 15°，但我們要作 10° 的經度線 ， 故緯距為 $\overline{AM}$ 長度的三分之二，可依據而得緯線組（圖 5–66）。

　　至於經線組的幾何作圖也很簡單，只要在輔助圖上的低緯圖上的低緯標準緯線的割點 B，引垂直線交赤道於 B′，以球心 C 為圓心，$\overline{B'C}$ 為半徑作弧，當此弧與各圓心角等分角線相交而成的弧長，就是在圓錐圖上該標準緯線上的經差弧長，即得經線組。

（三）一標準緯線正積圓錐法

　　一標準緯線正積圓錐法 ， 也因製作者的名字而稱為**蘭伯特投影** (Lambert projection)。這圖法的特徵是正積，而只用一標準緯線。

　　圖 5–67 為圓錐投影圖紙所開展成的扇形，其中的 PAA′P′ 的圖形面積為：

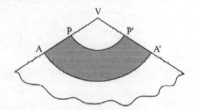

$$S = VAA' - VPP'$$
$$= \pi K\lambda\overline{VA}^2 - \pi K\lambda\overline{VP}^2$$
$$= \pi K\lambda(\overline{VA}^2 - \overline{VP}^2)$$

圖 5–67　一標準緯線正積圓錐投影原理

而在地球儀上，$\overline{AA'}$ 緯線向極包圍的球面面積為：

$$S' = 2\pi R^2(1 - \cos\rho)，而 \rho = 90° - \alpha，$$
$$因 S = S'$$
$$故 \pi K(\overline{VA}^2 - \overline{VP}^2) = 2\pi R^2(1 - \cos\rho)$$
$$r_\alpha = \overline{VA} = \sqrt{\frac{4}{K}R^2\sin^2\frac{\rho}{2} + \overline{VP}^2}$$

此為一般緯線的運算式。今若極點 P 即投影扇的頂點 V，則 $\overline{VP} = 0$，得：

$$r_\alpha = \overline{VA} = \frac{2}{K}R^2\sin\frac{\rho}{2}$$

若極距離 ρ_0 的標準緯線為正長，則：

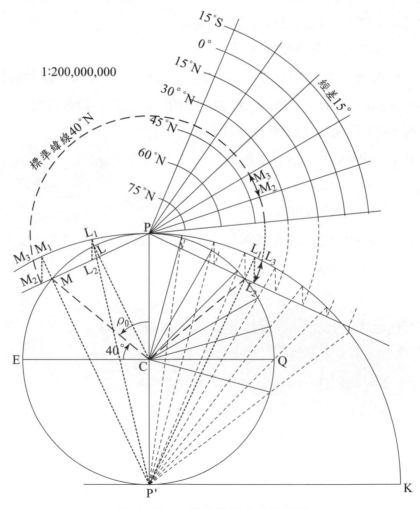

圖 5-68　一標準緯線正積投影圖

$$K = \frac{R\sin\rho_0}{r_0} = \sqrt{K}\cos\frac{\rho_0}{2} = \cos^2\frac{\rho_0}{2}$$

$$r_0 = 2R\sec\frac{\rho_0}{2}\sin\frac{\rho}{2}$$

這圖法也可以用簡單的幾何方法來完成，如圖 5–68，若先以某特定比例尺的赤道半徑圖長為半徑作一圓，又以極點 P 的對蹠點 P′ 為圓心，地軸 $\overline{PP'}$ 為半徑作一半圓 ， 為輔助圖 ， 由球心 C 作標準緯線的球心角 α_0 ，交圓周 $\overparen{EPQ}$ 於 M 點，連接 $\overline{PM}$，此即投影面的基線。由對蹠極點 P′ 引線至 M 並延長交大圓周 $\overparen{M_1PK}$ 於 M_1，由 M_1 延垂直於赤道的直線交投影基線於 M_2 點，而以 P 為圓錐投影圖的極點 V，$\overline{PM_2}$ 為半徑作弧，即為標準緯線。其他任何緯線的作圖法是相同的，即等分球心角為所需的角度，各分角線交於小圓周 $\overparen{EPQ}$ 上的 L 點，引 $\overline{P'L}$ 並延長交於大圓周 $\overparen{M_1PK}$ 上的 L_1，引垂直於赤道的直線交於投影基線 $\overline{PM}$ 上的 L_2，以 P 為圓心，$\overline{PL_2}$ 為半徑作弧，即得緯線組。

當標準緯線與大圓周 $\overparen{M_1PK}$ 相交於 M_3，就是在標準緯線上的經距弧 $\overparen{M_2M_3}$，可據而得經線組。

（四）二標準緯線正積圓錐投影圖

二標準緯線正積圓錐投影又因製作人而稱為 **亞爾伯斯投影** (Alberts's projection)。這圖法的特徵是正積，而有兩條標準緯線。

故依前述的一標準緯線正積圓錐投影法的相同理由，如圖 5–69，若要使圓錐投影圖紙所開展的扇形中的 $PAA'P'$ 圖形面積和地球儀上 $\overline{AA'}$ 緯線向極包圍的球面面積相等 ， 又同理的 $PBB'P'$ 圖形面積和 $\overline{BB'}$ 緯線向極包圍的球面面積相等，則：

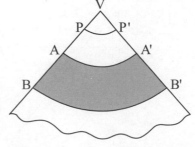

圖 5–69　二標準緯線正積圓錐投影原理

$$K = \frac{R\sin\rho_a}{r_a} = \frac{R\sin\rho_b}{r_b}$$

$$= \frac{R\sin\rho_a}{\sqrt{\dfrac{4}{K}R^2\sin^2\dfrac{\rho_a}{2} + \overline{VP}^2}}$$

$$= \frac{R\sin\rho_b}{\sqrt{\dfrac{4}{K}R^2\sin^2\dfrac{\rho_b}{2} + \overline{VP}^2}}$$

故 $\overline{VP} = \dfrac{2R}{K}\sin\dfrac{\rho_a}{2}\sin\dfrac{\rho_b}{2}$

因而運算而得一般緯線的半徑值 r 和圓錐角係數 K 的公式為：

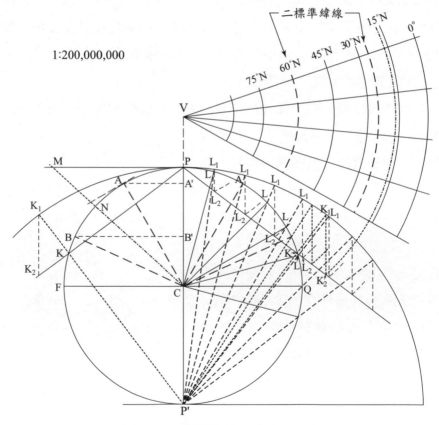

圖 5–70　二標準緯線正積圓錐投影圖

$$K = (\cos\rho_a + \cos\rho_b) / 2$$

$$r = R\sqrt{\frac{4}{K}\sin^2\frac{\rho}{2} + \frac{4}{K^2}\sin^2\frac{\rho_a}{2}\sin^2\frac{\rho_b}{2}}$$

　　這圖法也可以用簡單的幾何方法來完成，如圖 5–70，A、B 為圓錐 V 的相割點，若先以某特定比例尺的赤道半徑圖長為半徑作一圓，又以極點 P 的對蹠點 P′ 為圓心，地軸 $\overline{PP'}$ 為半徑作一半圓，為輔助圖，在圓周上先確定兩標準緯線的位置 A 及 B，由圓心引 $\overparen{AB}$ 的分角線交圓周於 N，延長而交極點切線於 M，而以 $\overline{MN}$ 的長度，在輔助半圓弧上找到 $\overline{NK_1}$ = $\overline{MN}$，由 K_1 向 P′ 連線，而在圓周上交得 K 點，$\overline{PK}$ 連線，即投影面的基線，由 K_1 延垂直線於赤道的直線而交投影基線於 K_2 點，若以 P 為圓錐投影圖的極點 V，$\overline{PK_2}$ 為半徑作弧，則為 K 點的緯線，其他各緯線的作圖法相同，即先等分球心角為所需的角度、各分角交於圓周上的各 L 點，引 $\overline{P'L}$ 並延長交大圓周於 L_1，引垂直線於赤道交投影基線於 L_2，以 V 為圓心、$\overline{VL_2}$ 為半徑，就是 L 緯線，而 A 及 B 兩標準緯線亦同樣產生。

二、擬圓錐投影

（一）一標準緯線擬圓錐圖

　　一標準緯線擬圓錐圖法又稱為**真圓錐圖法**，也因製圖人而稱**普路勒美圖法** (Plolemaii's projection)。作圖法非常簡單，如圖 5–71，首先以某特定比例尺的赤道半徑圖長 $\overline{EC}$ 為半徑作直角弧，以標準緯線的緯度角作球心角分角線，交圓周於 A 點，引 A 點的切線而交地軸 $\overline{PC}$ 的延線於緯度點 V，又以所需緯度角等分圓心角，在圓周上得各 Y 點，以 A 為圓心，$\overline{AY}$ 為半徑，則可把圓周上的各 Y 點投影在切線 $\overline{VA}$ 上為 Y′ 點，以 V 為圓心，$\overline{VY'}$ 為半徑作弧，即是緯線組。又由 A 作垂直於赤道的直線而交赤道於 A′ 點，以球心 C 為圓心，$\overline{CA'}$ 為半徑作弧，與球心角相交於 M′ 點，$\overparen{A'M'}$ 弧長即是在標準緯線上的經差距 $\overparen{AM}$，而可分為各經線

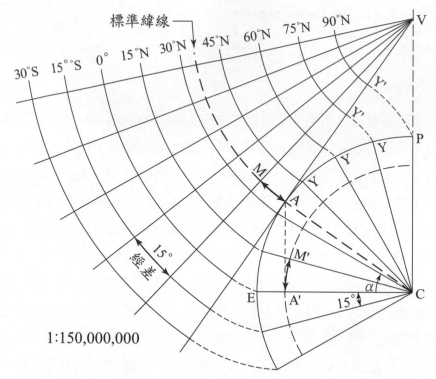

圖 5-71　一標準緯線真圓錐投影圖

定位點，連 $\overline{VM}$ 即得經線組。

由此製圖法，可以求得經緯的圖座標三角算式如下 （可參考圖 5-72）：

因 $K = \sin\alpha_0$

$r_0 = R\cot\alpha_0$

故 $K\lambda = \lambda\sin\alpha_0$

$r_\alpha = R[\cot\alpha_0 - (\alpha - \alpha_0)]$

而 $X = r_\alpha\sin K\lambda$

$Y = r_\alpha(1 - \cos K\lambda) = 2r_\alpha\sin^2(K\lambda/2)$

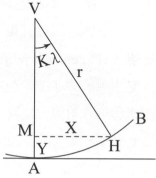

圖 5-72　一標準緯線真圓
錐投影原理

可以三角函數而得經緯座標表 5–20，可依據而直接製圖。

表 5–20 普路勒美真圓錐投影經緯定位（單位：公里）

標準緯度	標準緯半徑	經差 1° 弧長	經差 1° 夾角
0°	–	111.20	0.000°
5°	72,823.1	110.78	0.087°
10°	36,132.9	109.51	0.174°
15°	23,777.6	107.41	0.259°
20°	17,504.7	104.49	0.342°
25°	13,663.1	100.78	0.423°
30°	11,035.2	96.30	0.500°
35°	9,099.0	91.08	0.574°
40°	7,592.9	85.18	0.643°
45°	6,371.2	78.63	0.707°
50°	5,346.1	71.48	0.766°
55°	4,461.2	63.78	0.819°
60°	3,678.4	55.60	0.866°
65°	2,970.9	46.99	0.906°
70°	2,318.9	38.03	0.940°
75°	1,707.2	28.78	0.966°
80°	1,123.4	19.31	0.985°
85°	552.4	9.69	0.992°
90°	0	0	1.000°

（二）麥卡托修正圓錐圖

這是由**麥卡托** (Mercator) 所製成的二標準緯線正距擬圓錐投影法，
投影圖的極點 P′ 不在圓錐頂點 V。

這投影圖是用簡單幾何方法製成，如圖 5–73，首先以某特定比例尺
的赤道半徑周長 $\overline{EC}$ 為半徑作一直角弧，以二標準緯線的緯角作球心角，
分角線交圓周於 A 及 B 點，平分二緯度分角線間的夾角 ∠ACB，而得緯
角 α_m，分角線交圓周於 M 點，即為擬圓錐的切點，作切線而交地軸延

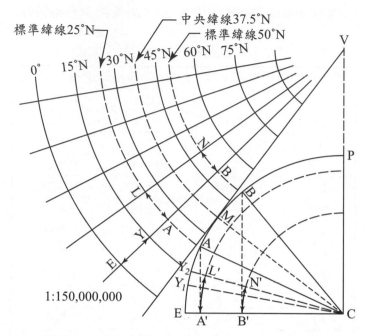

圖 5–73　麥卡托修正二標準緯線正距圓錐投影圖

線於 V 點，以 V 為圓心，$\overline{VM}$ 為半徑作弧，即中央緯線，若分別以 $\overline{VA}$ 及 $\overline{VB}$ 為半徑作弧，即得二標準緯線。至於其他緯線的半徑，可由下列公式求得：

$$r_\alpha = R\cot\alpha_m - R\lambda(\alpha - \alpha_m)$$
$$= R\cot\alpha_m - 111.2(\alpha - \alpha_m)$$

　　由此而可得緯線組，此緯線組也可以用幾何方法來完成，因經線上的緯距是相等的，其長度等於等分球心角 λ 在地球儀圓周所截的弧長 $\widehat{EY}$。

　　至於經線作法，由 A 及 B 點作垂直於赤道的直線而交赤道於 A′ 及 B′ 點，以球心 C 為圓心，$\overline{CA'}$ 及 $\overline{CB'}$ 為半徑作弧，等分球心角作為經差角，分角線與弧的交點為 L′、N′，則 $\widehat{A'L'}$ 的弧長即 A 標準緯線上的經

差距，$\overset{\frown}{B'N'}$ 的弧長為 B 標準線上的經差距，三角算式為：

$$d_a = \overset{\frown}{A'L'} = R\lambda\cos(\alpha_m - \frac{\alpha_a + \alpha_b}{2}) = 111.2\cos(\alpha_m - \beta_0)$$

$$d_b = \overset{\frown}{B'N'} = R\lambda\cos(\alpha_m + \frac{\alpha_a + \alpha_b}{2}) = 111.2\cos(\alpha_m + \beta_0)$$

分別以 d_a 及 d_b 等分二標準緯線，各相對等分點的連線就是經線組，經線組的圓心 V′ 的位置不同於 V。

上述的相關數學運算，也可以在白紙上定出經緯網，其算式為：

$$X = r_\alpha \sin K\lambda$$
$$Y = r_\alpha \sin^2(K\lambda / 2)$$

其中的 r_α 為任何緯線的半徑，即前述的算式，而 $K\lambda$ 為圓錐的經差角，可由二標準緯線的經差距 d_a 及 d_b 計算出來。

（三）普路勒美第二圖法

這是由普路勒美的真圓錐圖法修編而成，緯線組的作法完全相同，但經線組除了中央經線是直線外，其他的經線皆為曲線，因為經差距並不單以標準緯線上的經差距為準，而是在各緯線上自定經差距，作圖法也很簡單，如圖 5–74，只要等分球心角，交圓周得各緯度點 L、L_1……由各 L 點引垂直線至赤道得交點 M、M_1……等，以球心 C 為圓心，$\overline{MC}$、$\overline{M_1C_1}$……等為半徑作弧，交球心角分角線於 N、N_1 各點，而 $\overset{\frown}{MN}$、$\overset{\frown}{M_1N_1}$……等弧長就是各相關緯度線上的經差距，連此各點所得的經線組為曲線。

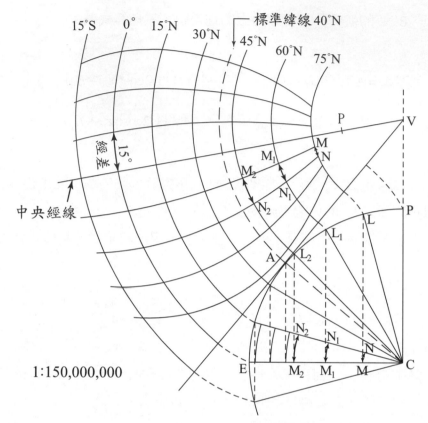

圖 5–74　普路勒美第二擬圓錐投影圖

（四）榜納投影

　　這是法國地圖學家榜納 (Bonne) 所發明的擬圓錐圖法，其製圖原理是合併麥卡托的真圓錐法的緯線組作法，及普路勒美第二圖法的經線組作法而成，故各緯距等長，其數值是地球儀圓周弧長的緯度角長度：

$$r_\alpha = R\cot\alpha_m - R\lambda(\alpha - \alpha_m)$$

　　故赤道的圓錐半徑 $r_0 = R\cot\alpha_m$，換言之，在赤道上的經差距與標準經線上的緯差距相等（圖 5–75）。

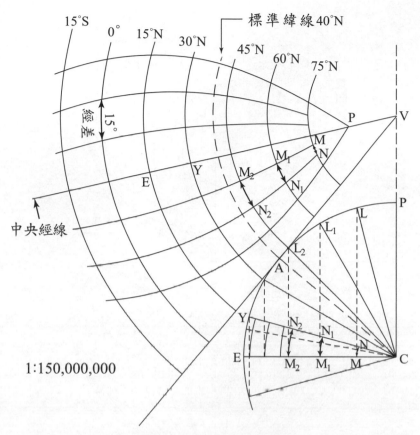

圖 5-75　榜納擬圓錐投影圖

如圖 5-76，分別以 30°N 及 45°N 為標準緯線作圖，為不同形狀的心型世界圖，圖中只有中央經線是直線，其他經緯線都是曲線，視覺上相當美觀。

又附圖 5-77 為以 15°N 為標準緯線的斷裂世界圖，各部分亦以中央經線為直線，其餘經緯線依相同的方法繪製。

通常，利用標準緯線與中央經線作為區域地圖的中心，乃此圖法的實用處，尤以中緯地區為然，如附圖 5-78 為 40°N 標準緯線所截取的區域部分，可與前附的普路勒美第二圖法所得的例子作一比較，二者比例尺及標準線是相同的，各緯線上的經差距也是相同的，只有經線上的緯距不同。

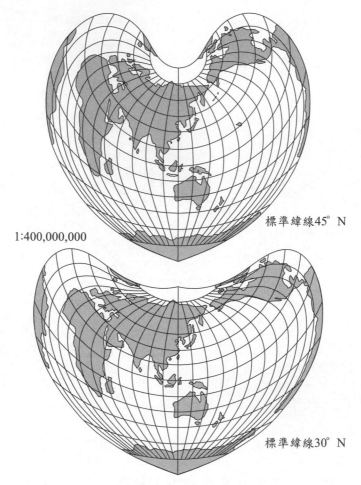

標準緯線45° N

1:400,000,000

標準緯線30° N

圖 5-76　標準緯不同的榜納投影圖

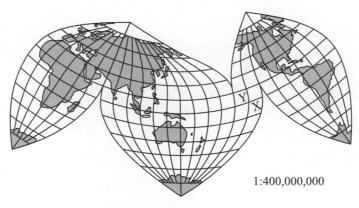

1:400,000,000

圖 5-77　斷裂榜納投影圖

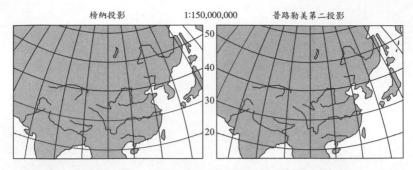

圖 5-78　一標準緯線 40°N 擬圓錐投影比較

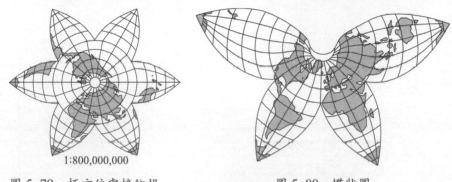

圖 5-79　極方位與榜納投
　　　　影合成的花瓣圖

圖 5-80　蝶狀圖

　　榜納圖法應用甚廣，以中央為極方位正距圖繪製的北半球，加上以榜納斷裂花瓣圖法繪製的南半球，為常見的投影作品（圖 5-79）。又若南北半球都用榜納花瓣斷裂的圖法作組合，可製成美麗的蝶狀世界圖（圖 5-80）。

（五）多圓錐投影 (polyconic projection)

　　這製圖原理是模擬把地球儀依緯線而分割成許多緯度帶，而每一緯度帶以一圓錐正切於球面，自球心把經緯網投影在每一圓錐圖紙上，然後依經線而合併成的擬圓錐圖（圖 5-81）。

　　幾何作圖法為首先以某特定比例尺的赤道半徑圖長為半徑作一直角弧，等分球心角，分角線在弧上相交成許多緯度點（A、A1……），若每點皆作一切線，與地軸 $\overline{CP}$ 的延線相交於 V、V1……等各點，以各 V 點

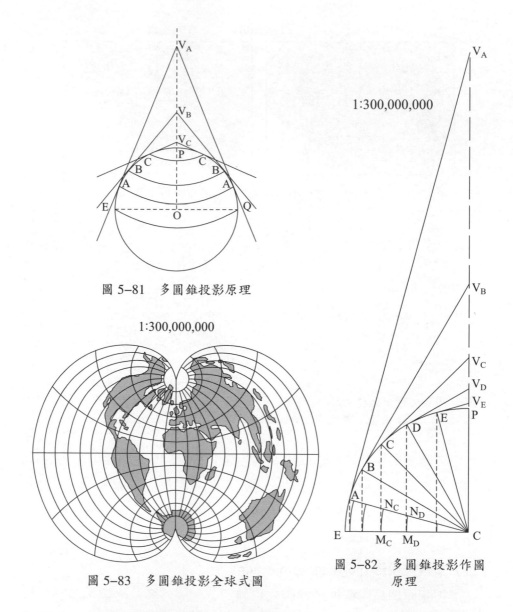

圖 5-81　多圓錐投影原理

1:300,000,000

圖 5-83　多圓錐投影全球式圖

圖 5-82　多圓錐投影作圖
原理

為圓心，各 $\overline{VA}$ 為半徑作弧，即為緯線組。

　　至於各緯線上的經差距，則依普路勒美第二圖法和榜納圖法的型式
製成，連結相關點而成經線組（圖 5-82）。這多圓錐投影的結果，可以
用不同型式的圖幅來表達，第一是把每一緯線上的相關經距點連結起來，
形成一外緣變形極大的世界圖（圖 5-83）。

第二是每一緯線被沿線割裂而成緯帶狀，方法是相鄰的兩緯線模擬為同心圓弧 （圖5-84）。

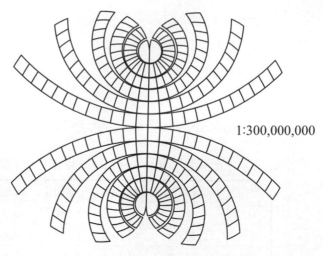

1:300,000,000

圖 5-84　多圓錐投影帶裂式圖

第三是以赤道為基線，沿經線割裂而成葉片狀，方法是只取中央經線相鄰的兩經線合成一個體葉片，相同的葉片並排而成（圖5-85）。

這些多圓錐圖法的中央經線的緯距皆相等，而且與赤道上的經距等長，故：

$$Y = R\lambda\cos\alpha = 111.2\lambda\cos\alpha$$

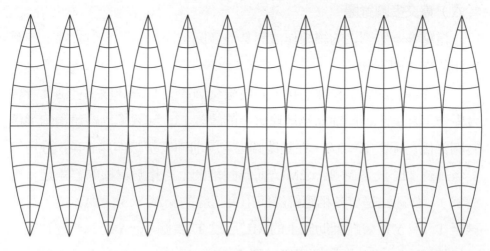

1:300,000,000

圖 5-85　多圓錐投影葉片式圖

而各經線上的緯道弧半徑則為：

r = Rcotα

以三角函數運算可得 r 值如表 5–21，可依據以作圖。

表 5–21　葉片多圓錐投影經緯定位（單位：公里）

緯度	緯線半徑	經差1°長	緯度	緯線半徑	經差1°長
0°	∞	111.2	50°	5,362.7	71.5
5°	72,907.2	110.8	55°	4,476.3	63.8
10°	36,177.3	109.5	60°	3,691.9	55.6
15°	23,809.8	107.4	65°	2,982.5	47.0
20°	17,531.4	104.5	70°	2,328.5	38.0
25°	13,686.7	100.8	75°	1,714.5	28.8
30°	11,057.0	96.3	80°	1,128.4	19.3
35°	9,119.4	91.1	85°	559.9	9.7
40°	7,612.0	85.2	90°	0	0
45°	6,389.1	78.6			

（六）直交多圓錐圖

　　這種多圓錐圖法的緯線作法與其他多圓錐圖法相同，但緯線上的經差距的作法則不同。

　　首先在輔助圖上作球心角，分角線交圓周於 L 等緯度點，由此等緯度點作與赤道平行的線即為地球儀上的緯線 $\overline{LL'}$，然後以經差角的半值為圓錐極角係數 K = λ/2，在輔助圖上，以地軸為基線作球心角，分角線交各緯線 $\overline{LL'}$ 於各 M 點。$2\overline{ML'}$ 即為圓錐圖上各相應緯線的經差距（圖 5–86），作圖法是自各相應緯線與中央經線的交點 Y 引一與赤道平行的線至 T，令 $\overline{YT'}$ 等於輔助圖上的 $\overline{ML'}$，以 T' 為圓心，$\overline{YT'}$ 為半徑作弧，交緯線於 Y'，$\overline{YY'}$ 即為經線組（圖 5–87）。此可以化成三角式：

$$\overline{\mathrm{ML}} = \frac{1}{2}\mathrm{R}\lambda\cos\theta$$

$$又 \ \tan\frac{\theta}{2} = \frac{\overline{\mathrm{ML}}}{\overline{\mathrm{PM}}} = \frac{(\mathrm{R}\lambda\cos\theta)/2}{\mathrm{R}\cot\theta} = \frac{\lambda}{2}\sin\theta$$

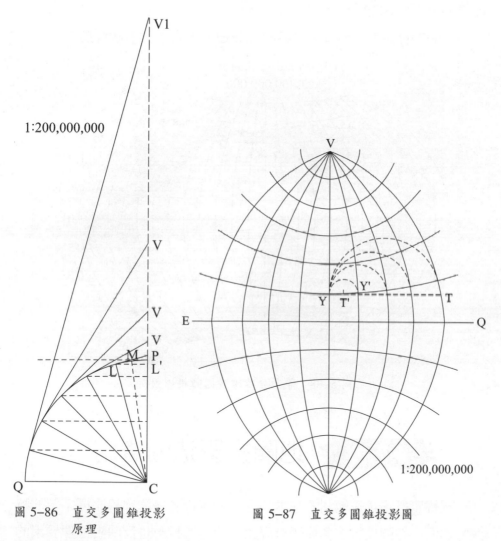

圖 5-86　直交多圓錐投影
　　　　　原理

圖 5-87　直交多圓錐投影圖

（七）等差分緯線多圓錐圖

這是由中國人於 1963 年在地圖出版社設計的新投影法，其特點不亞

於多圓錐投影，把極點擴延為一圓弧，長度等於赤道的一半。赤道及中央經線為正交直線，其他緯線為對稱於赤道的同軸圓弧，圓心都在中央經線上，其他經線為對稱於中央經線的曲線，各經線的間距，以距中央經線愈遠而按等差遞減（圖 5–88）。

此圖的特點是愈靠近中央經線及赤道的地區，變形狀況愈少。

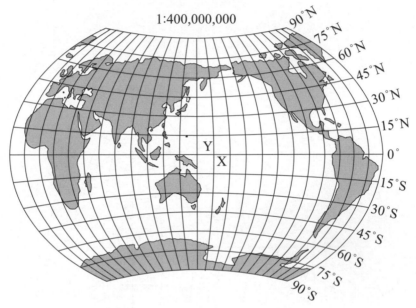

圖 5–88　等差分緯線多圓錐投影圖

第五節　地圖投影法的選用

經緯座標系統是地圖的基本架構，地圖投影表達經緯座標系統的特性，然而，地圖投影法各種變形現象，使地圖投影也反映對地理要素的幾何性破壞，故唯有先正確地了解各種投影的變形，及變形特性與經緯網分布規律的相對關係，才能對地圖投影作適當的選擇，發揮地圖的精確度和實用價值。

表 5-22　投影圖的經緯特性及選擇

投影名稱	經　線	緯　線	製圖區域
正距極方位	極點放射狀直線	同心圓	南北極區，半球圖
正積極方位	極點放射狀直線	同心圓	南北極區，半球圖
正積赤道方位	中央經線為直線，其他為與中央經線對稱的曲線	赤道為直線，其他為與赤道對稱的曲線	東西半球，非洲
正積斜方位	中央經線為直線，其他為與中央經線對稱的曲線	任意曲線	水陸半球，大洲
麥卡托圓筒	間隔相等的平行直線	與經線直交的平行直線	世界低緯區，東南亞
各種圓筒投影	間隔相等的平行直線	與經線直交的平行直線	世界圖,視正積、正距、正角等特性而異
摩爾威特	中央經線為直線，其他為橢圓弧	緯線為平行直線	世界圖，修正斷裂分區
森遜	中央經線為直線，其他為正弦曲線	緯線為平行直線	世界圖，可割裂
古特斷裂圖	每斷裂區有中央經線為直線，其他經線分別由摩爾威特法及森遜法合成的曲線	緯線為平行直線，中央經線上緯距在 40° 以下的低緯等長，高緯逐漸縮小	世界圖
正距圓錐	放射狀直線	同心圓弧，有一或二標準緯線，緯距相等	中緯度地區，國別圖
正積圓錐	放射狀直線	同心圓弧，有一或二標準緯線，緯距由標準緯向南北方縮小	中緯大洲
正角圓錐	放射狀直線	同心圓弧，有一或二標準緯線，緯距由標準緯向南北方放大	中緯度地區，國別圖
榜納	中央經線為直線，其他為曲線	同心圓弧	中緯分區圖

　　附表 5–22 為各種投影圖的特性，可在選擇投影圖前詳作比較，有助於適當的選擇。當選擇地圖投影的時候，應注意下列幾個原則：

一、地圖的目的

　　地圖的目的決定地圖所要表現的內容，所以清楚地知道地圖的目的，是選擇地圖投影的先決條件。例如航海圖、航空圖、軍用地形圖、氣象圖、洋流圖等，為了表達正確的航向或流向，宜用正角投影，尤以小區域內更有正形的效果。又如有關政區圖、經濟地圖、人口密度圖等，為了表達正確的面積，宜用正積投影。但也可因美觀等特殊目的，而採用任意的投影法，總之以能配合者為最佳。

二、地圖的區位範圍

　　地圖投影皆有變形現象，通常是投影的切割關係有關的區域為較正確，愈向外則變形情況愈大，故有所謂標準經線及標準緯線等作為選擇的指標，以配合投影地區的區位範圍的特性。例如極方位圖有許多種，都以極點為正確，但有的只能繪畫一小極區，有的卻可畫半球，又例如橫軸圓筒投影通常都可以開展為世界圖，但兩極區可以因不同的投影法，或屬無限大而不可能畫出，或愈向極區面積愈小，極點也有一線或一點的型式，也有整體或割裂的差異。

　　至於圓錐投影則多適合於中緯度小區域的投影圖，但究竟什麼是最佳的選擇，則決定於製圖者對各種投影法的認識。

　　由於地圖投影依據數理，現在可以利用電腦的功能，作出更優質的線條圖樣。但什麼才是最佳的投影基圖，由製圖者決定和選擇，因此，筆者一再強調地理學者應以「主體性的創造心靈去對待環境」，地圖是地理學者的一項對「環境價值的創造」。地圖投影雖然被認為是「科學的數理地理」，但地圖投影的靈活運用，完全地足以表達「人的價值意願」。

　　美國明尼蘇達大學教授史標豪斯 (Athelstan Spilhaus) 曾發表一名為「海洋方塊」的地圖 (Spilhaus's Square Map of the Ocean)（圖 5–89、圖 5–90），是利用幾個斜軸任意方位投影合併而成的，他的目的是要表達

「世界海洋的一體性」，反而全球陸地被扭曲、割裂。然而，他的目的達
到了，那是一幅極佳的地圖投影，甚至還把它製成磁磚，因多塊拼合，
另有一番景象，顯示地理學者的創造心靈，請仔細欣賞。

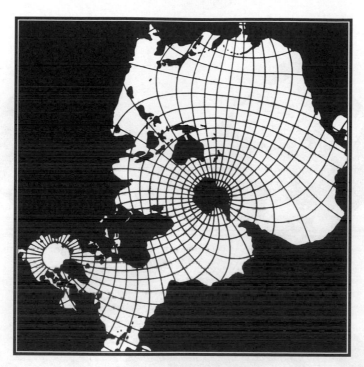

圖 5-89　史標豪斯海洋方塊圖

圖 5-90　海洋方塊的磁磚拼合

　　基圖為討論地圖時常聽到的名詞，但這名詞也常常使人誤會，按基圖一詞，源於英文的 base map。base 的原義為基礎、地基、基本原則、支架、根據及起點。所以基圖的原義並不指某一種有主題的地圖，而是作為主題的地理資訊定位的基礎架構和依據。因此，基圖本身不是「地圖」，但卻是繪製地圖前不可缺少的極重要部分。

　　基於上述對基圖的定義，地圖投影所形成的經緯網是一種基圖，有了經緯網，地圖學者便可以把相應的各地經緯座標繪畫在經緯基礎上，而成為地圖。如圖 6-1 是以 40°N 為標準緯線的榜納擬圓錐投影作為基圖，但 A 圖為以 120°E 為標準經線所作的世界地圖，所以中國在全球的中心，B 圖是以本初子午線為標準經線所作的世界地圖，倫敦的格林威治天文臺為全球的中心，中國偏向東北角，而且全球各地的形狀完全不

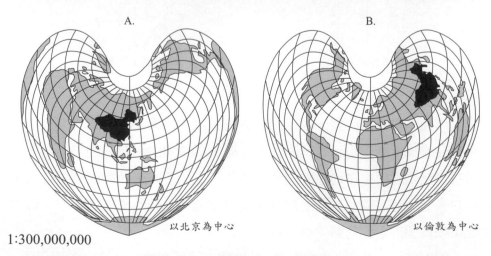

A.

B.

以北京為中心

以倫敦為中心

1:300,000,000

圖 6-1　相同基圖的不同世界

同，但無礙於作為基圖的經緯網的存在。由此可見良好的基圖，為製作主題地圖的重要條件。

　　經緯網並不是唯一的地圖基本架構，例如市街圖便大多沒有經緯網。在美國的方塊形市街系統中，南北軸心多稱為「中央路」(central avenue)，而其他南北走向的街道依次為東一路、東二路，或西一路、西二路等，隨數字而開展，而其東西軸心則多稱為「主街」(main street)，而其他東西走向的街道依次為北一街、北二街，或南一街、南二街等，隨數字而開展，一些大城市甚至擴大至一百餘路或街。因此，中央路和主街便是市街圖的基線。但在臺北市則以中山南北路為縱軸，忠孝東西路為橫軸，分市區為四大象限，各象限的其他街道名以中國主要城市的區位來命名，也是臺北市街圖的基本網（圖6-2）。

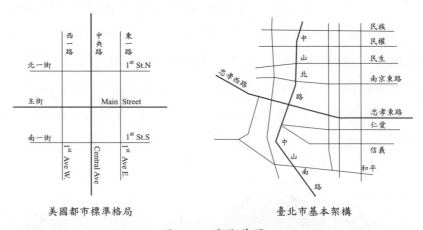

美國都市標準格局　　　　　　臺北市基本架構

圖6-2　市街基圖

　　然而，當我們要畫一幅以山海關為主題的地圖前，基圖必須包括渤海的海岸線，燕山山脈的等高線及長城，以特顯山海關的山川形勢，及其在遼西走廊與京津地區間的位置價值。又如要作水網縱橫的長江三角洲的基圖，等高線便派不上用場，而是需運河、湖泊或著名都市，似乎是比較重要的定位基點（圖6-3）。

　　總而言之，基圖的基本素材，是依據主題地圖的特性和需求而異的。

不過，基圖的編製，也有一定的原則，本章分為三部分來討論：第一是基圖的特性，第二是稱為國家基本地圖的地形測繪地圖，第三是地圖的概括化，以便完成優良的基圖。

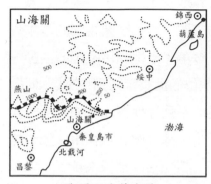

山海關山海等高線

長江三角洲之水網

圖 6-3　自然要素的基圖

第一節　基圖的特性

　　基圖既然是地圖的基礎，基圖質素的優劣，直接影響到主題地圖最後成圖的質素。當我們編製基圖時，應注意到基圖有四大特性：即基圖的正確性、資料性、一致性及清晰性。

一、基圖的正確性

　　基圖乃是主題地圖所依靠的基礎部分，基圖的資料必須是正確的，地理資料的最正確者，除了地圖投影而得的經緯座標外，莫如大地測量所得的地形圖，不管是利用何種方法去測繪，地形圖中的資料都有其真確的數理基礎，可以正確地作為其他主題地圖的編繪標準規範。

二、基圖的資料性

　　基圖的資料除了正確外，也必須豐富，因為主題地圖的種類繁多，不同主題需要不同的基本架構，資料愈豐富，愈能滿足作為不同主題地

圖的基圖；地形圖便堪稱極具此一特性，尤其是配合航照或遙測，地形圖可以供應許多資料，作為主題地圖的基圖。

三、基圖的一致性

　　所謂基圖的一致性特別指一系列性主題地圖集而言，有兩種意義：第一種是這一系列性主題地圖雖有不同的主題，但都需要相同的基本資料，例如同一行政區域內的人口、交通、聚落、土地利用及經濟活動等系列性主題地圖；又或在同一地點的歷史地位的消長等系列性主題地圖。另一種是同一種主題在不同地理區域呈現的系列性地圖，例如分國的人口密度等。在這些有比較性的系列性地圖中，基圖應注意採用一致的標準，諸如相同比例尺、等積、相同的範圍、相同的等高線系統等，以免致主題地圖有被誤導的缺失。

四、基圖的清晰性

　　由上述有關基圖的正確性，資料性和一致性而言，測繪的地形圖似乎都能符合基圖的要求，然而，地形圖卻不是優良的基圖。一般人都稱地形圖為國家基本地圖，有 1：10,000、 1：25,000、 1：50,000 及 1：100,000 等不同的標準版本，為各國採用作為國家經濟建設、國防建設、道路選線、都市計劃、土地資源實例、地理上區域研究等的基本工具。然而，在地圖學者的眼中，地形圖絕不能「直接」當作「基圖」使用，因為地形圖的資料太豐富了，地形圖本身乃是一種主題地圖，若在地形圖上再加繪所需的新主題，一定發生清晰度的問題。筆者特別要提出這一點，就是因為看見很多研究論文的地圖，都是用加繪式，固然是很方便，但卻一定不能表達主題地圖的效果，這是地圖學者不宜輕心的地方。優良的地圖學者，可以盡量利用地形圖所提供的正確而豐富的資料，但應該以選擇性的基圖設計及重繪，在選材上「擇善而固執的」，而且注意「適可而止」。基圖設計時，對地形圖上的資料，要有「提得起，放得下」，英雄斷臂的取捨精神，以最簡單明快的基本線條，決定基圖的架構。

　　所以，基圖是一種創作，是地圖學者的一種學術性創作，也是一種

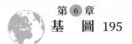

美的創作，基圖創作的重要性不下於主題地圖的創作。

第二節　地形圖

　　地形圖顧名思義是表示地形的圖，如地表高低起伏、或寬或狹，差異性很大，但無論如何，地形為其他一切地理資訊存在的基礎；地形的差異性，與地理資訊的差異分布密切關連。地形圖可以作為地理資訊的基圖，是可以理解的。

　　地形圖表達出地表的差異形狀，將立體的形狀表現在一張平面的圖紙上，等於地球體的表現在投影圖紙上一般，由於觀點的不同，得到不同的地形圖，也會因製圖方法的不同，得到不同的地形圖。古代人看地形，最初皆製成「象形」的地形圖，有如象形文字；象形的地形圖，見山畫山，見水畫水，平原脊嶺，形勢分明，這是繪圖者立於與地形相當的基準面上，看到的地形側面圖。用投影學的術語來說，為一種心射圖法或平射圖法，正確部分在切點，距離切點愈遠，變形率愈大。所以遠山含笑，固然是景勝清幽，但只宜作為山水畫來欣賞，不能作為基圖，因為沒有表達基圖的正確性、資料性、一致性和清晰性。然而，這種地形圖被使用的時間很長，直至清代末期還在使用；事實上，山水畫式的地形圖有其優點，因為最具親切感，大多數人都是站在平地而認知周圍的環境。

　　登泰山而小天下，居高望遠，是與山水畫式的地形觀點大不相同，乃對前景的斜視，視野廣闊得多，可以看見一列列的矮山陵脊，也可以看見一塊塊的水圳山田，各種自然與人文的景觀，大致呈分布狀態，但也不能作為基圖，因為仍然缺乏作為基圖的正確性。這種地形圖被使用的時間也很長，亦直至清代末期才漸少，這就是一般所謂的「地勢圖」。

　　現代地形圖指以精確的測繪技術製成的等高線圖，模擬的觀點是在地面的上空垂直入射，可以看見地表的全部分布的地點資料，也可以體

會到地面的起伏狀況；而最重要的是測繪地形圖上的任何地理資訊的位置，都是正確的，沒有如山水畫觀點般的主觀偏差；其次是測繪地形圖上的地理資訊的資料非常豐富，可以作為地理學研究的基本工具。

　　圖 6–4（見彩頁 I）為 1：50,000 的地形圖，圖內每一方格是 2 公分長度代表 1 公里，即每格為 1 平方公里的面積。圖內的許多符號，如等高線表示地勢高低，陸地上有林地、農田、沼澤、河流、灌溉渠、堤防、市鎮、集村、散村、高速公路、一般公路、村道，海岸線上有沙灘、海崖，海上有等深線、暗礁，這些景觀都有精確的資料。測繪地形圖乃地圖學中的一套大學問，本書中的各章節都有零零碎碎的介紹，本節的目的亦僅止於介紹其作為「基圖資料來源」的特徵。至於測繪等高線地形圖進一步的判讀和實用，則請參考其他專業書籍。

第三節　　基圖概括化

　　地形圖被譽為國家基本地圖。由於地形圖是利用科學技術測量得到的地理資料所繪製而成，故最具地圖的正確性和資料性；地形圖本身有不同的比例尺，在編繪過程中，也有一定的一致性和清晰性。然而，地形圖卻不是「優良的基圖」，因為我們不宜在地形圖上再添增任何「主題性」的地理資訊，在資料已極端豐富的地形圖上加添資料，結果是破壞了地圖的清晰度，尤其不能使地圖的主題突顯出來，也減低了作為主題地圖的價值，這是很容易了解的事實。

　　優良的地圖學者，能夠運用製圖的原理和知識，主觀地編繪地圖；地形圖上豐富而正確的資料，是可以利用的，但不是照單全收。優良的地圖學者，對地形圖上的資料是選擇性的利用，而選擇的標準是依據作為基圖的特殊條件而定；事實上，也不僅是選擇，而是資料的再處理、地圖的再編繪，把地形圖變成「基圖」這一步驟，特稱為**地圖的概括化** (cartographical generalization)。

　　地圖概括化一般分成兩大類，即「比例概括化」及「目的概括化」。**比例概括化**指相同的製圖區域，隨比例尺的縮小而使圖紙面積縮小，令地圖上的資料失去了清晰度，需要篩選和簡化的再編繪手續，讓該地理區域的特徵仍然能夠有效地呈現。**目的概括化**指由於基圖的不同目的，地形圖上的某些資訊顯得特別重要，有些資訊則毫無用途，甚至其存在反而破壞地圖主題的表達或清晰度，所以必須透過篩選和簡化的再編繪手續，而使基圖能達到特殊的使用目的。

　　因此，地圖概括化主要表現於地理資訊內容的取捨、數量的簡化、資料的簡化和形狀的簡化上。這些地理資訊的取捨與簡化，都不是任意而為的，而必須依據一些基本的地圖編繪原則，本節分別依「比例概括化」及「目的概括化」為基礎加以討論，但製圖方法變化萬端，亦只能點出一些原則性的意見，至於在實踐上如何決定什麼才是重要的地理資訊或什麼是次要的地理資訊，又如何決定取捨或簡化的程度，那便留有很大的變通空間；優劣的效果，反映製圖學者的「地理素養」，而不僅是「製圖的技術」。畢竟，地圖乃是地理學者表達地理概念的工具和作品。

一、比例概括化

　　「比例尺」是地圖的要素，在同一製圖區域，比例尺的改變，決定了圖幅面積的大小。若比例尺縮小一倍，圖幅面積只有原圖的四分之一。如圖 6–5 所示，若以比例尺 1：10,000、1：25,000 及 1：50,000 三幅地圖來表達相同的一區域，最大與最小的圖幅面積相差了 25 倍。

　　當圖幅面積隨比例尺的改變而縮小，原圖上的地理資訊將至無法辨認的程度，所以必須進行有效的取捨和簡化。由於比例概括化的地圖主題不變，所取捨和簡化的方法，偏重於階層性取決原則為主。

（一）內容的取捨

　　所謂內容的取捨，是指：選取同類地理資料的階層性較大、較主要的內容，而捨去階層性較小而次要的內容，而使該圖在比例尺縮小後，地圖的主題不變，尤其是主題的相關內容仍可以清楚地閱讀。

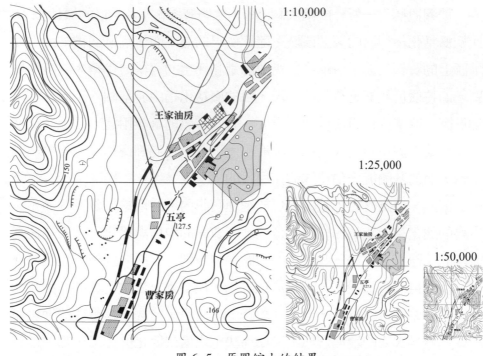

圖 6–5　原圖縮小的結果

　　什麼才是同類地理資料的主要部分？這是相對的一個概念。然而，既有階層性，則可依階層的大小作為取捨的標準，一般有如下的方法：

1. 資格法

　　以一定內容的質或量作為取捨的資格。如在原有 1：25,000 地形圖上的水系，可依主支流而分級，但當縮為 1：100,000 的地形圖時，該水系的第一級及第二級等將被捨去（圖 6-6）；也或許規定在原圖上的河流長度小於 1 公分或 2 公分的將被捨去。同理的，如規定原圖中的湖泊面積小於 16 平方公釐者捨去，鄉村級的道路被捨去，孤屋、三家村被捨去等。當決定取捨的資格標準前，地圖學者應以其地理學的知識，先作全盤的考量，以配合該地圖的主要目的為原則。

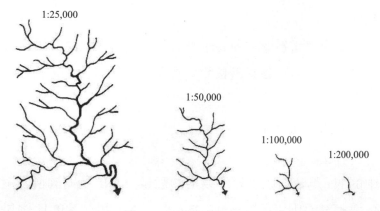

圖 6-6　資格法概括化

2.定額法

　　規定單位面積內應選取事物的總數量。例如聚落地點的數量和地名註記的密度，等高線的密度也可以由每 10 公尺的等高距改為每 20 公尺的等高距，或甚至 50 公尺的等高距，視該地形區的複雜程度而定（圖6-7）。

圖 6-7　定額法概括化

3.方根定律

　　德國地圖學家塔費爾 (Topfer) 提出一條資料取捨的計算公式，說明當地圖比例尺改變時，資料數量的變化與比例尺分母的平方根有關：

$$Nf = Na\sqrt{Ma / Mf}$$

　　式中的 Na 為資料圖上地理要素的數量， Nf 為縮編後應選取的數量， Ma 為原圖的比例尺分母如 25,000， Mf 為新圖的比例尺分母如100,000。

$$Nf = 10\sqrt{25,000 / 100,000} = 10\sqrt{1 / 4} = 5$$

　　即如原圖的 10 條等高線減為 5 條，換言之，等高距由 10 公尺改為20 公尺即可保存原圖的內容特色和清晰度。

　　地圖內容的取捨，除了決定取捨的方法外，也必須在選取時注意選取的階層性；一般而言，是先捨去最低級的、最小的、次要的、局部性的，順序進行，以免先行決定取捨的總值，而破壞了原圖的特性而不自知。故按照一定的方法和順序進行取捨，既可以保證新圖上具有豐富的內容，更可表達地理資料間的主次關係，也能使地圖中資料的載荷量適當地減輕，清晰易讀。

（二）性質的概括化

　　地圖上的地理資訊性質通常以分類來體現，所謂物以類聚，種以群分，但當比例尺改變時，分類標準的概括化是解決縮圖問題的好方法，例如：許多種不同等級的公路可以概括為公路；將甘蔗及油菜的作物區合併為經濟作物區；將一工業城的棉紡、麻紡、絲紡工業比例統計資料合併為紡織工業等。

（三）數量的簡化

由於比例尺的縮小，在有限面積內不宜容納太多的數量，故縮圖上地理資料數量上的簡化是必然的。所謂數量的簡化，不同於內容的取捨般捨去低階層的資料，也不同於性質的概括化般合併同類的資料，而是減少資料的數量差別，增大數量指標內部變化的單位間距。數量的簡化常用於以等值線表達數量的地圖上，地形圖是其中最普通者。簡化時會擴大等高距，例如：在 1：25,000 或 1：50,000 的地形圖上的等高距為 10 公尺，在 1：100,000 圖上為 20 公尺，在 1：250,000 圖上為 50 公尺，在 1：500,000 或 1：1,000,000 圖上為 100 公尺。而在天氣圖上的等溫線、等雨線、海圖的等深線等都是相同的道理。此外，在等量點的地圖也因比例的改變而使點的值有所改變，如一張人口圖上，一點原代表 200 人，但簡化後，一點或要代表 1,000 人。

在比例尺的縮度極大時，簡化不一定依等值簡化，而要衡量情理而作特殊處理（圖 6–8）。最常見的就是在小比例尺普通地圖上，地形的等高距多採 0、50 公尺、100 公尺、200 公尺、500 公尺、1,000 公尺、2,000 公尺或 3,000 公尺等不規則指標；然而，這樣不規則的簡化，必須考慮地理資料的分布特性及其作為基圖的地理意義，才能獲得簡化的最大效果，那更需要製圖學者所具備的地理素養。

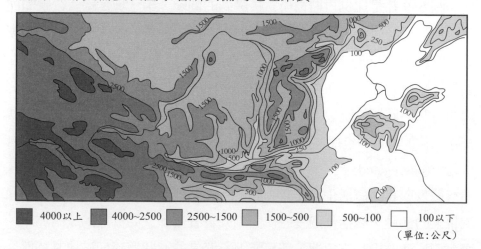

| ■ 4000以上 | ■ 4000~2500 | ■ 2500~1500 | ■ 1500~500 | ■ 500~100 | □ 100以下 |

（單位：公尺）

圖 6–8　非等值的選擇概括化

（四）形狀的概括化

地圖由點線面等符號所組成。當地圖的比例尺縮小時，有時候既不用內容的取捨法去捨去資料，也不用性質或數量的簡化方法去合併資料，因為目的是要盡可能保存地理資料所表達的圖型特性，所以我們可以考慮用所謂形狀的概括化來處理。

地圖上的點線面，在比例尺縮小後，線條形狀可以完全不變，而僅是線條寬度的比例相對地縮小，且各地理資料的相關現象也都保存不變；這本來無可厚非，但由於人的視覺有精度的誤差，所以不能純粹用「縮影」的方法去代替比例尺的縮繪。經比例尺縮繪的地理資料，其形狀有必要作適當的修正，就是形狀的概括化（圖 6-9）。

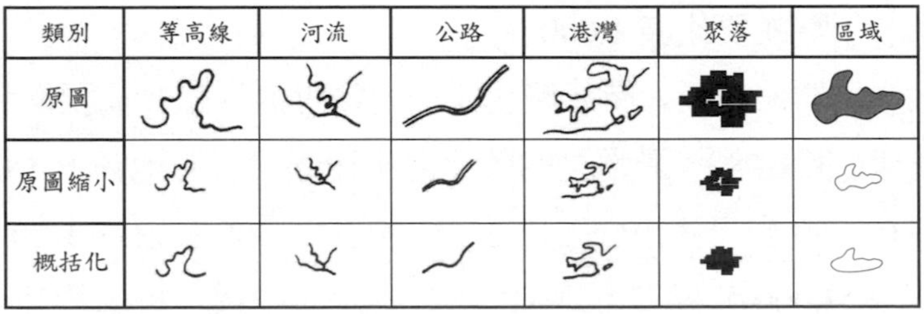

類別	等高線	河流	公路	港灣	聚落	區域
原圖						
原圖縮小						
概括化						

圖 6-9　原圖縮小與形狀概括化的差異

圖 6-9 都是比例尺縮繪所常接觸到的問題，第一種是線狀符號的簡化。河流常為曲線，曲線在比例尺縮小之後，感覺的曲度比較大，乃視覺上的誤差；此外，彎曲的細碎也不易清楚地察覺，故常把小彎曲刪修，或又在刪修幾個小彎曲時，改用一較明確的弧形代之，以便保留河道的彎曲特徵。同樣的現象亦出現於等高線、海岸線等線狀符號。通常線狀符號簡化的進行，包括「平滑化」(smoothed)、「單純化」(simplified)、「合併化」(aggregated) 及「移位修正」(displaced) 等處理程序和方式。但在進行截彎取直的概括化工作時，應注意該曲線所代表的特性，例如在曲流帶上的河段，概括化過度將使曲流成為直流；又如挪威的峽灣海岸、密西西比河的指狀三角洲，都可能因不適當的形狀概括而破壞其特性。

　　第二種是面狀符號的簡化。這些面狀符號包含兩項性質：一是面的外界，外界於比例縮繪後或有很多不重要的突角部分，可以作適當的刪修；第二是面的內部符號，或因比例縮繪而密度太大或能見度太低，應作適當的改變。其中以市街圖的縮繪為通例，常把短小的街道合併或刪除。

　　第三種是將縮繪的地理資料作適當的誇大。因為這類符號在原資料圖上已經不大，經縮小後根本無從指認，不將其簡化，反而加以誇大，以便於呈現，例如作為地圖定位點的天文墩或三角點、橋樑等。又有些特殊的線條如公路，原本用雙線表達，但縮繪後變成非常緊密的雙細線，則不如改成一條較粗的單線，更能顯現其作為交通線的意義。此外，除了不重要的地名應刪除外，重要地名的字體則不宜縮得太細小而不可閱讀，或應保留原圖的字體大小，以清晰度及美觀為原則。

二、目的概括化

　　任何地圖都有製圖的目的，即便是地形圖及一般所謂普通地圖也有其目的，只是我們常強調主題地圖的目的性，因其欲表達某一特殊目的也。而目的概括化，也是針對主題地圖的特殊目的而言。目的概括化可大致分為兩類：

　　第一類原資料圖本是主題地圖，因比例尺縮繪，同時使主題的資料也縮小；為了保存主題的特性，這一類的目的概括化，即等同於比例概括化，處理上亦依比例概括化的原則而行。當然，在內容的取捨、性質的概括化、數量的簡化和形狀的概括化上，當以主題資料為優先處理的主要階層。

　　另一類的目的概括化，乃是由複雜的基本資料地圖（如地形圖），簡化而成為「具主題目的的基圖」。這一種目的概括化與比例概括化的方法完全不同，主要在於製圖學者對目的概括化有較大的選擇性，其選擇是依據地圖的目的而作決定；對於地圖比例尺方面，有時用相同的比例尺，有時也用縮小的比例尺，情況變化多端，但工作核心皆以地圖的目的為

概括化。

（一）內容的取捨

　　基本資料地圖如地形圖，其地理資料極端豐富，以作為製作基圖的標準而言是適合的，因為由此而得的基圖，其資料性、正確性和一致性都絕不會發生問題，問題在於清晰度。有很多貪懶的學者，直接印取一幅資料豐富的地形圖的某一部分，作為其主題地圖的基圖，再於其上加入所研究的「主題資料」，根本無法發揮地圖的表達能力。

　　創製主題地圖的基圖，必須對原資料圖的內容作有效的取捨。前述作比例概括化的內容取捨時，偏重於對次要內容的捨去，而作目的概括化的內容取捨時，應偏重於對相關的主要內容的選取，而將大部分無關於主題者予以捨棄，凸顯主題地理資料與基本地理資料間的互動關係。

　　例如我們若要設計一山林遊樂區的步道時，必須利用該山林區最詳細的地形圖，才可以全盤考量岡巒景勝、谿谷清幽，何處宜近觀，何處宜遠眺，既要迴避危崖落石，又要顧及山水風情。但建築一山林遊樂區後，要作一幅供旅遊者使用的「山林遊樂區步道圖」，只宜保留各特選的標高點以表達岡巒景觀，而非必須的複雜等高線系統，可以全部捨棄或大部分捨去；簡化的水系是重要的，其與岡巒同為區內步道的骨幹；原資料地形圖上的一大片代表林地的符號也可以取消，但沿步道的古樹奇葩，則必須誇大地註記；其他如小橋、飛瀑、歇亭、石桌等主題設施的註記，也不可缺少，步道的距離及大約所需的時間，也應明確的交代。

　　又例如我們要作一張「市區公共汽車路線圖」。市內每一條街道都應該存在，因為這是一張市民用作生活工具的實用地圖，一般所見的這類地圖，街道都以平行雙線來表達，並附以地名；在街道圍繞的地區內，如有著名建築物，則標列其位置及註記其名稱；至於公車路線，多以公車行車路線的編號，沿線註記在市街圖上。但其實以此法用於公車路線的主題圖，是失敗的作法。我們應該首先把市街圖淡化為一基圖型式，把全部街道淡化為灰色單細線的基本網路，街道的名稱依其對交通的重

要性分為二至三級字體，重要建築物用位標點標出，附上索引數字，詳細名稱索引表則列於圖上其他外緣部分，盡量保持基圖的精簡，而公車路線則利用不同顏色作分區或分組的動量線來凸顯主題。

　　至於欲製一張「市區土地利用圖」，街道所應保留者僅限於主要道路的布局，尤其位於某種特殊機能區的中心者，其他的內容皆可捨去，以免影響主題的表達目的。

　　由此可知，在目的概括化的內容取捨上其變異性很大，全依地圖主題目的的凸顯與否來配合決定。至於什麼才是最能配合主題目的的基本資料？製圖學者的地理素養可發揮決定性的作用。

（二）其他質與量的概括化

　　製作主題目的的基圖，內容的刪修是最重要的步驟；至於基本地理資料的概括化，以精簡為原則，只要能充分地使地理主題顯現出來，即是最好的基圖。但太精簡的概括化，不免影響資料的精度。然而，大多數的主題地圖都是小比例尺的地圖，對基本資料並不要求十分精確，常為主題資料的相對定位座標而已。

MEMO

第7章
地圖的定性符號

　　「地圖是依據嚴謹的數學法則，將地表上的自然景觀和人文景觀，透過科學和美學綜合的編繪方法，用適當的符號縮繪在平面上的圖形，以表達出地景在質或量上的區域差異、空間組織及時間上的流變。」這是本書給予地圖的定義。由此定義，可知「**地圖符號**」為表示地圖內容的基本方式。地圖符號乃地圖的語言，且是圖形的語言；地圖符號把製圖者所要說的話顯露出來，又把讀圖者所要知道的話傳納進去。

　　製圖者對環境中地理資訊的「識覺」抽象化為「概念」，再價值化為各種意象性的「符號」，以表達地理資訊的特殊性質。地理資訊是地圖的要素，也是地理的要素，以地理的概念說明，地理資訊環繞著地理學者的周圍而存在，包括「景」和「境」兩種型態：「景」是所能識覺的「現象」，而「境」是所能識覺的「範圍」，景、境二字即是「地理區域的內涵與範圍」。

　　景、境都是可以識覺的，但性質不同。由景至境，隱含著一種動態的關係，雖然不一定能直接識覺，但卻必然依空間的擴展和時間的綿延而呈現，地理學上稱為「方向」和「距離」，皆為「地理區域組成」的要素（圖7–1）。

　　換言之，每一地理區由兩種不同的地理資訊所組成，一種是靜態的「景」和「境」，另一種是動態的「方向」和「距

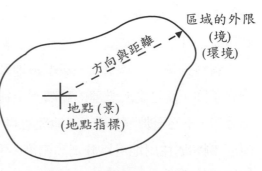

圖 7–1　地理區的構成與定義

離」。在地圖上，有兩種不同的地圖符號：**定性符號** (qualitative symbols) 表達「景」和「境」，**定量符號** (quantitative symbols) 表達「方向」和「距離」。本章專述前者，第 8 章討論後者。

　　請注意，地圖符號之所以分成兩章，只是在章節安排上的方便而已，事實上，地理區域為一「完整的概念」，地理區域不宜作質和量的分割，因為地理資訊本身便是「質中有量、量中有質」，例如當我們說某地理區的「境」，即是說該地理區的範圍，其中不是含蘊著量化的意義嗎？又例如當我們說某陡坡路段長一公里，其中不也是含蘊著質的意義嗎？由於學術研究趨向於分科專精，現代人以為分割化才是科學，這是現代人對科學含義的誤解，故「天下為道術所裂」；地理學者為研究「天下」的知識分子，應先有涵化萬象的廣大胸懷，諸如自然地理及人文地理之別、人地傳統及區域傳統之別、地圖符號定性定量的分等，皆僅是「權宜之便」，無礙地理學的統一性。

第一節　地理資料的類化

　　在編繪定性地圖前，第一步預備工作是把所搜集得來的地理資料依據其「性質」而分類 (classification)，並以此分類的結果作為「定性」地圖的「主題資料」。例如我們在某一地區作土地利用調查之後，利用土地使用方式的不同，分為林地、耕地、居住用地、工業用地、商業用地、公共用地、荒地等許多不同性質的範疇，將這些分類後的資料，安排在其所屬地理位置的基圖上，便完成一幅土地利用圖。

　　資料分類是一套學問，與編繪地圖的技術不同，與地理學的傳統知識亦不同，而是屬於數理的範疇；上述的耕地類與工業用地類似乎很容易分辨，不必要數理基礎，但地理資料分類千變萬化，並非都是這樣「單純」。例如居住用地可以分為高密度、中密度以及低密度居住用地，這是依據單位土地面積的居住人口數而定的，也可以依據單位人口數所居住

的土地面積而定，亦可以依據單位面積內所含戶數而定，也可以依據屋子的集結型式而定。分類的標準不同，所得的分類結果不一定相同，所編繪的定性圖也不一定相同，雖然圖名可能是一樣的。

因此，雖然說是地理資料的定性分類，但很多時候是用量化的手段去完成；換言之，運用量化的技術去決定「性質分類」的標準，然後才可以實行定性分類。

地理資料的類化，雖然很常用到數理技術，但數理學家不一定獲得最佳的分類效果；地理資料的類化是為了「地理分析」的目的，只有具備地理素養的學者，才可以作恰當的地理分析。地理分析並不等於數據的整理，而是在某種特殊地理條件上所作出數據的整理。近年來由於電腦的地理資訊系統 (GIS) 的建立，很多人以為懂得 GIS 的處理技術，便可以不學一點地理知識而成為地圖學家、甚至地理學家，那是極錯誤的觀念。地理素養始終是地圖學者成功的第一條件，優良的製圖工具和技術只不過是使好地圖錦上添花，而無法令枯木生輝。

第二節　定性點的地圖符號

「點」，在數理上是空間中有位置而無數量者，所以地圖上點的機能，以定位為主，地理學稱之為**地點** (location or a spot of place)。故地圖上的定性點符號，代表某類地理資料所在的地理位置。

「點」的符號，在一般概念中，就是一小圓點。但地圖上的定性點符號，是多樣性的，其可以用任何型式表達，總之是一不代表量值大小的符號；而其不同的型式，正好表達該點所代表不同性質的地理資訊。

定性點符號可分成五大類：

一、幾何符號

「幾何符號」(geometric symbols) 指用幾何圖案構成的符號，通常是圓形、三角形、方形、菱形、星形與十字形等，但由此等基本幾何符號

發展出來的幾何符號便很多了，例如：空心的、實心的、重疊式、合併式、變換方向的、修正形狀的，也有立體的球形、方塊形或圓錐形等（圖7–2）。總之依據需求而使用，以能表達各所用的定點符號、足以顯示地理資料性質的差異為主要目的。

圖 7–2　幾何型的「點」地圖符號

　　幾何符號為極端抽象的符號，使用時必須用圖例以詳加區別。在同一幅地圖上，如需要用上多種幾何符號時，注意其中的差異，以免資料有被混淆的錯覺；尤其是這些點狀符號大都是很細小者，在視覺區別上有相當的困難程度，適當的處理，可以增加地圖的清晰度。例如，如果我們需要同時使用三角形、圓形、星形及方形四個符號，不宜全是實心的，更不宜全是空心的，因為其間的對比性差異不大；最好是用空心的三角形、實心的星形、交透心的圓形及對角斜紋的方形，則資料更多，也可一目了然（圖7–3）。

　　在某些主題地圖上，一些幾何符號已經約定俗成，應該當作常識而隨俗使用，例如在測量地圖或地形圖上的天文墩為★，三角點為△，地標為⊕；行政地圖上的國都為■，省會為◎，城市為⊙，鄉鎮為○等。因製圖者和讀圖者在這方面已有共識。

　　幾何符號除了常用的圓形、三角形及方形等外，在適當的時候，製圖者或可以創造一些幾何圖形，例如美國公路圖用「♡」來代表州際超級公路，就是一個極佳的構思。但創造切忌「標奇立異」，或有人會使用如圖7–4的符號，但都是最壞的表現，因為這些幾何符號固然與別處不同，但內容複雜難記，而線條雖多卻在地圖上不易凸顯。其實，在同一

幅圖上，不宜用上太多不同型式的點狀符號，以免地圖內容令人感到眼花撩亂。

地圖符號關係到美的選擇，有時相似的幾何圖形，在感覺上卻有明顯的優劣之別，例如附圖 7–5 為兩組相似的幾何符號，第一組通常比第二組有美感，為多數人所接受，宜優先採用也。

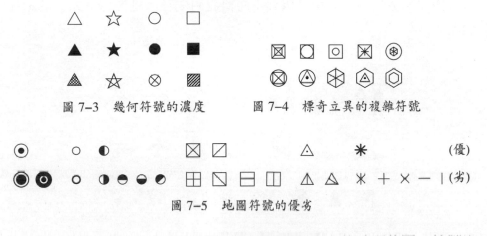

圖 7–3　幾何符號的濃度　　　圖 7–4　標奇立異的複雜符號

圖 7–5　地圖符號的優劣

點狀定性符號的主要機能是表達地理資訊所在的地理位置。繪製定性點時，應該把幾何圖形的中心盡可能置於相應的地點上；至於幾何符號的大小則沒有一定，因為定性點並不表達數量，但不宜太大致使人誤會為面狀符號，也不宜太小而無法凸顯其地位。如何去拿捏適當的大小，便要靠製圖者自己的感悟力了。

有關符號大小的問題，在地圖的原稿和成稿比例尺不同時應該特別注意。很多時候，製圖者為著易於精繪，把原稿畫得大一些，然後縮影製版，結果在原稿上優良的定性點，在成稿時便因線條太細、形面太小，而變成劣質的定性點。這些常見且易犯的錯誤，只要小心一點，作事先縮影測試，便可避免。

二、圖畫符號

圖畫符號 (pictorial symbols) 指用簡化的象形圖畫作為定性點地圖符號，讓讀圖者可以用看圖會意的方式去了解地理資訊的性質。這種圖

畫符號用於兒童用或世俗性目的的民眾用地圖上是合適的，因這種直接
表達式的象形圖畫符號，就等於上古初民社會的象形文字，為重要的思
想溝通的工具（圖 7-6）。又如生活用的地圖，也應利用圖畫地圖符號，
以增強讀圖者對該地圖的「生活體驗」。有些地理學者以為用圖畫符號製
圖，會貶抑其作為地理學者的學術地位，這是極錯誤的觀念，因其不明
白「地理就是生活」的現實概念，而自我封閉在「地理科學家」的象牙
塔內。

圖 7-6　圖畫性的地圖符號

近年臺灣提倡「鄉土地理」，其意念應該落實在「地理生活化」的層
面上，使人從「鄉土地理教育」而認識他們的「生活空間」，進而愛護他
們的「生活環境」。在這方面，應從社會上最「基層」做起，所謂社會的
最「基層」，指知識水準較低的民眾，而最重要的是初入學的「幼年學
童」；圖畫符號所製成的地圖，對他們而言，更有親切感（圖 7-7、圖
7-8）。

在另一方面，也應從社會上最「低層」做起，所謂社會的最「低
層」，指在有意或無意之間，漠視或藐視「生活環境秩序」的人士。他們
或許自以為是受過高等教育的知識分子，或有財有勢的名流官紳，但在
社會生活道德上，卻屬低級的「下流人物」，例如名貴汽車到處違規停
泊、斑馬線上不禮讓行人。若在「市區交通地圖」上，把規定地點以「拖
車」或「市虎」等圖畫符號來表達，或可產生阻嚇作用，或漸漸發揮潛

移默化的教育機能。畢竟，人對圖畫的感受力，遠比抽象符號來得更加強烈。

　　旅遊地圖是另一種重要的「生活地圖」。用圖畫符號來顯示各旅遊點的特殊風貌，更能吸引遊客的興趣去使用地圖、安排行程。

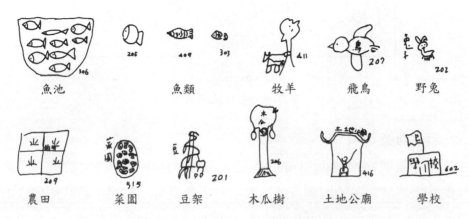

魚池　　　　　魚類　　　　　牧羊　　　　飛鳥　　　　野兔

農田　　　菜園　　　豆架　　木瓜樹　　土地公廟　　學校

圖 7-7　兒童創作的鄉土性地理符號

圖 7-8　兒童創作的鄉土地理圖

　　逛百貨公司及大型購物中心，是現代都市居民生活的一部分。簡明的貨品分類位置圖又是另一種生活地圖（圖 7-9），圖畫符號亦可派上用場，尤其是圖中男女廁所及公眾電話的位置，便非用圖畫符號不可。

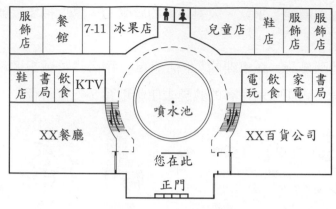

圖 7-9　生活地圖舉隅

三、意象符號

意象符號 (associate symbols) 是一種介乎抽象性的幾何符號和象形性的圖畫符號之間的地圖符號，其主要特徵是可以聯想出符號所隱含的意義，等於中國文字裡的會意字或指事字。例如▰表示陡坡，✕表示古戰場，▨表示石油田，⚲表示教堂等。一般而言，這類意象性的地圖符號可以依製圖者的特殊要求而「聯想創製」、獨出心裁，以使地理資訊的特質得到充分的表達；而「圖例」記註則不可忽略，因為製圖者「有意」而讀圖者卻未必「知心」，二者不能溝通，則所成的地圖便失去了其媒介的價值。

戰場	古蹟	廢墟	墳墓	教堂	佛寺	堡壘	燈塔	工廠	賭場	殘障人
電力	礦區	石油	機械	農機	成衣	橋	醫院	書店	音樂	遊玩地

圖 7-10　意象性的地圖符號

有很多意象符號已被國際間的製圖學者所沿用，一般來說，這些都是地圖學者們的智慧結晶，如果沒有特殊的原因，大可直接採用，但若有特殊需求或更佳的表示法，也不必墨守成規，可以另創新的意象符號，

只要有明確的圖例記註即可，如附圖 7–10 為常用的意象符號。

四、文字符號

文字符號 (lettering symbols) 指直接用文字或文字代號來表達地理資訊所在的位置，例如「煤」、「玉米」等表示煤和玉米的產地，然而這方法僅宜用於極不精確的略圖。懶人或許喜歡這種文字符號，因其可省去圖例，但其缺點甚多，如：定位不明確、易與地圖上其他記註混淆不清、閱讀困難等。

傳統的歷史地圖常用文字符號，尤其是當群雄割據的時代，相互間沒有明顯的疆界領域，如楚、漢、三秦、匈奴等字樣，已足夠表達相關的形勢，在地圖學上不失為權宜之計；然而，大多數中國歷史學家似乎極端缺乏「空間概念」，這種型式的地圖應負一點責任。現代還有不少此類的歷史地圖，可能由於歷史學家接受地圖學訓練的機會較少。地理為歷史的舞臺，不讀地理而想讀好歷史，難矣。

五、顏色符號

顏色符號 (colored symbols) 指上述的各種地圖符號再配上不同的顏色，使定性點的應用更為簡易和有效。原則上，定性點符號的使用，以符號形狀為優先考量，不同顏色則為輔助性質。例如⚡為電力站的常用符號，可以黑色的⚡代表以煤為原料的火力發電符號，藍色的⚡代表水力發電符號，而紅色的⚡代表核能發電符號。

廣言之，顏色符號的概念也可以用於單色地圖上，我們可以利用不同的線條或網點，使原有的定性點符號產生多樣性的表達效果。例如上述的三種電力站，在資料相同的單色地圖上，不必使用三種不同形狀的符號點來表達，而可以⚡代表火力發電，⚡代表水力發電，⚡代表核能發電；也可以用〇代表火力發電，◎代表水力發電，而●代表核能發電。

由於定性點的機能為定位，其所占的面積細小，故在一幅以定性點為主的地圖上，基圖的設計以最簡明的線條為原則，以能表現各定性點的分布型態為目的。

第三節 定性線的地圖符號

一幅地圖中的符號，除了點子之外，還有很多的定性線，其中有大部分是屬於基圖，例如經緯線、海岸線、行政界線、河流和道路等，這些基圖資料甚至可能是定性點用以定位的依據。因此，對定性線的處理，比定性點更基本。

定性線的特徵，就是以線形地圖符號來表達線狀地理資料的性質和定位。原則上，線是由許多的點所組成的連續圖形，所以定性線雖然不表示數量，但線的表達有「延長」的含義，這是與點最大的不同處；故在地圖上定性線相交會的情況很普遍，這是考慮使用定性線的地理符號時必須注意的地方。簡言之，選用各種定性線符號去代表不同性質的地理資料時，符號的對比性應較強烈，例如附圖 7–11 的兩張川陝甘的氣溫圖，B 圖所用的符號顯然地比 A 圖的效果優勝很多。

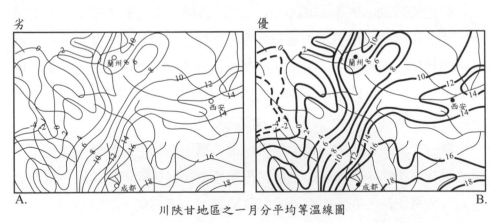

川陝甘地區之一月分平均等溫線圖

圖 7–11　地圖符號性質的凸顯

定性線基本上可以用任何型式繪成，以下分成三大類討論：

一、單線

單線 (single line) 是指：定性線以一簡單的線狀符號型式來表達地理

資訊的特色和位置。這種線最常見的是簡單的「實線」，也包括「虛線」
和「點線」。一般來說，實線表示地理資訊的連續性和實存性，如海岸
線、交通線、經緯座標線等，地區的範圍區隔也多用實線（圖7-12）。

虛線也表達連續的意味，
隱喻著時空斷續的現象，例
如：河流通常都用實線，但間
歇河、地下伏流則常用虛線表

圖 7-12　線狀的地圖符號

示；又公路常用實線，但計劃中或修建中的公路則用虛線；航空線通常
也用實線，但航海線則慣用虛線，可能由於飛機的速度快，使人感覺上
較沒有斷落感，所以在飛機航線的起落點間用實線，且多為直的實線，
但港口與港口間的航海線則多是彎曲的虛線，以表示船隻有隨波起伏的
不定感。虛線的長度，一般反映斷續性的長短，故計劃性的公路用長虛
線，而修建中的公路則為短虛線。此外，虛線相對於實線而言，傾向於
次要的地位，例如山徑或步道常用虛線表示，因其為次要的交通線。

點線與虛線相同，在符號含意上比虛線傳達了更為不定的現象。例
如：城牆、公園外圍等若不用實線表示，可以改用虛線；但對於一片林
地的邊界，則用極細碎的虛線或點線為適宜；又如網流中不定河道、國
家間的未定界、工程計劃中的幾條未定路線等，點線仍然是最常用的符
號。點線在地圖上的顯現程度較低，有人或以較顯著的符號點來組成點
線，例如 +++++++、。。。。。。。。，但這是不大妥當的嘗試，因為容易使
讀圖者產生「許多個體的定位點成行排列」的誤會，但如用較大的點子
如••••••••或••••••••••則可，但亦得視其在全圖中的角色而定。

單線符號除了形狀的不同外，還有一重要的變數為線的寬度。線條
寬度的改變，在數學觀點上雖然屬數量的變化，但在地圖符號含義上為
性質的差異；換言之，地圖上性質較重要的地理資料用較寬的定性線，
以便使其在讀圖時易於覺察，例如：超級公路比一般省道為寬、省道又
比鄉道為寬。在另一方面，定性線的寬狹在同一連續線中出現，也代表

地理資料性質的改變，例如：一條河流有時全線寬度不一，上源較狹，愈向下游則愈寬，由線的寬度，便知河水的流向。

　　現代繪圖工具都用繪圖針筆，筆頭可以更換，且有不同的直徑大小，由最小的 0.08 公釐至最大的 1.80 公釐，多是德國製造的牌子，美國製的則用英制的「吋」為口徑單位。筆頭的大小決定了線的寬度，也可決定點子直徑的大小，使用上非常方便。附圖 7–13 為各種筆頭所繪成「點和線」的標準圖規，以便於繪畫前選擇使用。

　　理論上，虛線和點線皆可有寬度的差異，但其用法不像實線般普遍，即在同一幅地圖上，很少同時用數種寬度不同的虛線和點線；因為寬度太大的短線段式點符號，容易使人誤會為獨立的定性點和其他符號的組合也。

0.08	0.40
0.10	0.45
0.15	0.50
0.20	0.60
0.25	0.70
0.30	0.08
0.35	
0.40	0.90
0.45	1.00
0.50	1.10
0.60	1.20
0.70	1.30
0.80	1.40
0.90	1.50
1.00	1.60
1.10	1.80
1.20	2.00
1.30	2.50
1.40	3.00
1.50	3.50
1.60	4.00
1.70	
1.80	
1.90	
2.00	

圖 7–13　點線符號標準
（單位：公釐）

二、雙線

　　雙線 (double lines) 是指：用兩條並排的線作為一個定性線符號。使用雙線的原因，是為了表達呈平行線型的地理資料，如：鐵路、公路、橋樑、圍牆、運河等人為建設。這些平行雙線，只宜用極細的線條，而且二線之間的寬度亦以極狹的型式繪製，盡量使讀圖者不至於誤會為兩條線。當然，上述的道路可以用一條較寬的單線繪製，但或因較寬的單線另有用途，或因雙線更能凸顯道路的重要性，於是選用了雙線；尤其是在大比例尺的地圖中，力求資料的精細準確，雙線更能表達該地理資訊的真實性。雙線不一定是平行線：一河流的兩岸不是平行的；公路也

不一定平行，尤其是彎路兩側的弧度常不一致，路面寬度轉換之處也不平行。

另外，也有人使用寬度不同的雙線，但這種線條除了作為圖廓外，不宜作為定性線的符號，因其容易被誤會為兩條不同性質的線條並排出現。然而，有些不必太精確的意象性地圖，例如旅遊圖，製圖者或許為了凸顯海灣中的水陸部分，而以粗線為海岸線，一條或數條細線並列以表示海水部分。所以在實際作地圖編繪時，製圖者對符號選用，有很大的自由（圖 7–14、圖 7–15）。

有時為了增加雙線的緊扣性，在雙線之間加上一些符號，把雙線連成一體，性質上可當作單線使用；但其為獨特性很強烈的單線，故使用時應該小心，須注意各種不同的地圖資料在地圖上所占的角色，以免某些次要的地理資訊，由於地圖符號錯誤選用，而容易使閱圖者混淆重點（圖 7–16）。

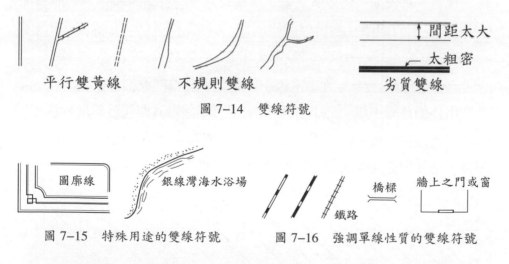

平行雙黃線　　　　不規則雙線　　　　劣質雙線

間距太大

太粗密

圖 7–14　雙線符號

圖廓線　　　銀線灣海水浴場

鐵路

橋樑

牆上之門或窗

圖 7–15　特殊用途的雙線符號　　　圖 7–16　強調單線性質的雙線符號

雙虛線常與雙實線並用，以表達階層性不同的資料，例如現有公路用雙實線，而未完成的公路則用雙虛線等。雙虛線也很常被用於山徑、隧道等低階層的地圖資訊符號。雙點線則極少被使用，一者由於其沒有明確的指示特性，二者由於雙點線在繪畫上比較困難也（圖 7–17）。

圖 7-17　性質略有差異的雙線符號

三、複合線

　　複合線 (complex lines) 指由兩種以上的符號所組成的線。這種定性線通常是當作單線符號使用，但其與實線和虛線最大的不同，是含有斷續、站點和導向的意義。

　　斷續性複合線由長線及點符號組合而成。長線多是實線，也可以有寬度上的不同，以配合地圖符號的定性需求；而點符號除了小圓點外，或有用簡單的 ＋×＋ 等，盡可能避免太複雜的點符號，如○△□等已經很少被選用，其他則更不必說了。另外，用小文字作點符號，可以把該線的性質一併表達，例如煤氣管、電話線路、有線電視網路等，而省卻了圖例。對於斷續性複合線的使用，有些線符號已有了共識，例如 ——·——·—— 、 ——··——··—— 等多被用以表達各級的行政界線，而 ——×——×—— 、 ——＋——＋—— 等則常被用作籬笆或其他障礙物，——－——－—— 則多被用作道路的中線。當然，這些符號也可以代表其他性質的地理資訊，只要附上圖例即可，但效果是否良好，全視其在全圖中能否和其他符號配合，這便要靠製圖者的地理素養和審美眼光了（圖 7-18）。

圖 7-18　複合線符號

　　站點性複合線亦由線及點符號組合而成，點在線上將特別呈現出站點的性質。這一類定性線符號適合作為交通線，每一個點的符號就是實

際站點所在的位置，此外如地下排水道的維修豎井、電路變壓裝置、無
線電收發站、圍籬的樁柱、測量的三角點等許多地理資訊，都可以利用
站點式的複合線來明確地表達（圖 7-19）。

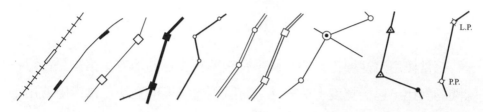

圖 7-19　有站點含義的複合線符號

　　導向性複合線是由線及導向性的三角形點符號組成，線條可以是連
續性的或分段性的，而三角點符號的型式也很多樣化。其最大的特徵是
可以明確地利用三角形的指向而表示地理資訊有動態的含意。例如圳道、
排水渠、商品集散情況、人口移動、通勤通學、交通系統等。線與點符
號的寬度可以隨意縮放，視其在圖上的重要程度而定，為一種相當靈活
的定性線（圖 7-20）。

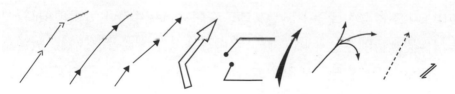

圖 7-20　導向線符號

　　特殊的複合線指特殊設計的複合線型符號，以表達某種特殊的地理
資料。這類地圖符號原則上可由製圖者自由設計，以配合地圖上的有效
使用，但如圖 7-21 中的符號，大都已是約定俗成的表示法，仍以沿用
為佳。

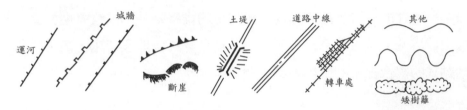

圖 7-21　特殊意義的線符號

　　每當使用定性線符號的時候，有幾點應注意的地方：第一是注意各線間的對比，包括寬度上的對比、符號視覺強度的對比。當考慮使用不同階層對比性的定性線所代表的地理資訊時，一般基圖性的資訊如行政界限、海岸線、經緯線等，都用對比強度較低的符號，使主題性地圖符號有凸顯的機會，如前附圖 7-11 所示。

　　第二是注意各線間相對緊密程度。若兩線距離甚遠，則對比強度可以不必太注重，只用簡單而可分辨的地圖符號即可；但如兩線距離甚近，甚至平行排列，或交錯存在，則對比強度便應該特別加強，以免地圖資料有混淆之弊，例如國際換日線與 180° 經線之別，如前附圖 4-6 所示。

　　第三是注意定性線的連續性。這一點，在正常情況下、單一符號的使用上，不會發生問題；但當某地理資訊在過程中產生變異現象時，其後續性便應特別注意。例如一條公路由高速公路轉為省道或縣鄉級道路，或在公路中段有修建、計劃中或隧道等變異因素；又例如國家之間的未定界；乾涸的間歇性河道。在定性線的選取上，通常都採用原實線符號暫時虛線化。但也有一些地理資訊是在中途完全中斷的，例如都市中的排水渠系統，有時在極短的距離間的兩地，便分屬兩個不同的排洪體系，在製圖時應特別注意。

　　第四是注意某些定性線是呈閉合曲線存在的，例如等高線、等溫線、等雨線、等壓線等。這些成組的等值線，是絕不相交的閉合曲線組，可以用相同的定性線符號表達，也不至於有混淆之弊。然而，我們有時看見等值線也會使用不同的定性線符號，那是特殊狀況，例如附圖 7-22 的

一組等高線，等高距為 10 公尺，但為了閱讀上的方便，每 50 公尺的一條等高線用寬度較大的線條表示，使讀圖時也可以只看較粗的 50、100、150 的等高距組合，這種情況尤以在坡度較陡的地區更覺方便。 相反的，有時我們會在正常等高線之間發現一些虛線，也是等高線，只不過其等高距不是正

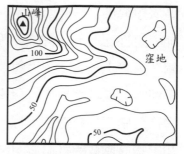

圖 7–22　閉合曲線（高峰與窪地）

常的 10 公尺，而是 5 公尺，稱為「間等高距」，當某地區的地勢平緩，為了使地形起伏有更準確的表達，便用上了間等高距。此外，等高線組中，通常是小圈比其外圍大圈的地形較高，但有時卻有某小地區出現小窪地的細小閉合曲線，為了避免讀圖者誤會，這些代表窪地性質的等高線，便附加一些複合點，來作定性的區別。

有些獨立的定性線也呈閉合曲線狀，例如國界、公園界及主題地圖中特定「區域」外限，都是閉合曲線；當繪畫閉合曲線時，盡量注意到其真正的「閉合」，以免產生誤導。這一點實為多餘，因為大家都知道，只要繪圖時小心一點便可以避免這類問題，但偏偏這是最常犯的缺失；一位優秀的製圖人，一點也馬虎不得，或可說是「製圖的道德」。

第四節　定性面的地圖符號

一幅地圖所主要表達的是「面」的狀況，而不是「點」或「線」的狀況。因為地圖是一地區的反映，地區本身就是一個「面」，「點」與「線」只是「面」中某些特殊定位而已。地理學研究的主題，常著眼於區域差異也。

很多時候，一幅地圖只由許多點或線組成，而沒有「面狀」地圖符號，這並不表示地圖無面，而是全幅地圖為相同性質的面，例如地形圖全是陸地，海圖全是海水，行政區域圖同屬一國或一省。就算是簡單的

區域差異圖，一條明顯的界線，已經把「面」的含意表達出來，不必再加上定性面的地圖符號，例如圖 7–23 為臺灣海峽福建及臺灣兩大地區圖，事實上是有中華民國臺澎金馬地區與中國間的區域差異，有臺灣島與海洋的區域差異，有福建省與周圍浙贛粵各省的區域差異，但這些差異都可由定性線功能所替代了。然而，這些行政界線不足以把臺澎金馬和中國此兩政治實體作明確的區分，故在臺澎金馬地區，加上了面狀的定性符號。

　　但當一幅地圖上包括一個希望凸顯的主題面時，我們便需要使用定

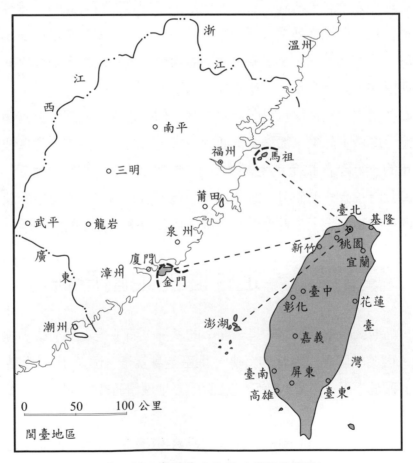

圖 7–23　定性線與定性面符號的運用

性面的地圖符號了，例如圖 7–24 為榜
納心狀圖中希望呈現中國在世界的中
心位置，故特別以淡網點表達各洲陸
地，全黑色表達中國，使出現中國、
陸地、海洋三種差異的區域。

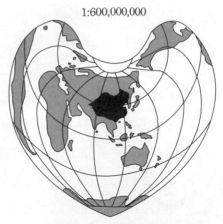

1:600,000,000

　　當一幅地圖由許多不同性質的地
區所組成時，定性面的地圖符號便必
須使用，以茲區別。面狀符號實際上
是由點或線，或點線並用所組成，故

圖 7–24　階層性面狀符號的運用

以組成的常用符號為基礎，分成下述幾種面狀符號；而這些常用的面狀
符號多為預先印製，以便使用。

一、網點符號

　　網點符號 (dotted pattern) 指由小圓點所組成的面狀符號。點子的大
小及密度此兩變數，使網點的種類非常豐富。如附圖 7–25 所示，第一
排的網點為每英寸 27.5 行，第六排的網點則為每英寸 80 行；每行中，

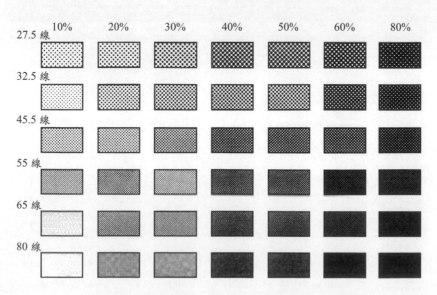

圖 7–25　網點地圖符號——每平方吋的線條密度

點子的大小形成黑白兩色在比例上的差異，愈往左側的，黑色點的比例愈少，愈往右側則漸變為黑底的白點。每一網點面都在視覺上有不同的感受，可以是量的差異，但也可以是質的差異，例如任意選取其中的兩種 10% 的 27.5 線與 80 線，或 55 線的 10% 與 50%，或 27.5 線的 20% 與 80 線的 80%，都是極不相同的定性面。

　　網點型式除了如上列規則的網格圖案外，也有同心圓狀排列的、依點子大小而漸進式排列的、或在點子大小和位置方面都是不規則排列的，每一種皆可用以表達特殊的意義。所以網點的選用方法豐富而自由，製圖者在實際使用時，不妨多作對比試用，依地理資訊的性質差異及其在地圖上的相對區位關係作為考量的基礎，找出最美觀的搭配（圖 7–26）。

圖 7–26　漸變式網點符號

二、網線符號

　　網線符號 (linear pattern) 指由線條所組成的面符號。網線符號除了用直線外，也有用波紋線、同心圓線、直交線、斜交線等許多不同型式，線的寬度與密度同樣使地圖符號多樣化，為我們提供豐富的選擇（圖 7–27、圖 7–28）。

　　網線符號與網點符號之間的最大不同，是網點的整體分布呈平均狀態，比較適宜作較大面積的面符號，而網線則用有恆向的性質，導致視覺上容易被引導，尤以寬度大而橫排或直排的平行線為然，故不適宜用於大面積，而斜紋亦以左下傾者較為「順眼」，這是美學測試統計的結

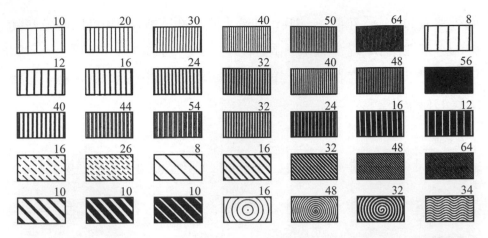

圖 7-27　網線地圖符號——每平方吋的線條密度

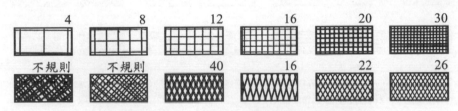

圖 7-28　網格地圖符號——每平方吋的線條密度

果，以作為選用網線符號的參考。

　　無論如何，在一幅面狀分區圖中，全用各種網線符號，效果最差，因讀者既受線條的恆向性引導，眼球必須經常轉動而感疲乏暈眩；同時網線的濃度差異不顯著或特別顯著，不是具備「美感」的地圖要求所要求者；而且，區域與區域之間的界線也是線狀符號，使讀者在區域差異的主題上感覺大受影響。

三、符號網

　　符號網 (symbolic pattern) 指由特殊的符號所組成的面狀符號。這些符號可以是各式各樣的幾何形狀，可以是相連的，也可以是分散的；可以是規則的，也可以是不規則的；有的是由二種或以上的幾何點或線組成的，也有的是由點與線合組成的，樣式極多（圖 7-29）。然而，在地圖的使用上，符號宜清簡務實，能適當地表達區域差異為要務，不必在

面符號方面太過「花俏」，尤其是地圖上除了面符號外，可能同時還有其他的「定性點」和「定性線」重疊存在，此外基圖資料亦不可忽視。製圖學者可以盡科學家的精美，不必效藝術家的狂狷，因地圖始終是一種「美的科學」。

圖 7-29　特殊網紋面符號

　　面狀定性符號的目的是把區域的性質在地圖上表達出來，尤其是要把幾片性質差異的區域作明確的呈現，所以在定性面符號的使用時，應該注重「符號」與所表達地理資訊的特性間的關係，下舉各例都是一般製圖學者慣用的優良符號，可多「體會」和「選用」，畢竟，製圖學者仍是以具有優異的地理素養為首要條件。

　　為了使區域差異能在地圖上明顯地呈現，除了注意面狀符號含意外，符號的密度也很重要，尤其是在相鄰的區域上，宜使符號在密度或視覺濃度上造成較強烈的對比關係。因此，在選取最後決定使用的符號前，多作測試，以求完美。

　　區域除了性質的差異外，也有面積大小的差異。為了使面積小的區域也有機會表露其在地圖上的地位，一般原則上是以色澤較淡的網點來表達大面積的區域，以密度大的網點或網線來表達小面積的區域，尤其

是重要的小面積區域，如沙漠中的綠洲，實為全區域中的精華地點。但如地圖中有些無關重要的小區域，或應採用「地圖概括化」的方法先予資料合併，以免圖面資料被割裂得太過細碎，而顯得雜亂，失去區域差異的地理原意。

面狀定性符號的使用，還有一點應注意的地方，就是使用統計資料時，應該多運用「地理知識」對資料的判別和修正。例如附圖 7–30 農業統計資料是依行政區而統計出的，但行政區卻有明顯不宜農作的山區及適宜農作的平地之別，故若直接繪製成圖 7–30A 將與實際的「地理現

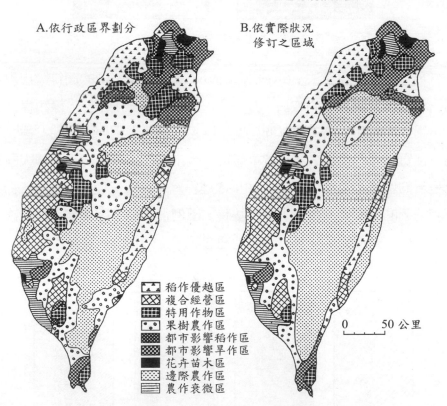

1990年臺灣農業類型區

A.依行政區界劃分

B.依實際狀況
修訂之區域

稻作優越區
複合經營區
特用作物區
果樹農作區
都市影響稻作區
都市影響旱作區
花卉苗木區
邊際農作區
農作衰微區

0   50公里

圖 7–30　修訂的定性面資料，表達區域地理特性
資料來源：陳憲明 (1994)，《國立臺灣師範大學地理研究報告》21 期

象」不符，而根據地理條件而作成修正的圖 7–30B，則更能表達所謂「地理素養」，兩圖資料相同，但品質上就有天壤之別。

　　有時會有區域部分重疊現象，也可以利用面符號性質不同來處理。一般而言，處理的方法有兩種：第一種是「**齒嵌法**」(intersect method)，即兩種不同的面符號在重疊地區作等比例或不等比例的互相交錯鑲嵌，如附圖 7–31。

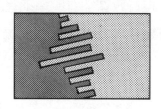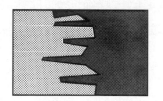

圖 7–31　網紋面符號的交錯使用法

　　另一種是「**重疊法**」(overlap method)，即兩種不同的面符號出現在同一地區。這種重疊的方法，以使用「點和線」為最佳，「線和線」次之，用「大點與小點」則其間差別不明顯，容易發生混淆，而被誤會為另一性質不同的區域，面符號重疊後，也不能加上界線，以免讓人誤以為是新的區域，如附圖 7–32。如果處理得宜，有時三種符號重疊，仍然不減地圖的清晰度。在使用重疊法時，圖例很重要，因切勿使讀者誤會那重疊部分是代表另一類特殊的地理資訊。

網線　　網點　　網點　　網點　　網線　　網線　　　界線

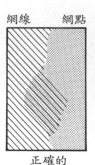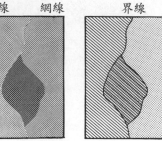

正確的　　　　　不正確之重疊會產生第三區的錯覺

圖 7–32　網紋面符號的重疊

第五節　顏色的定性符號

　　前述定性點、定性線、定性面等符號，都是以單色地圖為討論基礎；在多色地圖上，上述的符號皆可以「入色」，使表達的素材更加豐富。

　　然而，在顏色和符號差異的比較上，顏色的差異在視覺程度上比符號的差異來得強烈，物以類聚，種以群分，所以在多色地圖上，應該以顏色的差異性作為「定性符號」的第一選擇標準。換言之，紅點與藍點，一般視其為完全不同性質的點，而紅大點及紅小點，一般視之為同類而性質稍異的點也。因此，若有兩組或以上資料群，先以顏色分大類，再以該色的符號分小類，則全部地理資訊性質便系統分明矣。

　　在多色圖上，區域重疊的部分，只宜用齒嵌法，而不宜用重疊法；顏色重疊之後所產生的第三色，例如藍黃重疊呈綠色，既不藍、也不黃，為「新的形象」，並不表達區域重疊之意；但也並不是絕對不能重疊處理，例如紅色網點區與黑色細網線區的重疊部分，也很明顯地表示出重疊的意味，只要製圖者特別小心注意即可。

MEMO

第8章
地圖的定量符號

地理資料除含蘊不同的性質外，也含有數量上的差異，而此等不同數量的地理資料，也可以在地圖上用定量符號來表達；但由於數量的變異性很大，所以一般言之，定量地圖比定性地圖的處理困難、複雜得多。

定量地圖處理的第一步，是把所搜集到的地理資訊進行「量化統計分級」，然後把量化分級所得到的統計結果，轉化為分級地圖符號的指標，之後才能繪製定量地圖。

在處理資料量化的過程中，有直接在地圖上完成的、有純在統計方法上完成後才移植到地圖上的。是以本章分為定位計量、分域定量、變形定量等三節來討論。然而如此區分章節只是為了在解說時將其系統化，實際上沒有必然性、更無分割性，運用時應互相支援，才可獲得最佳實用效果。

第一節　定位計量

地圖符號的目的之一，就是用符號把地理資訊在地圖上的位置確定下來；在地圖的定性符號一章所討論的，是地圖符號含有定性的功能，而本章所要討論的，是地圖符號含有定量的功能。在定量地圖上，每一地點都給予「量化的地圖符號」，使讀圖時可以直接了解地理資訊在數量上的分布。

定位的地圖符號而又含有定量的功能，可以用不同的方法表達，以下依次討論：定量點、等值線、暈瀸及暈渲、分層設色及分級面量等五

大類。

一、定量點

　　地圖上的點，最主要的功能是定位，如果這些定位點是含有「量之性質」，就成為**定量點** (quantitative dots)，用定量點所繪製的地圖，特名為**點圖** (dot map)，這是地理學家喜歡應用的一種簡單的地圖。圖上有數目不定而大小不一的點子，每一點子代表一種的數量，而點子的分布位置，也表達了量化地理資料的分布狀態。

　　點圖有三大優點：第一是點子實際表示了地理資料的數值，因為每點既然代表一特定的數量，若把此定量單位乘以點子的數目，便可得到實有的總數，例如在人口點圖中，若每點代表 200 人，總數有 100 點，則全區便有 2 萬人；若每點改為代表 100 人，則全區需要 200 點；又若每點僅代表 50 人，則全區便需要 400 點，才可以表達 2 萬的總人口。然而，定量點並不妨礙點子的定性特徵，因為點子本身只是點子，可以是人口的符號，但也可以是每點代表 20 戶農家，或 5 畝耕地，或每人每月 3 萬元平均收入；只要有明確的圖例便可以了。

　　點圖的第二種優點是容易繪製，只需要取得各單位地區內的地理資訊統計資料的總值，便可以決定在該單位地區內應繪上的點子數目。

　　點圖在地理學上最重要的優點，並不是易於繪製，也不是可以表達地理資訊的數量，因為實際上沒有人去計數點圖上究竟有多少點子。點圖最能表達的是地理資訊的空間分布型態那兒是集中分布？哪裡是零散分布？一目了然，尤其配上基圖資料，許多複雜的地理關係，都會在簡單的視覺下呈現。例如一幅臺灣人口點圖，都市人口、西部平原人口、東岸人口和山區人口，不是都可以從簡單的點子數目及分布現象反映出來嗎？

　　點圖雖說是易繪易讀的地圖，但我們亦常常看見許多質素很差的點圖，所以繪製一幅優良的點圖，仍然有特別應該注意到的技術問題。而這所謂點圖技術問題，實際上是源於地理的原則問題：第一是點子的大

小與數值及其與地圖的比例尺問題，第二是點子的定位與基圖特性的相互關係問題，以下列點說明。

（一）點子的大小與數值

例如前舉一例，若一地區有 2 萬人口，而其人口點圖是以每點代表 200 人，則圖上需要 100 點；如果每點僅代表 100 人，則圖上有 200 點；若每點代表 50 人，則圖上應有 400 點。在相同面積的圖紙範圍上，分別點上 100 點、200 點、或 400 點，所得到的效果差異是可以預期的，但究竟那一個點子的數值才是最佳的選擇呢？

在另一方面，點子是用繪圖針筆一點一點地點繪在地圖上的，繪圖針筆有不同的大小筆頭，點成直徑大小不同的點子；400 點大點與 100 點小點，在視覺上也有極不相同的效果，但究竟點子的直徑以怎樣的大小才是最佳的選擇呢？

Ross Mackay 在 1949 年於《測量與繪圖期刊》第九卷發表論文，設計了一個幫助選擇合適的點子大小和數值的算選圖，但該圖是用英制計算，為配合我國的公制運算單位，該圖經筆者依理修正如附圖 8-1，以便於使用。

本算選圖上方及右方一列圖記 (tack mark) 及數值乃點子的直徑，由這些圖記與算選圖左下角的原點所連成的一組放射線，代表了各種不同直徑的點子在地圖上所能表達的狀況。算選圖下方的橫座標 X 軸上的圖記，代表每平方公分的點子數，故若在其中某圖記點引出一垂直 X 軸的直線，而與點子直徑的放射線組相交，便可由交點在圖上的位置來判別點子大小與數值的相對關係所表達的密度狀況。例如附圖上的 A 點表示用直徑 0.7 公釐的點子在 1 平方公分的面積內點上 100 點時，點子間的距離在 0.025 公釐至 0.050 公釐之間。一般而言，點子間距離約在 0.040 公釐時，出現平均分布的狀況；而愈靠近上限的 0.025 公釐的鄰接曲線時，點子鄰接得愈緊密；若恰在 0.025 公釐的曲線上時，則每點子之間便鄰接成一塊；若在線外時，則表示點子之間已經有重疊的部分，反映

部分資料的喪失。此外，圖的縱座標 Y 軸上的圖記，表示點子在 1 平方
公分的單位上所占去的黑色面積百分比，稱「點子濃度區」(aggregate
area)，故 A 點的平均濃度約為 50%，這一狀況請參閱第 7 章第四節網點
符號及圖 7–25。

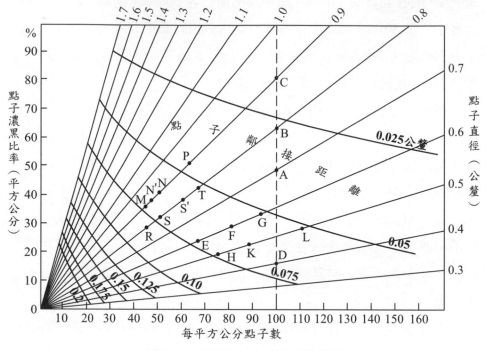

圖 8–1　點子大小與密度的算選圖

同理的，B 點的密度也是在 1 平方公分的面積內有 100 點，但因點
子的直徑較大為 0.8 公釐，故點子之間的距離便較小而接近 0.025 公釐的
鄰接曲線，點子平均濃度
也升高至約 62%。C 點的
密度也是在 1 平方公分的
面積內有 100 點，但因點
子的直徑為 0.9 公釐，故
點子之間的距離在 0.025

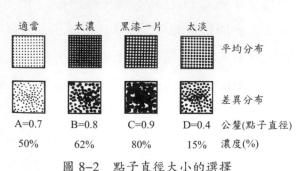

圖 8–2　點子直徑大小的選擇

公釐以下，點子平均濃度升至 80% 以上，這在實際繪製上不可能達成，因整個區域的點子重疊部分太多而呈黑漆一片。D 點的密度也是在 1 平方公分的面積內有 100 點，但因點子直徑較小為 0.4 公釐，點子的平均距離約為 0.075 公釐，點子的平均濃度為 15% 以下。因此，位於兩條鄰接曲線中點位置的 A 點，其所指示的點子直徑大小應是較合理的選擇，可以反映地理資料在點圖上的一般平均狀態（圖 8–2）。

事實上，地理資料很少有平均分布的現象，究竟以理想的平均狀態而選取的 A 點是否真正使全圖幅獲得滿意的效果？我們可以利用地理資料在算選圖上先作測試，然後才決定「點子的大小和數值」。方法是在要點繪的地圖上選取三個能代表地理資料密度不同的區域，依據比例尺而計算出其在圖上單位每平方公分的密度為若干點，三代表區分別是圖上的稠密區、平均密度區及稀疏區，然後試以此三種不同的密度值在 X 軸上作引線，分別與代表點子直徑大小的放射線組相交，觀察各放射線，若發覺在某一放射線上三交點都落在相鄰的兩點子鄰接曲線範圍內，如附圖 8–1 上 E、F、G 三點，則 0.6 公釐的點子直徑當為理想的繪圖點子，也是一理想的選擇點子數值。

但若在圖測上發覺沒有三交點落在相同的一鄰接曲線區內時，選取有兩點在同一區、第三點最接近該區的放射線來決定點子大小，而點子數值可依中等密度點的移動而找出較佳的點子大小及數值的理想關係。例如附圖 8–1 上的 M、N、P 三點，可以 0.9 公釐為點子大小，但點子數值則以 N′ 的每平方公分 45 點代替 N 的 50 點，以便把稠密點的 P 拉入相同鄰接曲線區內。同理的，也可選取 R、S、T 三點，而以 0.8 公釐為點子直徑，但點子的數值則用 S′ 的每平方公分 60 點代替 S 的 50 點，以便把稀疏區的 R 拉入相同的鄰接曲線區內。

有時稠密區和稀疏區的差異太懸殊，如附圖 8–1 中的 H、K、L，我們可以使用 K 點的平均密度每平方公分 90 點作為點子數值，用 0.4 公釐的點子直徑來代替三點同線的 0.5 公釐點子直徑。

　　總而言之，上述的選點方法，都可以用極小的 1 平方公分的方格去試測，以最直覺的審美眼光去判斷；原則是稠密區仍在點子鄰接曲線以內，則點子雖然稠密，但卻不至於重疊，至於稀疏區則稍可不必顧慮。這樣的測試，有時必須進行若干次，務求獲得既已「合理」又「美觀」的滿意效果，但所花費的時間和精力絕不會浪費，因為必可找到一個最理想的點子大小和數值的配搭，使點圖成為「優秀的作品」。

　　當選擇了適當的點子大小及數值後，才利用這每平方公分的點子密度去計算每點代表多少地理資訊的數量。這步驟似與一般習慣不同，但是正確的。例如我們知道某一地區的人口有 120,000，土地面積為 25 平方公里，即每平方公里 4,800 人，而要在 1 : 200,000 的比例尺圖上作點圖。首先計算 25 平方公里在 1 : 200,000 的圖上有多少平方公分的圖面積，故 25 平方公里 / $200,000^2$ = 6.25 平方公分。

　　而在 6.25 平方公分的圖幅上有 120,000 人，即每平方公分有 120,000 ÷ 6.25 = 19,200 人，現因用算選圖找到此地區的人口分布狀況應該以每平方公分 100 點的 0.6 公釐點子為最適合，故每點的代表值為 19,200 人 ÷ 100 = 192 人。然而，通常在點圖上，點子的代表數值都以易於計算的「整數」較佳，故成圖數值是每一 0.6 公釐直徑的點子代表 200 人，全圖共有 120,000 ÷ 200 = 600 點（圖 8–3）。

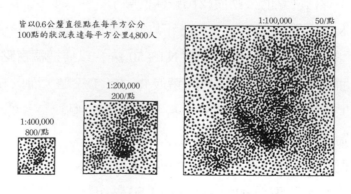

皆以0.6公釐直徑點在每平方公分
100點的狀況表達每平方公里4,800人

1:100,000　　50/點

1:200,000
200/點

1:400,000
800/點

圖 8–3　點子條件相同的圖

比例尺的改變，影響點圖的效果很大，例如相同的人口資料要在 1：400,000 比例尺的圖上作點圖，則 25 平方公里的面積只有 1.5625 平方公分的圖幅，平均每平方公分為 120,000 ÷ 1.5625 = 76,800 人，即每點 768 人，故可選用每點代表 750 或 800 人，全圖有 160 或 150 點。又如改在 1：100,000 比例尺的圖上作點圖，則 25 平方公里的面積有 25 平方公分的圖幅，平均每平方公分為 120,000 ÷ 25 = 4,800 人，即每點為 48 人，故可選用每點代表 50 人作為最後的點子數值，全圖有 2,400 點。

由上述的三張不同比例尺的點圖上，點子的條件是相同的以 0.6 公釐為直徑，在每平方公分圖面積上有 100 點，但表達出的資料的分布狀態並不相同：比例尺愈小，點圖的點子所代表的地理資料數值愈大，故顯得圖的內容簡略；反之，大比例尺圖的每一點子代表的地理資料數值小，顯得圖的內容複雜。比例尺對點圖之相對影響，可謂不容忽視。

圖 8–4 的 A 是依 1：400,000 原圖直接放大的，點子的直徑亦同時放大，在 1：100,000 的圖上，點子看起來太大。B 是依 1：100,000 原圖而縮小的，點子的直徑亦同時縮小，在 1：400,000 的圖上，點子看起來太小。點子太大或太小，都是點圖的缺點，由此便可以直接體會到。通常點子直徑以 0.3 公釐至 0.8 公釐為多，尤以 0.4 公釐至 0.6 公釐為最佳。

（二）點子在圖上的定位

在地圖的定性符號一章，我們曾指出地圖上的點最重要的含義為「定位」，「點」在地圖上代表「地點」的性質。為了獲得正確的定位，理論上，理想的點圖的比例尺要夠大，則每點所代表的地理資料值便較小，甚至可能做到每點代表一單位地點的正確性。但大比例尺的定量點圖有兩大缺點：第一是圖幅太大而點子太小，不易表達量的現象，而且不易表達較大範圍的地區內的地理資料；第二是點子之間的位距疏離，不易表達地理資料的空間分布型態。附圖 8–5 為三幅比例尺不同的地圖，圖幅的大小相同，但所能涵蓋的範圍相差很大，在 1：5,000 圖上只能表示 1：10,000 圖的四分之一的部分，或 1：20,000 圖的十六分之一的部分。

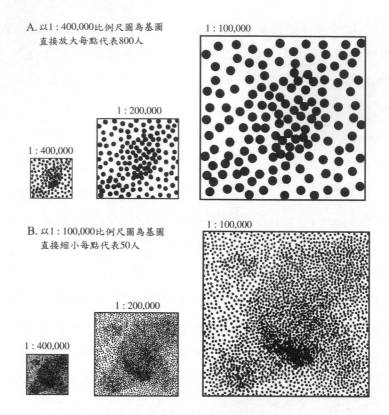

A. 以 1：400,000 比例尺圖為基圖
直接放大每點代表 800 人

1：400,000　1：200,000　1：100,000

B. 以 1：100,000 比例尺圖為基圖
直接縮小每點代表 50 人

1：400,000　1：200,000　1：100,000

圖 8-4　點子大小與比例尺的關係

在各圖上的每一點都代表一家便利商店的地點，在最大比例尺的 1：5,000 圖上，便利商店的分布非常均勻；在 1：10,000 的圖上，已經有較明顯的區域差異；在 1：20,000 的圖上，則可以看見便利商店的分布在全市內與居住用地相結合，其密度亦與居住人口成正比，但在中央商業區 (CBD) 則缺乏；這是一種實際的分布情形，但卻不能在其他兩幅圖中表達出來，而這也正是地圖所要顯露的地理功能。

　　然而，在小比例尺地圖上，很多時候不能用一點的單位值代表一，應用一定量點去代表幾個不同而相關的位置，那便是定量點的「定位」問題。簡言之，以一定量點去代表數個不同地點的總和，乃是「地圖概括化」的技術；原則上，為了使概括化後點子的「位置」能夠代表其所概括各點的全部位置，所選的定量點定位以在各原點間的「**重心**」

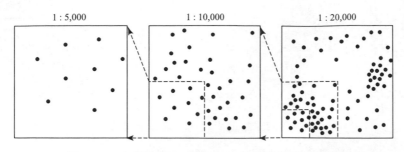

圖 8-5　適當比例尺選取才可表達資料的地理性

(gravity center) 位置為最佳。如圖 8-6，先把原圖的各點依所需求而「**群**
分」(grouping)，然後每 3 點選其重心點作為概括圖上新點的定位。

不過，當繪製點圖時，大多數不
是由繁雜的點圖概括化而成，而是在
決定點子的大小和數值之後，在基圖
上直接定位。所以製圖者必須對基圖
的含義與點子的含義間相對關係透徹
了解，以便幫助決定點子的正確位置；

圖 8-6　概括選點的重心定位

除了在點圖上的基圖資料外，也要參考有關的其他基圖，如：地形圖、
土壤圖、土地利用圖、市街圖、氣候圖，及各式各樣的主題地圖。點圖
品質好壞的影響因素中，製圖者的地理素養占很重要的地位，應該在分
析各種綜合的地理條件後，能作出定量點定位的最佳決定。

換言之，地理資料有時是有誤導性的，製圖者可以運用地理素養而
使地圖更正確地反映事實。例如在一個普通的行政區中，人口密度常產
生城鄉差異，當考慮到地形圖、聚落圖、土地利用圖等相關資料後，行
政區域或可假設地分成兩區或更多區，如圖 8-7 的 A 區的面積占全面積
45%，但卻僅含有全人口的 10%，B 區 25% 的面積有 20% 的人口，而 C
區則以 30% 的面積而容納 70% 的人口，這雖然是估計出來的結果，但
在點圖上卻很有意義，此經修正的點子定位分布情形或稱「條件分布」。

 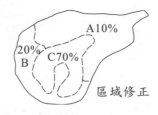 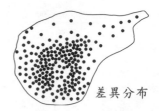

平均分布　　　　　　　　　　區域修正　　　　　　　　差異分布

圖 8-7　點圖資料的區域差異修正

　　利用最小的統計區域的界線作為點圖的基圖資料，是最有效的點圖繪製方法；一般而言，鄉里等行政區劃的縮小圖乃是極佳的基圖，如果配上幾條有區域控制性的等高線，效果將會更佳。繪製時，點子不必直接點在基圖上，以免基圖的線條太多，喧賓奪主而妨礙點子的表達力。我們可以使用透明的描圖紙或塑膠片為點圖紙，置於基圖之上，則可以透過圖紙而利用基圖的資料，點圖繪畢後，圖紙上只有區域外限、經篩選而必要的基圖資料及點子，則完成後的點圖便清晰明麗。

　　當利用小行政區界線作點圖的基圖時，繪圖者常犯一個正常的心理錯誤，就是把「界線」錯誤的看成為一「粗重的實體」，在點子定位時，不知不覺地避免靠近界線，故當成圖而把基圖撤離後，點圖上在原有界線的位置便出現一條無點子的無形界線。相反

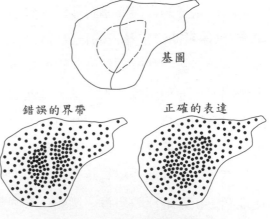

基圖

錯誤的界帶　　　　　　正確的表達

圖 8-8　點圖的基圖界線誤導

的，也不可以故意將點子沿線排列而形成條狀或串狀型式，或其他規律性的情況（圖 8-8）。

　　當一小區域的點子分布出現已知集中而後擴散的型式時，點繪時以先在集中區著墨為佳，然後依各種相關條件而擴散，各點子定位以隨機 (random) 選位為佳，不論是集結抑是散布，皆不宜使點子有規律化的感

覺，全幅點圖始能獲得「圓滑之美」的好印象。

上述的點圖，每一點子皆代表一定量的地理資料，稱為「**定量點圖**」(quantitative dot map)。另有一種點圖，每一點子只代表地理資料總數的百分比者，稱為「**百分比點圖**」(percentage dot map)，這種點圖的作法首先是把全部地理資料用統計的方法化成一百分比表，然後用 100 點，或 100 的倍數如 500 點、1,000 點等去代表整個資料數值，則每一點子所代表的不是 50 隻牛，而是 1/100、0.2%，或 1/1,000 全區的「牛群」。固然，牛群的總數為一定量，牛群的 1/100 或 1/1,000 也是一定量，但百分比點圖卻強調區域之間的百分比的比較。至於百分比點圖中點子的大小與定位的方法，與定量點圖一般無異。

二、等值線

地圖上實際可由無數個「具有特殊定量的點」所組成，把量值相同的各點連成的「平滑曲線」，稱為**等值線**。換言之，等值線通過的位置，在地圖上含有定位及定量的意義。

等值線只是一個「通名」，因為該線代表「值」的「性質」的不同，而分化為地圖上許許多多特殊的等值線 (isarithmic lines)，例如：**等高線** (contours)、**等溫線** (isotherms)、**等壓線** (isobars)、**等雨線** (isohyets)、**等深線** (isobaths)、 **等時距線** (isochronens)、 **等語線** (isogloss)、 **等震線** (isoseismal) 等。假如你以某一種特殊的統計資料，製成等值線地圖，你也可以「創造」一個等值線的新名詞。總而言之，一條等值線通過的地點，一定是在某特定情況下為同性質而等量的。

等值線圖使用的地區有一共同的特徵，就是某特定性質的地理指標在該地區內有「量的漸變趨勢」，而等值線圖的目的乃是利用「成組的系統等值線」把量的漸變趨勢表達出來。故等值線是成組出現的，成組的等值線中每一條等值線都有其特定的數值，而相鄰的兩條等值線的量值差就表示變化的「地理現象」。通常在等值線圖上，等值線密集的地方表示變化情況大，等值線稀疏的地方表示變化情況小；而所謂疏密，乃是

相對的量的變化，而不是絕對量的改變。

　　等值線的量值都是由統計數值而來，不同的等值線由於其所代表的性質上的差異，統計方法也不一樣。例如等高線及等深線是用大地測量方法所得的統計數值，等溫線及等雨線是用氣象觀測儀器所得的統計數值，等語線是訪查某種方言，由核心區向外擴散的使用率而得的統計情況，而等時距線是由某地點開始駕車，若干分鐘所能到達的距離為統計資料。由此可見各種等值線的量值的形成，皆依獨特的統計基準。然而這些統計基準可以約略區分為兩大類：一類是「固定的」，例如等高線的測量基準是不變的，某地高程是 358 公尺，就是高於測量基準面 0 公尺之上 358 公尺的高度；另一類是「臨時的統計基準」，例如前述的等時距線，由臺北車站出發或由師範大學出發離開臺北市，或在上午十時或下午五時由臺北車站出發，都會形成兩張完全不同的等值線圖（圖 8-9）。

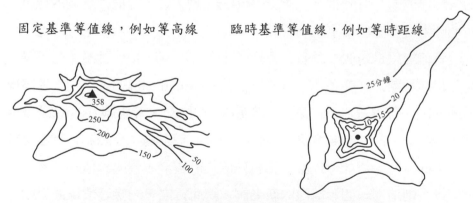

固定基準等值線，例如等高線　　臨時基準等值線，例如等時距線

圖 8-9　等值線的統計基準

　　地理資訊統計資料數值多是不規則的，但等值線的數值卻是有規律的，故等值線是由製圖者依據統計資料修編而成的，修編的過程運用了「合理的估量法」；意即如果有兩個不規則的統計資料點，我們假設其間量的差異是「均質性的變動」，才可以在其間找到規律的合理定位。例如在 32 公尺和 42 公尺這兩測量點之間，必然有 35 公尺和 40 公尺這兩個

高程點，但這兩點的位置實際在那裡？理論上是無法去確認的，除非這兩測量點之間為一均質的斜坡，則那兩估計的高程點便可以用合理的比例距離計算出來（圖 8–10）。

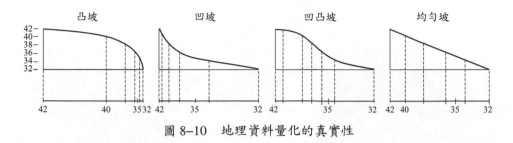

凸坡　　　凹坡　　　凹凸坡　　　均勻坡

圖 8–10　　地理資料量化的真實性

根據統計資料可在地圖上定下了許多定位點，每一定位點同時也含有一統計的量，每兩點之間有量差；我們假設每相鄰兩點之間都是均質，則依照上述的比例距離法，圖上除了原有的統計資料點外，也產生許多合理估計出來的點；這些新點有一特性，其所表達的「量性」都是依製圖

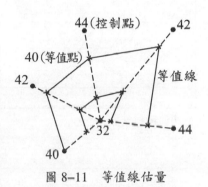

圖 8–11　　等值線估量

者的要求而有規律性。例如我們在附圖 8–11 中，就以每 5 公尺作標準而得出許多新點，把相同數值的各點連接起來，得到 35 公尺、40 公尺、45 公尺的各等高線。 一般說來 ， 絕大多數的等值線都是這樣估量出來的，原有的測量統計點稱為「控制點」(control point)，估量的新點稱為「等值點」(isarithmic point)，等值點的量是假設兩控制點間為均質狀態而估量出來的（圖 8–11），所以其值不一定是「實際值」(actual value)，故稱為「導來值」(derived value)；導來值的誤差大小，是我們應該注意的，通常控制點愈多而相距愈近，導來點的誤差愈小。附圖 8–12 的圖 A 只有 20 個控制點所導出的等高線圖，看不出是什麼地形，但若如圖 B 控制點增加至 100 點，河谷和山陵線便很清楚了。故控制點的多寡，影響等值線圖的正確度。而大比例尺地圖因可容納較多的控制點，比較正

確，尤其是由大比例尺圖縮繪成較小比例尺圖，等值線經過合理概括化，較易顯示等值線的分布特性，比使用較少控制點在小比例尺圖上直接所製成的等值線精確得多。

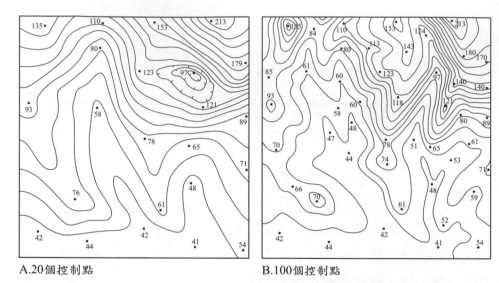

A.20個控制點　　　　　　　　　　B.100個控制點

圖 8-12　　控制點數量與等值線精度

　　點子的連線是直線，許多點子連結成的等值線組，就成為許許多多直線線段湊合，使讀圖者有機械化的枯燥感覺，但如果把等值線稍作修繪而成平滑曲線，則有地圖概括化的效果。近年來，地圖學界流行電腦製圖，機械只知閱讀控制點的資料，進行計算，找出導來點，並把導來點連結成等值線，但那些是許多短直線，電腦不懂得將其概括化為平滑曲線，所以優秀的製圖人才仍然是重要的，並非一般電腦程式員所能替代。若利用電腦的編繪速度來製成底圖，再用經驗豐富精巧的人腦修繪，應是最佳產品（圖 8-13）。

　　大比例尺等值線圖是相當精確的，甚至可以用以計量，土木工程及建築工程便利用大比例尺的地形圖來修橋整路、整建地基，區域設計人員 (land planner) 也是大比例尺地形圖慣用者，所以地形圖被譽為國家基本地圖。地理學研究也常以地形圖為基礎素材，以進行實察或作為概括

基圖的原始資料；一般旅行活動，如有詳確的地形圖協助，則別有趣味，
其實那就是我們最熟識的等值線圖。

電腦點陣圖　　　　　　　　電腦曲線圖　　　　　　　　平滑曲線

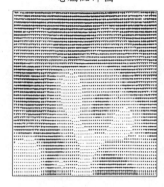 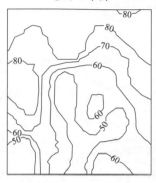 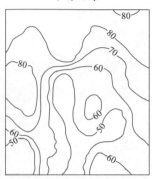

圖 8-13　平滑曲線

A.天氣圖上的等
壓線表示颱風（
熱帶旋風）的形
成

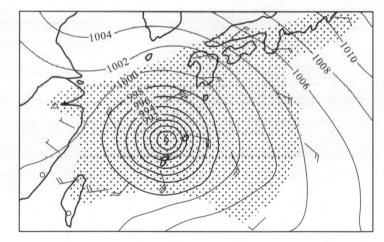

雨區

風向風速

B.亞洲 250公釐
年等雨線範圍內
為漠地

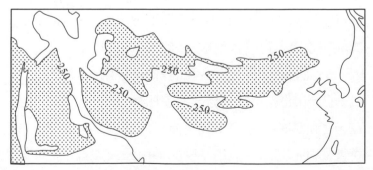

漠地

圖 8-14　等值線的應用

　　小比例尺的等值線圖，目的不在其精確度，而是在圖上領略到大空間中某種地理現象的分布形勢。例如附圖 8-14 的圖 A 為一熱帶低氣壓，其已具有形成颱風的威力，有向中國沿海侵襲的趨勢。又如附圖 B 為亞洲的年雨量分布圖，由此可知為什麼蒙新地區稱為「漠地」(desert)、而農業人口集中在東南半壁的多雨區。

　　等值線圖上每一條線都代表一定的數值，必須明確地加以註記，以茲識別及協助對地理資訊在量方面的認識。但很多時候，我們只看見註記在少數等值線上出現，這是因為等值線之間的值差是相同的，為了簡省地圖上記註的負荷，故只記整數主線，其餘的可依等值距而數算。例如在地形圖上，因等高距為 10 公尺，故僅註記 100 公尺、150 公尺、200 公尺、250 公尺等，而其間 110、120 等各條皆省略。通常，在等值線圖上，主值距線都用寬度較大的定性線符號（圖 8-15）。

　　等值線之間的值距 (interval) 不一定要相等，有時為了增加圖的清晰度，只選取少數含有代表性意義的等值線；意即若僅反映地理現象的分布形勢，便採用概括化的方法來編繪不規則值距的等值線圖，在這情況下，每一等值線都必須有明確註記。小比例尺的等值線圖多採用這種方法，如附圖 8-16。

　　由此可知，等值線圖的變異性很大，題材也很廣闊，給予製圖學者很大的發揮空間。其實，地理就是生活，地圖可以成為日常生活的一部分，不一定要地理學者或地圖學者才可以畫地圖，任何人都可以因了解地圖而製作地圖。例如我們可以購買一張市街圖，找到自己的家居地點所

圖 8-15　等值距

在，了解圖的比例尺，利用簡單的圓規，以家居為圓心，作每 500 公尺直徑的同心圓組，並用不同的顏色筆或圖釘，把公園、戲院、便利店、菜市場、巴士站、餐館、圖書館等與日常生活相關的地點標示出來，就

完成一幅屬於你私有的「社
區生活等值線圖」，這對孩子
們的環境教育尤有實質的意
義（彩頁 II 圖 8–17）。

三、暈澹及暈渲

暈澹 (hachune) 是常見
於地形地貌起伏的定位計量
法，以光線投射在地面上的
強弱為依據，用粗細及長短
不同的暈線和間隔不等的空
白，以顯示坡度的變化。故
多用作地貌的表達方法，而
且曾在 19 世紀為最流行的
地形圖描繪的型式。一般而
言，坡度大的地方受光量少，
以較粗短而密的線條表示，
坡度小的地方受光量多，以
較細長而稀的線條表示，線
條或可以依坡度的傾斜方向
而作模形處理。

暈澹的繪製可以配合等
值線來了解並進行，因等高
線的密度就反映地形的坡
度。換言之，可以一等高線
圖作基圖，上覆以透明的繪
圖紙，在兩等高線間，依二

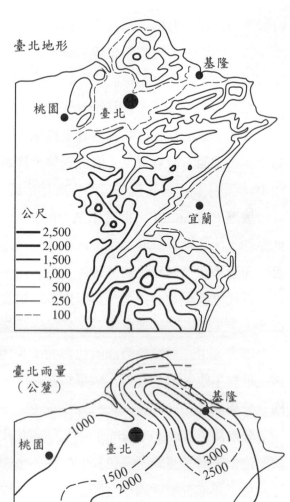

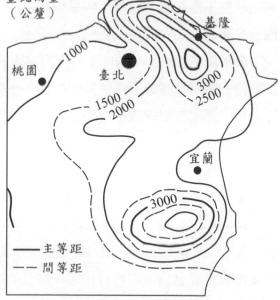

圖 8–16　不規則的等值線圖

者的距離，分出許多大大小小的正方格，每格有 3～5 條，方格小則線條

自覺粗短而密，方格大則線條乃細長而稀（彩頁 III 圖 8–18）。

在暈滃法中，可假設光線為垂直射入，表示地貌的傾斜狀態相當正確，也可假設光線由圖左上方以 45° 角斜射，則受光面的線條較稀而細，背光面的線條較粗而密，用於表示山脈的走向及一般地形起伏狀態較佳。

暈滃法並沒有一較明確的計量標準，除了表示一定的立體感外，缺點不少，例如：繪畫費工、暈線密集、掩蓋地圖上的其他資料等，所以在 19 世紀末期以後，已被等高線的地形圖所替代，很少採用。

暈渲 (gradation) 又稱**陰影法** (shading) 乃用深淺不同的色調來表示地面的起伏狀態，原理和暈滃法相同，只是暈線的粗細疏密改為墨色的濃淡而已，即受光面強的部分色淡而背光面的部分色濃。

近代電腦製圖的技術，可以把等高線資料變型成暈滃及暈渲，省卻很多人工，所以又再被重視；但是暈滃或暈渲，皆僅作基圖性質用，在多色圖中，用一種顏色最淺的色彩如淡棕色，淡綠色或淡灰色等，作為襯托地圖主題資料的背景，效果相當良好。

四、分層設色

分層設色 (layer coloring) 是等值線的另一表達法，即在相鄰的等值線間塗上不同深淺或不同色調的顏色，來顯示各區域面的量的差異。分層設色主要依有規律的一組配色層次來呈現量的漸變程序，因而出現立體的效果。

一般言之，依光照規律，多採用數量愈大，顏色愈暗的原則，以使表示數值大的地區凸顯出來，但也有恰巧相反的，視等值線所代表的性質而定。例如等高線代表地形的高低，多採取高度愈高色澤愈暗的原則，因為人對高地較敏感；又如等壓線及等雨線等的分層設色，都採取這原則；但若是等溫線，則恰好相反，高溫的熱區用淺淡色調，而低溫的寒冷區用濃暗色調，因人對寒冷的低溫較敏感。

上述所謂明暗，是指單色的同類地圖符號而言，例如網點符號，點子的直徑愈大，色調愈暗；單位面積中的點子愈密，色調也愈暗，請參

閱圖 7–26。如果是網線，亦以
線的寬度愈大而色調愈暗，單
位面積中線的密度愈大而色調
愈暗。通常是網線符號比網點
符號為暗，而網格符號又比網
點符號為暗（圖 8–19）。

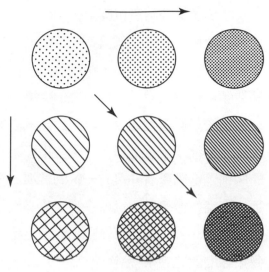

圖 8–19　面狀符號的明暗比率

　　其他還有很多定性面符
號，除了虛線面符號有時會被
採用作介乎網線和網點之間的
定量面符號外，其他的面符號
很少用於定量圖上，因其不易
表達其在「量」方面的位置。

　　至於在色彩方面，紅黃藍黑為四原色，黃色為最淺的色調，綠色由
黃藍混成，視覺上位於黃藍之間量的位置，橙色由紅黃混成，視覺上位
於紅黃之間量的位置，紫色由紅藍混成，視覺上比紅、藍值量的位置還
要暗，而黑色網點加於上述任何一顏色，都可以使其明暗度增加。這些
基本的色彩量譜知識，是使用分層設色彩圖時應有的概念。

　　由於定量地圖常有正數及負數的出現，故定量面符號也呈兩系列性
漸變的分層設色；這種兩段式分層設色，在地圖學者之間似多有習慣性
的共識，故可依例沿用。例如在單色的地形圖上，網點代表高程，而水
平網線代表深度，若高程的網點面符號不足夠，可由網點面進展為斜紋
網線或網格，而避免使用水平網線，尤其是避免使用水平虛線網，因其
特別代表高程中的低窪水體。

　　在多色分層設色圖上，也有這些慣用法。如在地形圖上，陸地高程
部分採用綠黃橙棕系列，很少用到紅色；等深部分則採用藍色系統，網
點、網線或二者兼用均可，近海岸線的第一段等深部分，應用最淺藍色、
甚至白色，以示對陸地作明顯的區分。

　　在等溫線分層設色圖中，0°C 等溫線應為一明顯的分色系統界線，通常以藍色系統作為低溫系，黃橙紅色作為高溫系，很少使用綠色的。在等雨線分層設色圖中，黃橙色系代表乾燥少雨，而藍色系代表多雨，其他顏色很少使用（彩頁 IV 圖 8–20）。

　　至於氣候區則比較複雜，因為氣候區的劃分依據溫度、雨量、地形等許多定性及定量的指標，這些指標各有不同的分色體系，甚至呈相反的序列，地圖學者亦沒有一定的習慣。筆者建議暖溫帶至熱帶用橙紅序列，涼溫帶至寒帶用綠藍序列，乾燥地帶用黃色序列，高地區域用灰色即黑網點序列，如此可兼顧定性與定量；讀者亦請多作試驗，或許能找到更好的設色體系。

　　分層設色中「層」的劃分，亦有如等值線「值距」(interval) 的劃分一樣，可以是有規律的等距，也可以是不規則的不等距，依據地理資料的特徵及製圖目的的需求而定。

五、分級面量

　　分級面量 (choropleth)，顧名思義是一個以「面」為統計單位的製圖法。理論上，地理資訊都附著於地上的「地點」，以「點」定位；然而，製圖者可以將許多定位點的統計資料集合在一起，進行「群」(grouping) 的概括化方法，變化成若干「均質的面」，因此每一面就是一新的統計單元區域，單元區域之間的量的差異性，乃可以作進一步的量化分析，而成就分級面量。

　　理論上，點是「有位置的質」，而卻是「無內涵的量」的，故一純粹的「地點」，根本就「不是東西」。事實上，地理學者眼中的地點，很多時就是「區域」，為一「大點」，是有「區位」的。這些「大點性的區域」作為一地理單元或單位，因被假設為內部均質的明確範圍，才可以既「定位」（區位）而又「定量」（分級面量）。

　　面量指某一特定面積內所含有的「質量」，面積是固定的，而量則可以有多或少的變化。換言之，這就是單位面積內密度的數學概念，這一

點應該很容易明白。例如說太平村人口密度為每平方公里 158 人，並非
這些人都聚居一房子內，也不是平均散居全村，而是可以代表村子人口
的面量，當我們把「面量」用地圖來表達時，是把整個村子的面積範圍
當作一定位點來定位。

　　一片廣大的地區由許多小單位地區所組成，每一較小單位地區都對
某種地理資訊有一面量，製圖學者首先把這些面量統計數字進行分析而
分級，然後才可以依據分級面量而製成分級面量圖。分級的標準沒有一
定的法則，是一種統計技術與地理資料互相配合而決定；分級指標的優
劣，直接影響到地圖是否能表達「分級面量」所反映的區域差異功能。
而如何找尋優良的分級指標，製圖學者的地理素養為重要條件。

　　分級面量在地圖上用「定量面符號」來表達，原則上和分層設色的
定量面符號是一樣的，但實際上分級面量圖和分層設色圖有一基本的差
異：分層設色圖主要是顯示區域內的「漸變趨勢」，各定量面符號在視覺
強度上也呈和諧的遞變層次；但分級面量圖主要是顯示區域差異，所以
在選擇定量面符號時，不妨稍為「誇大」，使讀圖者能容易地察覺面量的
統計資料。圖 8-21B、C 都是依據 A 的統計資料編繪而成的，C 部分就
呈現較明確的區域差異現象，完全是由於定量面符號在選取上的不同。

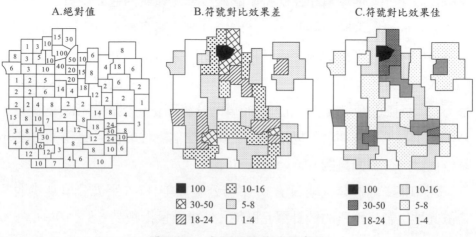

圖 8-21　分級面量符號的應用

　　分級面量圖涉及區域面積的問題，為免在分級定量的過程中產生錯覺，有幾點應該特別注意的地方。第一是統計單元區域的面積愈小愈佳，因可獲得較精確的和較多的數值，以便在分級時減少誤差。圖 8-22 的一組統計資料與圖 8-21 是在相同的地區，但統計單元區域的面積約為圖 8-21 的四倍，故成圖在感覺上便很粗糙。然而，也不宜採用太細小的單位面積，而製成複雜而細碎的分級面量圖，因太細小的面在視覺上是「點」，根本不能表達「面狀符號」的特性。

　　第二是各統計單元區域的面積應該相差不大，否則以統計的地理資料數量除以大小不同的面積，所得出來的面量值便有很大的變數，或有可能歪曲資料的真相。附圖 8-23 的一組統計資料與圖 8-21 也是在相同的地區，但統計單元區域的面積或因受行政界線或其他特殊因素影響而有明顯的大小差異。由於最後用以分級的數值是統計數除以面積，若單元區域的面積差異太大，所得的商數或會出現不正常的現象，影響分級的判斷。另一方面，由於作圖時是以區域性的面符號為基礎，大面積的區域比小面積的區域在視覺上占了先天優勢，很容易形成分級面量圖上的錯覺。

　　一般而言，地理資料常受統計的單元區域的限制，尤其是縣、鄉、里等行政單元；地理資訊在此特定的假設單元區域內並非均質分布，但當作分級面量處理時，卻假定其為均質分布，與事實不符合。若統計單元區域的面積已經很細少，而且相當均勻，則所得的分級面量誤差不至於太大，尤以小比例尺的分級面量圖為然。但若統計的單元區域面積大小不一，而且基圖背景多樣化，則簡單的分級面量可能含有相當的誤差。為了減少誤差，製圖者可以先在地理資料作估計性的修正處理，然後再製作估計的**分級面量圖** (dasymetric map)。

　　例如某一地區有土地面積 10 平方公里，其中 6.5 平方公里為耕地，若依此地區為一均質的統計單元區域，分級面量指數為 6.5 ÷ 10 = 0.65。但實際上此地區有三種明顯的地理空間：估計約有 3.8 平方公里的林坡

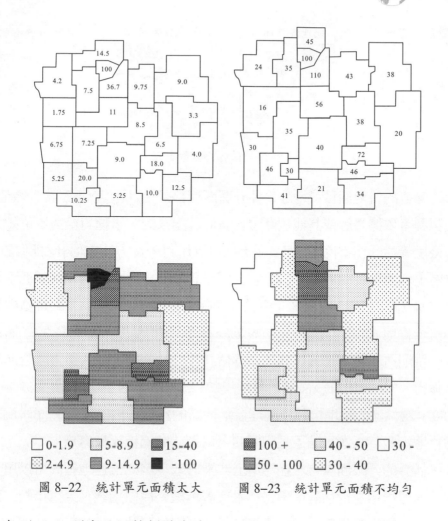

圖 8-22　統計單元面積太大　　圖 8-23　統計單元面積不均勻

地在西，4.7 平方公里的低地在中，1.5 平方公里的居住用地在東。居住用地中點綴了約 0.3 平方公里的零散耕地，故其耕地的分級面量指數為 $0.3 \div 1.5 = 0.20$，中部低地除了農宅及防風林外，約有 4.3 平方公里的面積為耕地，故其耕地的分級面量指數為 $4.3 \div 4.7 = 0.92$，而西部林坡地以林木為主，但也有約 1.9 平方公里的耕地，故其耕地分級面量指數為 $1.9 \div 3.8 = 0.50$（圖 8-24）。

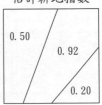

簡單耕地指數　　　地理條件面積　　　耕地分布面積　　　估計耕地指數

圖 8-24　估計的分級面量

　　上述的耕地面積或地理條件分區面積都是估計數值，不是統計數值，是製圖者依據讀圖或其他相關資料而估計出來的，這種對絕對單位如平方公里等估計相當困難；而實用上也可以用百分比方法來估計，即假設：全區土地面積為 100%，則林地約占全面積 10 平方公里的 38%，低平地占 47%，居住用地占 15%；又估計全區耕地面積為 100%，則林區中耕地占全耕地 6.5 平方公里中的 29.2%，平地中耕地占全耕地 66.2%，居住區中耕地占 4.6%，然後再利用此等估計百分比值和統計的數值聯合運算而獲得 「估計的分級面量的耕地指數」： $(6.5 \times 29.2\%) \div (10 \times 38\%) =$ 0.50，為林區的耕地指數；同理低平地區的耕地指數為 0.92，而居住區的耕地指數為 0.20，結果是相同的，只是估計過程比較容易。

　　估計的分級面量方法在應用上非常有效，例如上述地區尚可以用不同的地理指標進行估計，獲得林木覆蓋指數、戶口指數、人口指數、建地指數、交通量指數、用水量指數等，皆可以反映地理的區域特性。而如何決定估計結果的優劣，製圖者的地理素養為其中重要的條件。

　　附圖 8-25 與圖 8-22 的地區相同，統計資料也相同，但經過估計方法修正後所得的新圖，分級面量的界線突破了統計單元區域界線的規範，而趨於成為平滑曲線，而且與地理條件相配合，是比較真實的。

　　分級面量圖的成圖或有保留統計單元區域的界線者（如圖 8-25A），簡單的分級面量圖多採用之。如用此法，此等作為基圖資料性質的統計界線宜用極細淡的線條，以免妨礙「面符號」的表達能力。亦有利用透明繪圖紙來繪圖，成圖後把統計單元區域的界線撤去者，只餘下分級面

量區界及符號，如附圖 8–25B。

分級面量圖的型式類別很多，最常見的是密度圖，尤以人口密度圖為一種用途極廣泛的定量圖法。但當處理密度圖時，應注意到面積這一項變數，並不一定要用全面積。例如強調人口對土地的壓力，可用耕地及農民比例，或耕地與全部人口比例，但不必用全土地面積去計算，否則便易產生誤解（圖 8–26）。

有時在計量上根本不必考慮面積。例如我們若要評估某地的醫療服務，可以簡單地計算單位病床可服務多少人、多少人可擁有多少張病床，但若再除以行政單元的面積，則廣大無人居住地區與人口集中之都會地區除得的商數，將會產生極大的誤導。故成圖的優劣，最終還在於地理學的素養（圖 8–27）。

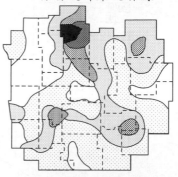

A.保留統計單元界線

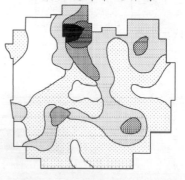

B.撤去統計單元界線

■ 100+ ■ 18-24 □ 5-8
▨ 30-50 ▨ 10-16 □ 1-4

圖 8–25　修正的估計分級面量

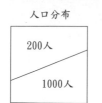
人口分布
200人
1000人

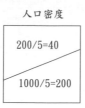
人口密度
200/5=40
1000/5=200

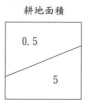
耕地面積
0.5
5

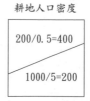
耕地人口密度
200/0.5=400
1000/5=200

圖 8–26　人口密度與耕地人口密度

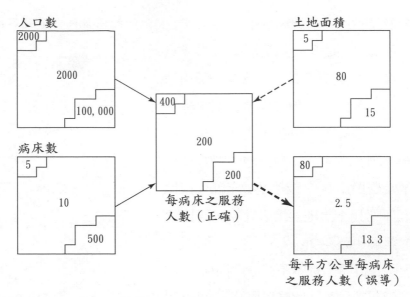

圖 8-27　統計方法可能的誤導

第二節　分域定量

　　前述的定位計量方法的重點在於定位、定量符號準確地和地理資料所在的地理位置相結合；但分域定量方法的重點不在於準確的定位，而在於「定量符號」的空間差異，而在「定位」方面，則採取相對考量的原則。

　　分域定量可以用不同的方法表達，以下依次討論比率符號、結構符號、曲線符號及向量符號四大類。

一、比率符號

　　比率符號 (graduated symbols) 法乃是利用地圖符號有規律比率的大小形狀，來表示地理資料數量上的變化。這些地圖符號不能是「點」，因為點子在理論上是沒有數量的，但實用上則可在同一地圖上使用大點及小點，並以製圖者的主觀規定來決定其所代表的量。此外，地圖符號本身就可以用以計量，因為這些地圖符號為有規律的「面」或「體」。

地圖符號的形狀，原則上是圓形、方形、三角形、橢圓形，或各種幾何形狀等，但以圓形為最常用，一者由於圓面積及球體都很容易運算，再者視覺上也比較美觀。

（一）簡單量點

簡單量點 (simple quantitative dots) 是指利用特定的大小不同的點子來代表不同分級的量。點子的大小與分級的量之間沒有數學上的比率，只是較大點子代表較大的量級，較小點子代表較小的量級，製圖者把所得的量值先以統計的方法分為若干合理的級別，然後隨意選取大小不同的點子分別代表量級；此處所謂點子包括圓點或方點等（圖 8–28）。

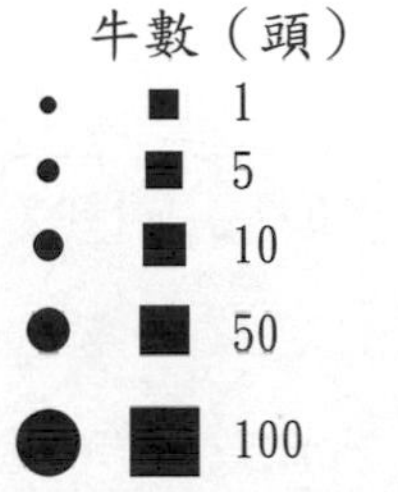

牛數（頭）

■ 1
■ 5
■ 10
■ 50
■ 100

圖 8–28　簡單量點

這種簡單的量點圖適合於有明顯分級的地區，只需要用最單純的少數分級量點，便可以表達全區的空間分布型態。

（二）距率定量

距率定量 (range-graded scaling) 指以有比率的線段距離作為分級標準的面狀符號，例如分級圓形的直徑長度比、分級方形邊長比或對角線長比等。讀圖者很容易了解各符號之間量的差異。

這種以距率定量的面符號，適合於最大及最小的數值差距並不太大的統計資料；原則上，數值差距愈小，可以用較大的距率。例如圖 8–29 中 A 型分級圓的距率依圓的直徑倍數而計算，而 B 型分級圓的距率依圓半徑的正切值倍數而計算，C 型分級圓的距率依圓半徑的正弦值倍數而計算，三者的分級距率是不同的，尤其 B 及 C 型是依正切及正弦的夾角而變。此外 C 型的距率差距較大，適宜用於統計資料表現差距不太大的地區，以此突顯其差異性。

為免圖例的繁雜，距率定量的各分級符號多投射在一總合的分級圖內，既可使圖例簡化，又利於比較，圓形、方形、三角形等都可以，而且在設計上沒有定式，可予製圖者發揮美學才能的機會（如圖 8–30）。

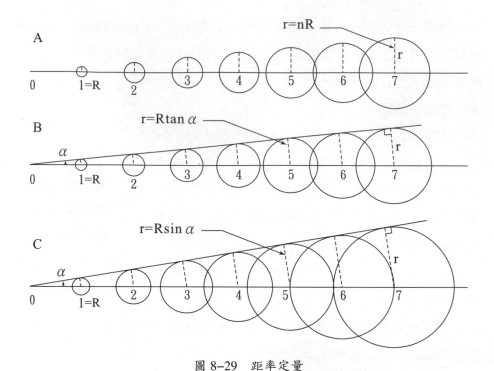

圖 8-29　距率定量

　　距率定量面符號在地圖
上定位時，以符號中心為定
位基點。範圍定量面符號有
明顯的輪廓線，若其涵蓋區
域有所重疊，線圈可以重疊、

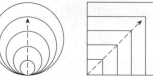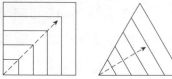

圖 8-30　距率定量的圖例

也可以不重疊，在不重疊時，通常是大圈止於小圈的外緣，而盡量保持
小圈的完整（圖 8-31）。

　　面符號也可以有色的面狀符號表示，如有重疊現象時，面符號當作
缺月形以便表達小面符號的存在，有時小面符號可能全在大面符號之內，
這是因為符號中心定位後，符號外圍可以跨越統計單元區域的界線（圖
8-32）。

　　距率定量圖是否需要保留統計單元區域的界線，視個別需要及圖幅
感觀而定，有的需要明確的相關基圖資料，有的則不需要。由圖 8-31、

8-32 中，分級圓圈加上區域界線，使圖幅有眼花撩亂的缺點；有色面符號又把基圖資料都掩蓋了，不見基圖資料、有虛浮不若地理圖之感，如果用點子及地名來代替界線，或用透視式的面狀符號，或許可以達到較佳的效果。總而言之，優秀的地圖學者，既要正確地處理地理資料，又要兼顧美感，為相當具有挑戰性的工作。

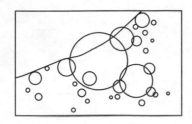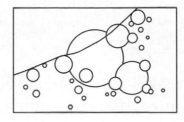

圖 8-31　定量面符號定位㈠

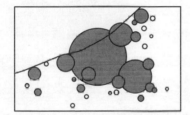

圖 8-32　定量面符號定位㈡

（三）面積比率定量

面積比率定量 (proportional areal scaling) 指面符號大小比率以符號的面積來計算（圖 8-33）。

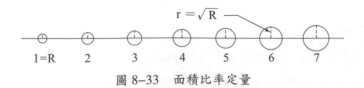

圖 8-33　面積比率定量

圓面積為 πR^2，圓面積的比較，就是圓半徑平方的比較，故若要畫兩個合乎一定比率的圓面積，就是以兩比率的平方根為半徑所作的圓。

方形面積為 L（邊長的平方），同理的，兩合乎一定比率的方形面積，是以該比率平方根為邊 $(l = \sqrt{L})$ 所作的方形；三角形情況亦相同。因此，面積比率定量法又名為**方根法** (square root method)。任何一個數值的平方根皆比該數值為小，故面積比率定量圖與距率定量圖的原理相同，只是面符號之間的差值概念不同而已。

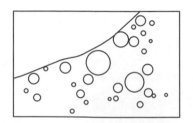

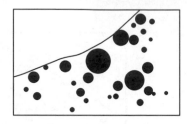

圖 8-34　定量圓的定位

　　圖 8-34 的資料與圖 8-31 及圖 8-32 是相同的，但以圓面積比率作圖與用距率作圖，表現不同。使用面積比率定量法以代替距率定量法的最主要原因，是由於統計數值的差距太大，如果用距率定量法，在作圖時會發生實質上的困難，因為如果選擇一較大的基本單位來表達最小的數值，則最大的數值便因距率太大而無法繪出；但若顧及最大的數值，則最小的數值也因太小而無法繪出。而利用面積比率定量法，可以把最大數值及最小數值之間的差距以平方根的方式縮小，因而二者兼顧。

　　面積比率定量法的作圖原則與距率定量法相同，也可以用圈線法或面符號法。然而，面積比率定量符號在視覺上似有錯覺，兩個面積比率為 1：2 的圓或方形，感覺上比率沒有那麼大。對於這一點，可以製作一個精確而較緊湊的圖例，使讀圖者可以隨時比較。另一方面，如用實色或網紋的面符號，似比圈線符號更能增加符號所代表的視覺強度。

（四）體積比率定量

　　體積比率定量 (proportional volumetric scaling) 指用體積大小的比率來代表地理資料量的差異，包括圓球體和立方體。圓球體的比率是半徑的立方根，而立方體的比率是邊的立方根。

　　使用體積比率定量法的主要原因，是統計數值的最大與最小之間的差距極大，甚至用面積比率定量法也不足以轉換，才用體積比率定量法。

　　體積比率定量法的好處是可以顧及差距極大的統計數值，但缺點是差距大幅度縮小後，量級的差距極不明顯，根本不易表達量的差異程度，因而只宜用於概括化甚高的小比例尺地圖，藉以透視區域的大概念，而目的反而不在於定量。

　　體積符號繪成立體型式，在視覺上是一種非常顯眼、具凸顯效果的地圖符號，尤其是地球體，在地圖上更有特殊的專業意味。球體積比率定量的方法，最常見於人口分布圖，其中一般人口數以定量點表示，但都市人口則用球體來表示，否則由數千人的鄉鎮至數百萬人的大都市的懸殊數值，處理上會有難度。

　　圖 8–35（見彩頁 V）為中國人口分布及都市，每一紅色點代表一萬人，而以黑色球體表達都市人口，乃定量點及定量體的聯合運用，兼顧極大及極小的量化資料。

二、結構符號

　　結構符號 (structural symbols) 法是利用由許多複雜地圖符號組成，來表達某地區在地理資料中質與量的內部結構。這些符號的特點每一個都是明顯的質量組織單元，相同的單元符號在同一地圖上的各特定地區出現，以反映區域差異，卻不重視精準的定位。

　　由於地理資料包羅萬象，不同資料的質和量，皆有較優良的表達方法，故結構符號是多樣性的，地圖學者隨時隨地可以獨出心裁而設計新的結構符號，以表達其欲表達的地理資料。以下綜合介紹現有的各種結構符號，以茲參考、沿用、改革及創新。

（一）餅狀結構符號

　　餅狀結構符號 (pie chart) 這是一種最常見的地圖符號，以圓形如餅狀為多，圓的大小，或用直徑比率，或用面積比率，

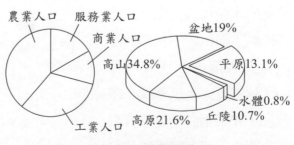

圖 8–36　餅狀結構圖

皆可表示各地區在「總量值」方面的差異。圓的內部可依 360° 或百分比瓜分圓心角，就像「切餅」一般，每一分割部分代表區域地理資料的各不同性質所占的結構地位，每一餅的結構隨地理資料的複雜程度而異，最簡單的只是兩份的組合，複雜時則可以分割得相當細碎（圖 8–36）。

圓餅可以變成圓環形，也可以環餅結合以表達多層次的相關資料結構；半餅法則是另一變化形式（圖 8–37）。

 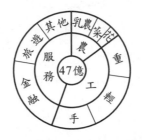 

圖 8–37　變形的餅狀結構

有人試用方塊來代替圓餅，因方塊可以輕易地讀出百分比，但觀感上比不上圓餅符號清晰而有規律，所以方塊符號始終是處於次要地位（圖 8–38）。

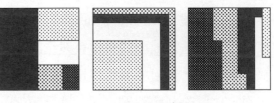

圖 8–38　方形餅

餅狀結構符號的地圖定位原則與前述的比率定量符號相同，多以圓心作為定位基準點；但由於餅狀結構符號含有表達內部性質的目的，故不宜產生重疊的分布狀況，如果兩餅的位置實有重疊部分，可以稍作移位，

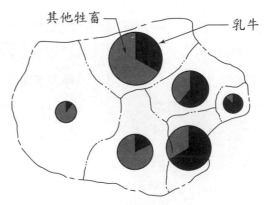

圖 8–39　餅狀結構的定位

以互相遷就（圖 8–39）。

（二）柱狀結構符號

柱狀結構符號 (pillar symbol) 指用柱狀的符號表示地理資料的內部
結構，也是地圖上常用的方法。柱子可以是單柱，柱的高度表示量的大
小，柱子內部分割狀況表示內部質的結構。如果在同一地區內，各單元
區域的數量差距甚大，可以用立體柱代替平面柱（圖 8–40）。

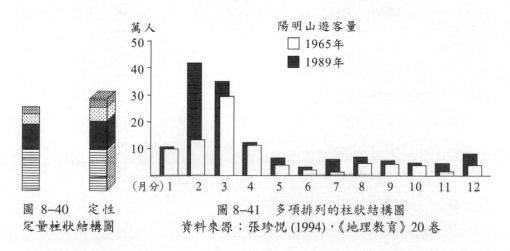

圖 8–40　定性
定量柱狀結構圖

圖 8–41　多項排列的柱狀結構圖
資料來源：張珍悅 (1994)，《地理教育》20 卷

柱子也可以呈排列組織，最常見的是雨量圖，每組是 12 枝代表 12
個月的雨量，此法可以引申用於各
種年統計地圖，例如臺灣各國家公
園全年各月的遊客量等（圖 8–41）。

柱狀結構符號也可以水平基線
為準，把柱子分置於基線的上下方，
表達地理資料的正值或負值，或不
同性質的地理資料相對值。例如附
圖 8–42 為水庫在雨季及旱季，集
水及耗水狀況。

柱狀結構符號在地圖上的分

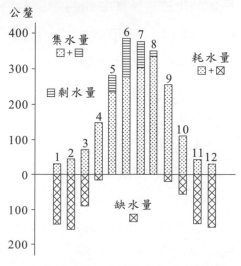

圖 8–42　水庫水平衡狀況

布，通常以柱子的基線為定位的標準，最好是全符號落在所代表區域內，但若基準線在區內、頂部出界亦無妨，如果附近區域的符號有重疊現象，宜應移位以互相遷就（圖8-43）。

（三）塔狀結構符號

塔狀結構符號 (tower symbols) 在地圖上的定位與柱狀結構符號相同，指成組的柱子橫向排列呈塔狀。通常橫軸代表地理資料的量變，故有長短差異，縱軸代表地理資料中不同的性質，符號指標以下側及左側為基準。

人口金字塔為塔狀結構符號中最常見的例子（圖8-44），男女兩基本因子分置中央基準線的兩側，以年齡分級為縱軸、人口數量為橫軸，人口數可以用實際數值來計量，也可以用比率的方法來計量；同時，各級人口還可以加上性質區分，如：就業比率、文盲數字、收入狀況等。

（四）比率塊狀結構符號

比率塊狀結構符號 (percentage block symbols) 這是指一種複雜的圖塊，其內部含有各種不同性質的地理資料，各

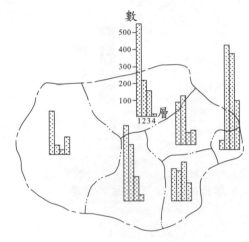

圖 8-43　樓高型分域定量

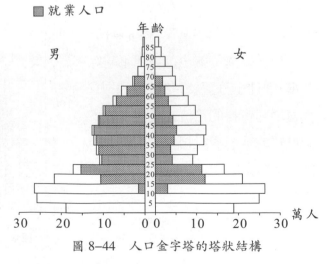

圖 8-44　人口金字塔的塔狀結構

種資料又有不同的量值，但又需要同時表達，所以結合成塊狀；如果能使這些複雜的資訊作有規律的符號化，便可以一目了然，增加讀圖者的興趣。

比率塊狀結構符號的製法是首先把各項不同性質的資料數值都化為百分比值，以一定長度的橫柱或直柱表示全數為百分之百，疊排並列而成塊狀。

塊狀結構符號可以是很單純，也可以是很複雜，視資料內容而定。例如附圖 8-45 為中國 2003 年對外貿易統計，以貿易區為主題的百分比資料。

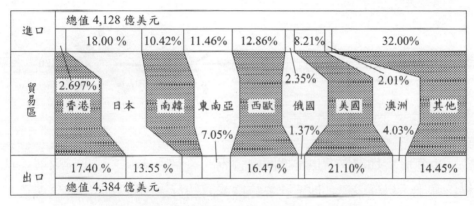

圖 8-45　中國進出口比率塊狀結構圖（2003 年）

（五）玫瑰狀結構符號

玫瑰狀結構符號 (rose charts) 此指一種像玫瑰花瓣分布的地圖符號，那些花瓣多表示地理資料之方位性，故符號以座標型式製成，座標分為四、八、或十六等分，各位置代表資料之方位特性，每一特性之數量變化，則以座標中心為基點，依方位向外延伸，以延伸長度表示量的大小，此乃定性定量的基本原理。

在實際應用上，玫瑰狀結構符號多姿多采，簡單的座標延線式已不多見。延線變成柱狀，座標中心變成小圓或八角形；再進一步，單柱變為排柱，表示方位頻率的變化。在計量方面，也有直接計量或分數比率

計量等不同的型式，視地理資料的性質和需求而多樣化（圖 8-46）。

　　玫瑰狀結構符號除了應用於如風向圖等有關方位的定位定量目的外，也可以把玫瑰狀分成四季、十二個月、二十四小時等時間性的單位，並表達某種地理資料在時間上的頻率強度。

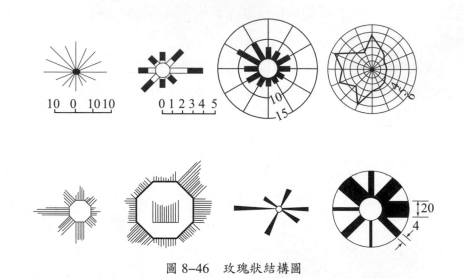

圖 8-46　玫瑰狀結構圖

　　近年社會地理學者也常把問卷調查的資料用分項式轉化於玫瑰狀結構符號上，以便表達各地區社會特徵或認知行為的差異性，則玫瑰花瓣的數目為依特別設計的統計指標而多樣化。

　　玫瑰狀結構符號在地圖上的定位與餅狀符號相同，以玫瑰花心為定位基準；由於玫瑰狀結構符號具有強烈的方位意識，對大區域的空間性研究有特殊效用。

（六）變形橢圓結構符號

　　變形橢圓結構符號 (deformed ellipse symbols) 此指一橢圓形的兩軸相關變化型態表達了地理資訊內部結

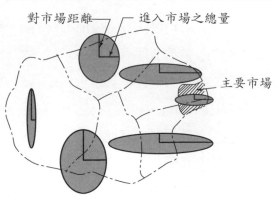

圖 8-47　變形橢圓結構圖

構的差異性，因而呈現一地區內部結構的差異性，以表達地區內動態的空間關係。例如以一商品的市場狀況為指標，若以橫軸代表進入市場的數量，縱軸代表其與市場的運輸距離，此兩變數構成橢圓的兩軸，也形成不同的橢圓形，每一橢圓形表達了獨特市場與產地的相對關係（圖 8-47）。

假如上述橢圓的橫軸加上實際產量資料，縱軸加上實際距離資料，再作成另一變形橢圓，所能表達的地理關係更加有趣，為什麼該地產量大而進入市場的少？因為距離遠嗎？因為交通不便嗎？或是另有原因。一幅優良的定性定量地圖，或許會提供很多寶貴的答案。

三、曲線符號

曲線符號 (curve symbols) 指統計學上的曲線，其在地圖學上作為符號的機會不多，可能由於地圖上已經很多線條，而統計的平滑曲線本身為一比較抽象的符號，例如平均溫度曲線就是經過概括化手續而形成，實際的溫度曲線應該是極頻繁的日波動週期，故不受「定量者」重視。

（一）平滑曲線

曲線符號的最大特徵是表現一連續現象，平滑曲線 (smoothed curve) 為經概括化修正的連續現象。最常見的平滑曲線為氣象統計圖上的溫度曲線，但由於實際溫度的變化曲線應該是極頻繁的日波動週期，故此平滑曲線是經概括化的。如果未經概括化，皆可以柱狀圖表達，然而平均溫度的平滑曲線之所以常見，可能由於柱狀符號已經用於雨量，就不能同時又用於溫度（圖 8-48）。然而，實際上，平滑曲線用於溫度，似比柱狀符號為佳，就因其

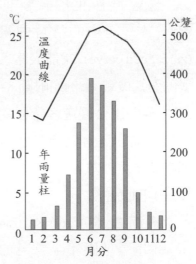

圖 8-48　平滑曲線與柱狀結構符號之選用

較強烈的「連續」特性也。平滑曲線的連續性，可以明顯地表達出量的發展狀況，如圖 8-49 為中國 50 年來對外貿易量的變化。

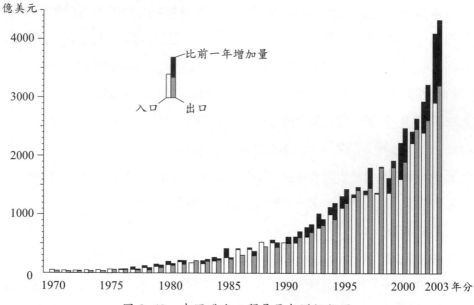

圖 8-49　中國進出口貿易量年增柱狀圖

（二）折合曲線

　　未經概括化的統計曲線，為一連續的**折合曲線** (zigzagged curve)，常能表達量變的週期優點，例如附圖 8-50 的陽明山公園遊客量圖就明顯地看出遊客週期是在每週日及特殊假期。

（三）剖面曲線

　　剖面曲線 (cross-section curve) 也是地圖學上常見的曲線符號，尤其在土地計劃及工程圖上最常用，但很少作為大地區的分域定量符號。附圖

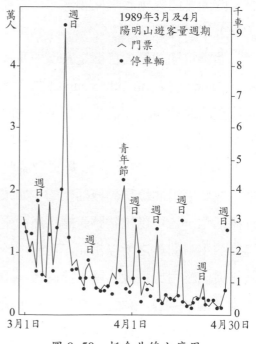

圖 8-50　折合曲線之應用
資料來源：張珍悅 (1994)，《地理教育》20 卷

8–51 是一張土地計劃的地圖及其相對應的剖面圖，內容可能會包括原有地形的剖面、計劃中路面坡度剖面、沿路地下供水管剖面、汙水排洩管剖面及洩洪管剖面。這些剖面線有的是平滑曲線，如原有的地形面；有的是極精確的曲線，如路面；有的是折線，如各式輸水管；其資料都由土地計劃地形圖轉換而成的。

　　曲線符號在地圖上的定位也如其他的分域面量符號一樣，可作為區域比較。

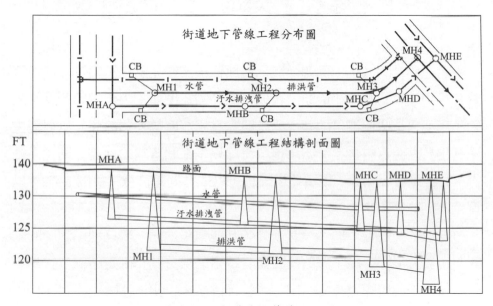

圖 8–51　街道地下管線工程圖

四、向量符號

　　向量符號 (vectorial symbols) 為地圖上表達地理資訊動態現象的地圖符號，一般以「箭頭」符號表示流線的方向，但有時也不必借重箭頭的指示。向量符號依其複雜程度而分為簡單流線、複合流線，及複雜流線等不同的符號。

（一）簡單流線 (simple flow lines)

　　此指最簡單的向量線條，以表示地理資訊運動的方向，其中有些並

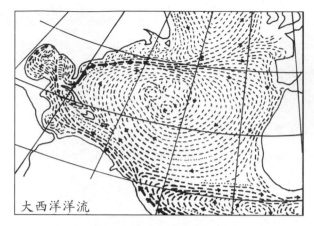

大西洋洋流

圖 8–52　簡單向量流線

不表示運動量的大小，例如洋流、颱風路線、觀光點指示線等。流線符號都是用簡單的線條和箭頭所組成，線條的寬度並不表示明顯的流量的大小，如果這些流線是地圖上的主題，宜用寬度較大的線條，以促使主題突出於基圖資料之上；如果這些流線只是基圖資料的性質，則宜用細線，甚至虛線或點線。但這些流線也可以成為向量流線，如圖 8–52，以寬度不同的箭頭來表達。

　　一般的交通線，顯然沒有箭頭，其連繫兩地點、表達地點之間的動態，也屬於流線。除了鐵路及公路有特定的線符號和確定路線位置外，海上航線一般用短虛線，把港口相連，而航空線則用細實線把機場相連，此皆為習慣的用法。電訊為一種現代流線，通常也是用細實線連結通訊的兩地點。

　　簡單流線雖然簡單，在地理學上卻很有用，因為流線反映出相對的兩地關係，也因而呈現了某地點的特殊性質。例如若以臺灣的中學生住址與學校校址為資料作成簡單的流線圖，臺北的名校與臺東的中學一定產生不同的分布型態。其他如通婚圈、祭祀圈、購物圈等許多研究用圖都可以用簡單流線處理（圖 8–53）。

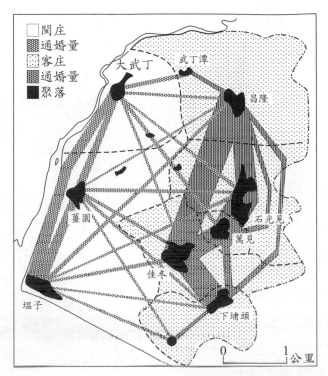

圖 8–53　表達閩客血緣文化聚落對通婚的保守性的向量流線
資料來源：鄭旭宏 (1994)，《屏東縣佳冬鄉閩客的文化互動》

（二）複合流線 (complex flow lines)

　　此指一流線符號既表達流向，也表達流量，故簡單流線加上流量資料即成複合流線，流量以流線的寬度來表示，寬度的數值比率與流量比率相當。

　　流量也可以用寬度相同的分級面量符號來表達，但這種表達法以表示分級意義較表示量變意義為重；且在曲折的流線上加面量符號，效果並不太好（圖 8–54）。短線也可以量化，以寬度不同的線或點表示概括性的差異，有時有極優良的表現。

　　複合流線依線向的分歧而可表達分流或合流的型式，為了表現精確的觀感，分流量及合流量在流線寬度上必須依法合理地計算，例如中東石油輸出量由幾個流線合成，表示其分別到達不同目的地（圖 8–55）。

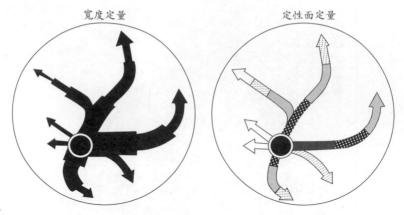

圖 8–54　複合流線的表達方法

（三）複雜流線 (complicate flow lines)

　　指流線既表示流向及流量，同時也表示不同的性質。性質的不同，可以用不同的定性面符號來表達，由於流線各為曲線，定性面符號的

圖 8–55　複合流線量的分歧

選擇以表達面狀感覺較強的實色、網點及網格為佳，盡量少用網線紋，尤其不可以同時使用兩種以上的網線，因為若左斜紋、右斜紋、直紋、橫紋同時並用，最後是一大混亂（圖 8–56）。

　　當一複雜流線包含兩個以上的定性符號時，應以色澤較濃密的符號表示量較少的種類，使各種類都可以彰顯，多色圖較易解決這問題（圖 8–57）。

圖 8–56　複雜流線的輻輳點

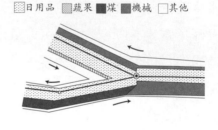

圖 8–57　多樣性的複雜流線

第三節　變形定量

　　一般地圖的概念，地圖的形狀是固定的，因投影法的不同而使地圖的形狀失去了原有的型式，特稱為「變形」(deformed)，此變形一詞含有「錯」的意思。但這裡所說的**變形定量** (anamorphated cartogram)，地圖的形狀變了，卻完全沒有錯，反而地圖形狀的變是依據正確的量值而變，為地圖學者處理定量資料的一種特殊方法。

　　變形定量圖有兩大類，即面積變形定量及立體變形定量，分述如下。

一、面積變形定量

　　面積變形定量圖 (value-by-area cartogram) 是把地圖的面積改變以使符合地理資料的量值。換言之，面積的改變就是比例尺的改變，在一幅地圖中的不同區域，因有不同的量值，故在圖上出現不同比例尺的圖面積，驟然看來，好像是一非常奇怪的概念，因為我們一向認為地圖各部應有相同的比例尺；但事實上，在投影學一章，我們早已了解比例尺是可以改變的，就以最熟識的麥卡托圓筒橫軸投影來說，只有赤道沿線比例尺是正確的，愈向南北極的比例尺變形愈大，故地圖的「形狀」與原狀不同。另一方面，若以正積圓筒橫軸圖與之相比較，我們可以發現原來地圖的「形狀」與「面積」的相對關係並不簡單，從而領略到所謂「面積變形定量」的真正意義。

　　面積變形定量圖的製法是依據地圖投影的變形原理而成的，例如以土地面積而言，中國和美國差不多，故二者在地圖上的形狀和面積是相對不變的，但若以 1993 年生產總值為指標，美國是中國的 14 倍，故二者在地圖上的形狀可以不變，面積應是 14:1，其餘的各國人口統計單元區域，便也依相同的理由而產生不同的面積比例，最後乃可依據此等新的數值而製成「變形的世界生產總值圖」（圖 8–58）。

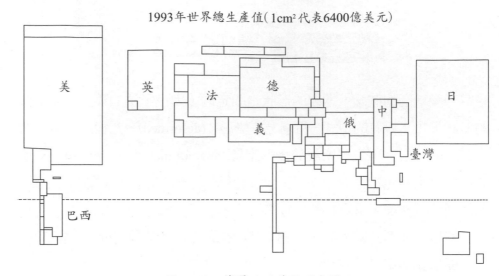

圖 8-58　簡單的面積變形定量

　　事實上，這一地圖不容易編繪，因為要考慮每一單元區域的面積變了，形狀變了，相對位置也可能變了，此外是各單元區域的組合問題。在這幾種變數之中，最重要是面積要正確，因為其直接代表量值。其次是形狀，這類地圖大多數都把形狀高度概括化為方形和長方形，一者易於計算面積，二者易於定位和組合。在相對位置方面，應先注意緯度位置，故在考慮方形圖案時，先定縱軸，再依面積大小而定橫軸，則各地區便可較易落入適當的相對區位。在組合過程方面，先由各洲最大的一塊開始，進行拼圖，地圖的形狀可以任意壓縮變形而加以遷就，因其終會拼合在一起。在一較小的地區中，或可用分割式的組合，則不必顧慮到邊界配合的問題，或可保存形狀的近似性，但對整體概念言是美中不足。圖 8-59 為世界各國人口總數作變形定量，兼以面狀符號表達平均國民所得，兩指標複合成變形定量符號。

　　面積變形定量圖的最大優點是可以把某特定地理指標的量值用簡單的相對面積呈現出來，不必理會其他基圖資料，此時它們在地理學研究方面意義不大；但對一般讀圖者而言，以此去認識世界性的相對概念，

這是有趣而深刻的，或可作為生活上的休閒活動：找一本世界年鑑之類
的統計資料書籍，其中任何一個統計表都可以化成一幅面積變形定量圖，
例如人口數、農業人口數、生育率、老年人口比率、文盲率、國民所得、
世界貿易量、能源消耗量、每日平均殺豬量等等，千奇百怪的統計資料
都可以成圖，就如同玩拼圖遊戲一般，但假以時日卻可對世界現勢瞭如
指掌呢。

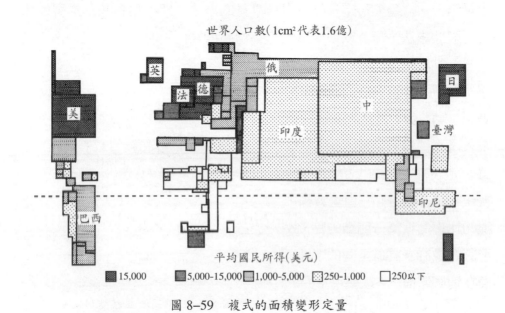

圖 8-59　複式的面積變形定量

二、立體變形定量

　　立體變形定量 (value-by-volume cartogram) 是把區域的
量值立體化，使讀者在視覺上有
極強烈的區域差異感受。在立體
化的過程中，地圖的面積基礎是
不變的，各面所含的量，用高度
來表達；而表達高度的量值其計

由圖8-21傾斜60°投影而成

圖 8-60　立體變形定量的基圖

量單位不必與平面者相同，通常是高度方面的比例尺比面積方面的比例尺大，可以是兩倍、十倍，甚至百倍，以便彰顯其立體性，而適當的倍數視地理資料量的變異情況而定，就如處理柱狀符號一般。

立體變形定量圖在作圖時，通常第一步工作是把一般方形或矩形地圖投影改變為 60° 角的菱形視角，目的是使方形圖上高度的資料不至於前後掩蔽，如附圖 8-60 是把圖 8-21 的資料投影而成。第二步是高度化定量變形。立體變形定量圖有三種常見的型式，即：點高法，透視柱法及透視曲線法，下述以一地區的建築物高度為例說明之。

（一）點高法

點高法 (elevated points) 指表示「點」與「高」的簡單直線來表達立體變形定量。方法是以每一定位小單元區域的中心位置作為量的定位點，引垂直線，線的比率高度為一明顯的點，故全圖好像許多高低不同的「針」插在地圖平面上，以顯現平面的立體化狀況（圖 8-61）。

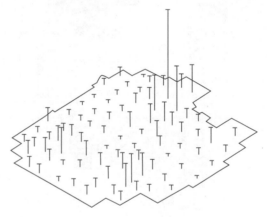

圖 8-61　點高法立體變形定量

點高法非常簡單，雖然也可表達立體的感覺，但相關的立體意識不強，尤其是各點釘或因位置接近而有混淆的誤會，效果並不理想。

（二）透視柱法

透視柱法 (perspective blocks) 指用立體柱來表達立體變形定量。此立體柱以統計單元

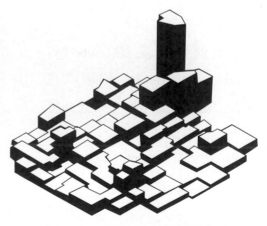

圖 8-62　透視柱法立體變形定量

區域為基本面積，向高投射，但量的表達卻僅以柱的高度來單獨承擔，故若以與點高法相同的比率而作圖，二者是一般無異的；但透視柱的立體感便優勝得多，尤其此例是建築物的高度，每一透視柱的頂部就活像建築物的頂部，而且側壁亦極明顯（圖 8-62）。

透視柱法的每一主體柱更可依所含性質不同的地理因素而定性化，但僅宜於單元區域較少的地方，否則便太複雜了（圖 8-63）。

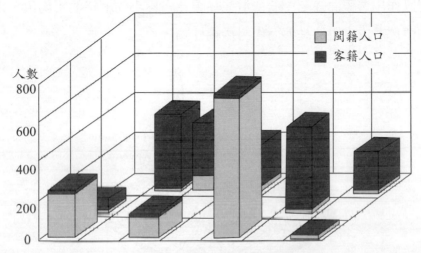

圖 8-63　定性的透視柱立體變形定量（屏東縣佳冬鄉各血緣村，1950 年）
資料來源：鄭旭宏 (1994)，《屏東縣佳冬鄉閩客的文化互動》

（三）透視曲線法

透視曲線法 (perspective curve) 指用透視的曲線網來表達立體變形定量。所謂曲線網的曲線，實際上乃是橫剖面，製圖的方法是首先將原資料圖用網格 XY 系統固定，然後把 X1、X2、X3……及 Y1、Y2、Y3……各線所通過的數值製成剖面曲線，再把各剖面線依次排列在一起而交織成透視的曲線網，量的高低起伏狀況便清楚地呈現出來，網線愈密，型態愈顯；但透視曲線圖和透視柱圖在視覺上有明顯的不同，透視曲線圖較類似地形圖（圖 8-64）。

綜觀上述三種立體變形定量法，點高法宜於在資料集中分布程度極

嚴重的分布型態中，當其他方法不易表達此複雜的結構時，反而用最簡單的點高法比較清晰易讀。透視柱法宜於用在塊狀為單元區域的資料表達上，例如上例的樓高，各種密度圖的立體化等。透視曲線法宜於用在地理資料有連續起伏傾向的大地區上，例如地形地貌。事實上，如果把一張測繪等高線地形圖，上置精細的透明網格，則網格的 XY 交點便可以馬上讀出高程數值，由此等點作出點高圖，若把這些點連成剖面曲線，則可以作出透視曲線圖，若把這些點視為一極小的網格的平均值，則每一點值都變成立體柱高值而作出透視柱圖。

圖 8-64　透視曲線法立體變形定量

立體變形定量法利用數字來製圖，這是電腦製圖的專長，只要把數字資料輸入，電腦可以自由運算和定位操作，作出來的立體圖，不論是點高圖、透視柱圖，及透視曲線圖，都比手製圖為精確而迅速，所以利用機械，是人類成為地理主角的最重要原因之一。但勿忘地理人是製圖工具的使用者，而不是製圖工具的奴隸。

第 9 章
地圖編製

地圖編製 (map production) 是地圖完成印製的最後一個步驟，雖然製圖學者不直接參與印製工作，但由於近年來印刷工業的進步，很多在以前須靠印刷業者特殊技術來處理的地方，現在皆可以由製圖者以新進的印圖材料和技術，在編繪原圖稿時親自處理，所以熟識地圖編製，也是優良的地圖學者應有的知識。

由於地圖編製所使用的方法、設備和資料上的不同，地圖編製可大分為「傳統製圖」、「電腦製圖」和「遙測製圖」三種。其中所謂傳統製圖，雖然說是傳統，但卻不是即將被淘汰的意思，而只是表示其與其他兩種利用機械自動化製圖技術有所不同，傳統製圖仍然是地圖編製的常見方法。

第一節　傳統製圖

要把一張地圖推進至印製的階段，不論是普通地圖或專題地圖，其生產過程都應有一完善的程序，可以分為草圖設計、原圖編繪、圖版精編、製版印刷及多色套印等步驟。

一、草圖設計

在前文已經說過，地圖的意義是製圖者透過「地圖」這一「人為創作」，把他所認知的環境景觀呈現在閱圖者的面前，一幅地圖所包含的地理符號，不可能是他所識覺的全部地理資訊，而是有經由「價值判斷」篩選過的；換言之，地圖可以說是製圖者思想價值的總整理，是意志權

力中的表現；「圖謀」一辭充分表達此一含義，而圖謀的地圖學術語就是

草圖設計 (sketch plan)。在具體進行草圖設計之前，製圖者應先深入探討和了解新編地圖的目的、服務的對象，確定地圖內容的深度和廣度，選擇編繪方法和簡化原則等等；畢竟一幅兒童地圖與一幅學術地圖是完全不同的。

　　地圖資料整理為地圖設計的另一項重要工作，包括同類地圖的分析評估，影像資料、文字資料、統計資料、實測資料等的搜集和分析，最重要是確定其來源的正確性、完整性和時效性，以及這些資料在加工複製時的可用程度，從而分辨出什麼是新編地圖的基礎資料、補充資料和參考資料。一般來說，地圖的基礎資料至少應滿足以下幾點要求：資料內容基本上能滿足新編地圖的要求；資料的時效性要配合且充實，即現勢地圖的資料要新，而歷史地圖的資料要經過考證；資料的比例尺比新編圖比例尺為大，資料可以利用概括化而精簡。當基礎資料不足時，補充資料或參考資料可以引用，但必須註記說明，以表達製圖者的責任感，也免使讀圖者有誤解地圖資料的機會。

　　草圖設計階段也是發揮製圖者地理素養的時機。深入探究製圖區域的地理特徵，對地理資料的選用和處理，皆富有重大意義。

　　在設計草圖時，也有一定的工作流程，簡述如下（圖 9–1）：

　1.確定區域範圍：比例尺和圖幅面積大小是一項重要的考慮要素。

　2.選擇和設計投影法：包括投影與區域的相關要求，如經緯座標網間隔、主圖之配置及方位。

　3.地圖資料的格局：主區域及周緣區域與區位關係，圖名、比例尺、方位符號、圖例、記註、附圖、附表及圖廓的安排，使圖面獲得和諧且有效利用的結果。

　4.確定地理主題指標：包括指標定性或定量的特點和規律，圖例設計應同時完成，有助於互相對應。

　5.總體評估：這是一個重要而又很常被忽略的步驟，如果在草圖設

計時已經有總體評估的習慣，在以後各製圖過程中，將減少失誤機會。

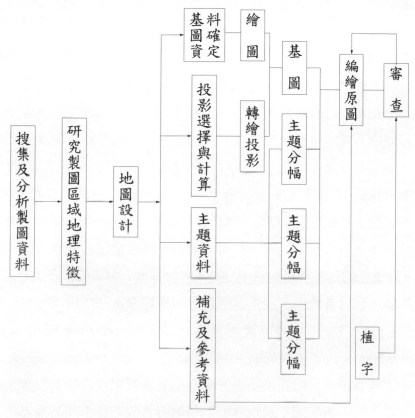

圖 9-1　草圖設計

二、原圖編繪

　　在草圖設計完成後，而且經過評估修正無誤，則可以進一步實行正式的編繪工作，所謂編繪工作，乃是把草圖用繪圖材料正確地編繪出來，作為印刷的基礎。

　　由於地圖內容複雜，為了處理各要素間相互關係的方便和正確性，在編繪時也有一定的順序。一般而言，是先有基圖資料，而後有主題資料；先有地點而後有相關的線狀符號，最後才考慮面狀符號，各類記註則又在地圖資料成圖之後。

在編繪過程中，由於製作方法不同，可分為清繪和雕繪兩種，清繪是編繪陽像片，雕繪則是直接編繪陰像片。

（一）清繪

清繪 (drafting) 為最普通的編繪方法，即用繪圖紙把原圖資料繪在其上，繪圖紙有普通紙、半透明的描圖紙 (tracing paper)，及相當透明的塑膠紙 (cronaflex or mylar)。其中當以塑膠紙最佳，因為其不隨溫度及溼度變化而伸縮，質地堅韌，有各種不同的厚度，可以捲曲及適應印刷時的拉力，膠面有一面光滑而另一面粗糙，或兩面皆粗糙者，粗糙面實際上也並不太粗糙，但卻有助於吸附墨水，尤其對凝膠狀繪圖墨吸附力很強，墨跡不易脫落，而且墨色均勻，而當要修改時，擦去墨跡卻不損及紙面，可以重新加上新符號。至於光滑面，則宜於黏貼預印的面狀符號，非常牢固。最重要的是塑膠紙的透明度高，便於描繪，尤其進行多色疊圖時，各色圖稿可以重疊操作，避免混淆。透明塑膠圖紙除了可以直接印曬藍圖 (blue print) 外，又可複製同樣大小的正片 (positive film) 及負片 (negative film)，成本上較低廉。

除了繪圖紙外，繪圖筆及墨等清繪工具也有了很大的進步。十數年前，製圖者用「鴨嘴筆」沾水墨，鴨嘴筆與其他的筆不同的地方，是鴨嘴可以張合，產生不同的鴨嘴，吐出不同寬度的線條，但這鴨嘴的大小是隨意的，沒有一定的標準，線的實際寬度，由製圖者的「眼力或眼光」來決定。使用鴨嘴筆，很多時候鴨嘴不聽話，一團墨吐在紙上，便前功盡廢。

現在多用針筆，筆尖的直徑自 0.1 公釐至 2 公釐都有，筆尖可以隨時除下更換，若經常有繪圖需求，購買一套十多枝則更方便。因筆尖的直徑是定制的，成圖的線有一定的寬度，成圖的點也是有一定直徑的點子。使用針筆時，最重要的技術是筆桿和繪圖紙呈直角相交，落筆及收筆時都要迅速，畫線時反而稍緩，但速度宜平穩，線條才均勻；此所謂均勻，非指線的寬度，而是著墨的深淡程度；一張墨色不均勻的清繪圖，

在攝影或製版時很容易產生斷線的現象，尤以繪在平滑的塑膠圖紙上為然，這缺點，只要我們拿起圖紙在燈光或陽光下一照，便可清楚發覺。墨的品質也有很大的差別，舊有的繪圖墨雖然已比一般水墨的附著力為高，但新產品為一種凝膠狀繪圖墨，快乾後即成為一層塑膠狀薄膜，特別適合塑膠圖紙的使用。

　　雖然手繪清繪圖用上最好的紙筆墨，也總不免有瑕疵，尤其是在起筆及收筆的地方，常易有墨凝聚，尤其是經驗不足的繪圖者，但不必因而氣餒，自暴自棄，多練習自可改進。就算發現凝墨，也不必大驚小怪，可以用繪圖刀的刀尖把凝墨部分刮除，不會損及塑膠圖紙，清繪圖經細意刪修，仍然是優良的作品。

　　清繪圖除了可以用筆墨清繪的簡單點線符號外，複雜的點線及面符號，現在大都用預印的紋紙 (preprinted drafting materials)，種類繁多，包括符號的種類和產品的種類。早期的預印紋紙，符號印在臘質上，只要用特製的繪圖棒塗擦，臘質部分便脫離預印紋紙而黏附在清繪圖上。後來的預印紋紙，符號印在韌性的透明薄膜上，其底部具黏著性，薄膜可用繪圖刀任意切割，而把割取部分黏附在清繪圖上，非常方便、省時和美觀，宜多加利用。

　　此外，還有一種和預印紋紙相同的空白薄膜紙，只要透過影印機，也可以把我們自己設計的符號或文字，印刷在其上；這種薄膜紙的背面也有黏性塗料，可如預印紋紙般切割下來，黏在清繪圖上，故特名為「背黏紙」(sticky-back paper)，為非常有用的工具。

　　當使用預印紋紙時，最好把它黏在清繪圖的背面，因清繪圖的塑膠紙是透明的，符號品質對其沒有影響，但卻有三大優點：第一是紋紙在背面，與正面的墨繪符號沒有直接接觸，尤其在墨繪符號或紋紙符號要修改時，不會產生阻礙；第二是紋紙黏在背面，沿著所需範圍界線切割，繪圖刀的刀鋒不致觸及在正面的墨繪界線而破壞墨繪的品質；第三是清繪圖的塑膠紙正面是粗糙的，宜吸附墨汁，但背面是光滑的，對預印紋

紙的黏附作用較強，不易脫落。

　　預印紋紙通常是黑色，但也有紅色的，紅色在製版感光時和黑色完全相同，有時我們使用紅色紋紙，是使自己在製圖過程中易於把複雜的資料加以區別，減低錯誤。

　　單色圖只需要一張清繪圖，圖中的文字也是同樣的顏色，處理文字有兩種方法。第一種是把印好的文字，直接貼在清繪圖上。以前由於印好的文字只能在不透明的紙上，必須剪下來重新黏貼，文字部分會把清繪圖上某些線條或符號遮掩了，現在文字可以印在透明薄膜的背黏紙上，問題已獲解決。不過，黏貼文字時應注意文字和網紋符號之間的關係。在單色圖上，文字若和網紋符號印在一起，文字的清晰度大受損害，為了避免模糊不清的結果，文字的位置應選擇在沒有網紋的地方。然而文字註記的目的，是對地圖符號的重點解釋，不能遠離符號，甚至應重疊，故須採取補救辦法：第一是網紋濃度降低至文字可以清楚閱讀的程度；第二是在貼字之後，在清繪圖的背面把有文字部位的網紋符號除去（因字貼在清繪圖的正面），文字便可以清楚地凸顯出來（圖9-2）。不過，這種對網紋符號刻意破壞而呈現的美觀，必須等到清繪圖最後成圖階段才可以進行，在確認圖上資料正確無誤、不須再刪修之後，才可處理貼字及割讓空位的手續。

　　第二種處理文字註記的方法是另製文字版。這種文字處理方法，在單色圖中已不必要；在多色圖中，如果文字也是多色，則分屬於各色清繪圖上，否則應另製文字版；多色圖中之文字多為黑色，能在各色中凸顯出來，則不需要再在各色版的網紋上挖洞；有時紅色字也很突出，可以使用，端視圖中其他色調而定。

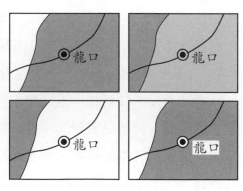

圖9-2　文字與網紋的關係

　　清繪圖成圖，在印刷後，就如我們平日所見的「地圖」，故稱為「原圖」(original artwork)，此清繪原圖又稱為「陽像清繪稿」，或簡稱「正片」(positive artwork)。因在印刷過程中，必須先把陽像變作「陰像清繪稿」或「負片」(negative artwork)，才可以製成陰像版，印在圖紙上成為還原的陽像圖，即是地圖。

　　由陽像清繪稿變成陰像清繪稿，通常是採用攝影法，攝影的感光底片就是標準的負片 (negative film)。由於透過攝影技術，陽像清繪原稿可以縮小，所以在草圖設計階段，要先決定陰像清繪稿最後的圖稿的大小，在繪製陽像清繪稿時，可依比例而製成較大的陽像清繪，製作時會容易得多，縮影後陰像清繪稿也比較精緻。然而，這種作法應注意下列幾點：

　　1.比例尺轉換錯誤，此乃製圖者常有的疏忽。比例尺表達法有許多種，圖解比例尺與原圖同時縮小，不易出錯；但若將數字比例尺或文字比例尺的數字和文字的字體縮小，含義便不對了。故待縮的陽像清繪圖宜習慣只用圖解比例尺，以免出錯（圖 9-3）。

　　2.原圖上的點子直徑及線條寬度隨攝影而相對縮小，但縮小後視覺比例差異程度卻大為減弱，故在選用點線量化符號時，必須將數值差距稍為拉大，以配合縮影後的效果（圖 9-4）。又原圖稿點線細小，縮影後更可能無從辨認，也是應注意的地方。現在影印機有縮放功能，可以利用來作清繪前縮影測試，以便於取捨。

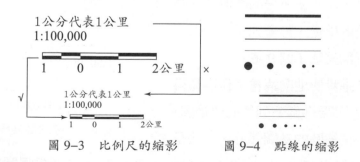

圖 9-3　比例尺的縮影　　圖 9-4　點線的縮影

　3.原圖上的網紋，包括網點、網線及網格，縮影後也產生密度上的

視覺差異，也可以在事先作縮影測試，了解狀況然後選用，由於這些網紋紙都是預印，不能更改，故可以先把沒有網紋的陽像清繪縮小，然後在陰像清繪上再黏貼網紋；不過，採用這方法時，必須在陰像上「留白」，亦即是在陽像「塗黑」，塗黑的方法也不困難，黏貼一片全紅色的預印薄膜即可，而在陰像清繪上貼網紋，須注意其濃度與陽像清繪相反也。故成圖之所以不同，是依製圖的目的及需求而自由選擇（圖 9–5）。

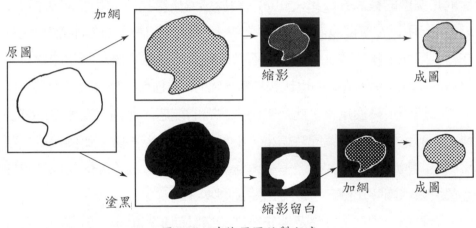

圖 9–5　清繪原圖編製程序

4.較大的清繪原圖，一般都認為可以容納較多和較精細的地圖資料，但若此原圖需要縮影時，太多和太精細的資料，反而使所得的陰像清繪圖有太擁擠的感覺，影響地圖的清晰度以及配置的美感（圖 9–6）。

科技進步使地圖清繪工作容易得多，如果我們要準備系列性的清繪圖，可以複製清繪圖的基圖部分。方法是

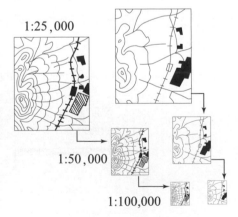

圖 9–6　內容縮影與明晰度

利用真空燈光桌 (vacuum light table) 及塗有重氮液的塑膠圖紙 (diazo mylar) 而進行接觸曬印，過程如同藍曬圖像，和清繪圖完全一樣。由於

塑膠圖紙有平滑及粗糙兩面，曬印的基圖可以曬在平滑的一面，而新增的地圖資料和符號清繪在粗糙的一面，如此既可節省重繪若干相同基圖的時間和精力，而基圖仍保有一致性，更可便利資料修改，新資料的繪圖墨可以用電膠擦擦除，而絕不影響在另一面的曬印基圖，若當基圖部分有修改時，也可以用電膠擦擦除，亦不影響另一面的墨繪資料，通常這些曬印基圖部分的修改都是很細微的，可以用繪圖刀刮去，其他部分也不會受到影響。

（二）雕繪

雕繪 (scribing) 為與傳統用筆墨清繪陽像圖不同的方法，而是用雕刻工具刻在特製的繪圖材料上。這種方法對中國人而言並不陌生，我們常用的圖章是雕刻而成的，以前木版印刷是雕刻而成的，書法的碑帖也是雕刻品拓本。

雕繪所得的作品與筆墨清繪最大的不同，是筆墨清繪的成圖為陽像的編繪，必須經過攝影手續製成陰像負片，然後才可以利用陰像負片去製版；但雕繪的成圖為直接的陰像負片，無須再攝影即可以製版，使製圖者的工作在印圖過程中更加深入（圖9-7）。

雕繪所用的圖紙為一種塑膠片，厚度比清繪用的塑膠紙稍厚，而最重要的是其上有一層半透明的薄膜，是塗上去的液體乾涸後所留下來的外部膜 (coating)，一般是橙黃色的，在視覺上是半透明的，但在化學上則不透光，所以除非把外部膜除去，否則這一塑膠片就是一全黑的負片；而雕繪的原理即用雕繪工具把外部膜某部分

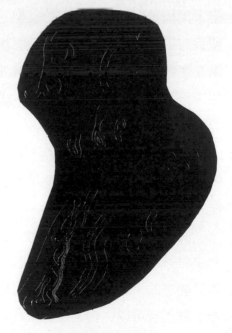

圖 9-7　雕繪片

雕出，成為透光部分，亦即負片中的可感光部分。

雕繪的目的是製圖、在負片中刻出地圖符號。地圖符號種類繁多，歸納為點、線、面三類，雕繪因雕刻工具的限制性，以線為主。雕繪工具統稱為「雕規」(graver)，雕規有四種型式：第一種是「固定雕規」(rigid graver)，為一三角架，可以手拿著，在雕繪膠片上自由移動，三角小架兩腳圓滑，而中央一腳則為雕繪針筆 (scribing points)。雕繪時，雕繪針筆的筆鋒觸及雕繪膠片上的外部膜，則可把外部膜的物質刮去。雕繪針筆的筆尖有不同的直徑，是可以更換的，就如清繪的針筆一般，可以畫不同寬度的線；第二種是「旋迴雕規」(swivel graver)，亦是三角形的，但雕繪部分並非固定，而是裝置一可以旋迴的附件，附件上才安裝不同寬度的雙線針筆或三線針筆等，主要用來畫平行線，相當優美。旋迴雕規也可安裝鑿型刀頭 (chisel-type point)，畫較寬的線，由於鑿型刀頭可依旋迴雕規運行而隨機迴轉，故線條的寬度可一致；第三種為各種特殊符號專用的雕規，例如「建物雕規」(building graver) 為一固定的基座，用橫軸來控制雕繪用的鑿型刀頭向單一方向移動，則可雕刻出方形或長方形的小塊；又如「圓點雕規」(dot graver) 裝有彈簧，可使雕繪針筆在雕繪膠片上施壓時，恰好把外部膜除去而成為圓點，但效果不太理想，優良的圓點雕規為電動的，雕繪的鑿型刀頭旋轉而雕出圓點，圓點的直徑就是鑿型刀頭的寬度也；第四種為簡便的「筆型雕規」(pen-type graver)，就如清繪圖筆一般，可以更換筆鋒，作簡便的徒手作業，利用圓規直尺等工具協助，可圈可點，但效果視製圖者的經驗而定，一般僅作為修改用的輔助雕繪工具。

使用雕繪工具成效的優劣，製圖者的經驗影響較大，適當的運用指力使雕針或雕刀恰好觸及外部膜，將之刮去而又不傷損塑膠片的表面，是最理想的。如果雕繪出錯，可以在錯誤的地方塗上與外部膜相同的液體，乾涸後可以在其上再次雕繪。

雕繪進行時，必須利用燈光桌 (light table)。先把草圖貼在燈光桌上，

覆上雕繪膠片，亮燈後，便可透過雕繪膠片而看見草圖，進行雕繪。故草圖本身也必須是透明的塑膠圖片，使光線能夠穿透，雕繪者可依據而描雕。另一更直接的方法，乃是利用真空燈光桌和塗有重氮的雕繪塑膠片，用接觸曬印法把草圖曬印在雕繪片上，形成陽像，再雕繪為陰像。

故雕繪用的草圖，實際上已經不會太潦草，而是經過精詳處理，近似清繪的圖稿，雕繪者須依據草圖上的輪廓來描雕。所以，雕繪者乃是雕繪工作的技術人員，可以訓練而得，不一定是地圖學者本身，地圖學者通常專心於圖稿的設計。

雕繪成圖效果最好的是線符號，點符號處理已受限制，面符號則大多不能雕繪，文字也不可能用雕繪完成。這些問題，留在下一部分圖版精編再詳細討論。

雕繪的最大好處在於它直接就是負片，不必再像陽像清繪般要再用攝影法製作攝影陰像負片。攝影陰像負片由於攝影器材大小的限制，而不易完成大型作品，必須用剪接的方法來修正，但雕繪法所製成的陰像負片，則可以無間斷地在同一雕繪塑膠片上呈現，在印刷時比較方便。

三、圖版精編

原圖編繪的清繪法乃是先繪陽像圖，而攝影製成陰像負片；雕繪法則是直接雕繪陰像負片；本來這些陰像負片皆可用來製版，但因清繪或雕繪所製成的陰像負片皆有缺點，較佳之地圖，在製版前尚有一**圖版精編** (detailed editing) 的步驟，使陰像負片在製版前有較精美的效果。

第一種要介紹的技術為「揭膜」原理 (peel coating)，這是利用一種特殊的蝕刻性感光材料，製為紅色的薄質感光膜，浮黏在透明的塑膠片上，若經某種程度光線的照射，材料便被蝕刻而消失，而其他不感光部分則保存原狀（圖 9–8）。使用時可利用真空燈光桌所提供的接觸感光效果 (contact film processing)，先把原雕繪的負片或清繪攝影負片置於桌面，然後在其上放置感光膜，定位妥當後，啟亮燈光，燈光能透過負片的部分，使感光膜被蝕刻而呈現完全相同的刻痕，用相同的方法可以任

意複製若干幅感光膜備用。但在複製過程，應特別注意各複製品的定位，通常是使用標準打孔機 (standard hole puncher) 來打孔，並用標準印刷固孔棒 (print-bar) 來固定，之後套印時便不會有移位的失誤。

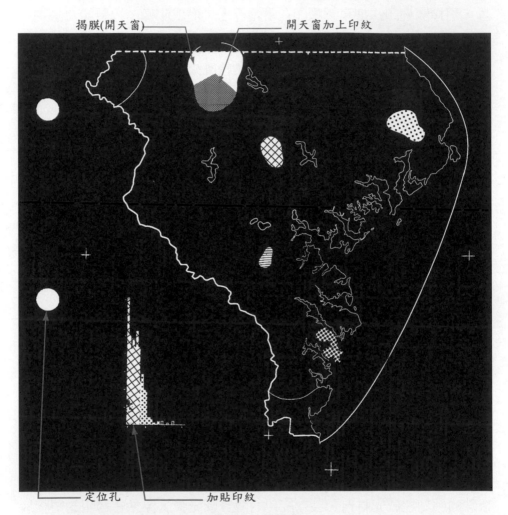

圖 9-8　揭膜片

因感光膜只是浮黏在透明塑膠片上，故當刻痕呈現後，我們可以容易地把刻痕範圍內之一片未感光的感光膜用小型繪圖刀揭起而除去，露出一片透明的塑膠片，地圖學者俗稱為「開天窗」(open window)。「開天窗」的原因，就是要在此特定的空位上加上特殊的「面符號」。這些面

符號也不是預印紋紙貼上去的 ， 而是預印紋紙製成的印紋負片 (pattern screen film)。製法是利用真空燈光桌，先放置開天窗的揭膜片，再在其上置印紋負片，然後才覆上接觸感光負片 (contact film)，亮燈後，感光負片便產生印紋在開了天窗的部位。

　　成組的揭膜片，在不同的部位，各自可以確定不同印紋型式，先後複印在相同的一張接觸感光負片上，使此接觸感光負片「多姿多采」。這方法最重要特點是相同的一片接觸感光負片可以先後使用若干次，每一次都僅利用開天窗局部地方可以感光的影像。而此方法操作上順利與否的決定性因素是一致性的「打孔定位」。

　　這種在開天窗部位加印紋法的另一常用的效果，是實線變成網點線。事實上，不論是清繪或雕繪，皆只能繪出實線，而實線在負片中就是天然的開天窗，故可以透過接觸感光負片的方法，加上網點紋 (dot screen) 就可以變成網點線，如果一張揭膜片中只有某些線條要變成網點線，把其他不必變的都用雕繪所用的外部膜不透明物質塗蓋即可。

　　由於接觸感光負片可以多次感光，所以在同一開天窗的地方可以有最多三次的「過網」(tint screen)。這是指利用網點面符號的感光作業，等於貼上預印網紋紙 (zip-a-tone) 的作用。一般的網點版的點子呈 45° 角分布，但若要第二次感光，則可轉動方向而使點子呈 75° 角分布，第三次感光為 105° 角分布 ， 即每次轉向 30° 角 ；其實任何角度都沒關係，因為結果只是交織成不同的混合網點圖案而已 ， 稱為 「錯網效應」(moire effect)（圖 9–9）。圖上各地區因一次過網與二次過網，形成深淺色澤，全由開天窗的技術來控制。

　　圖上已經曬印的各式各樣的網點、網紋、網格或其他任何符號，

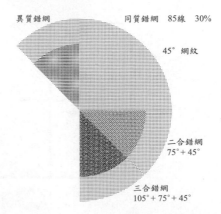

圖 9–9　錯網效應

若再經一次過網，可以使原有的紋飾濃度淡化，尤其在單色圖上凸顯文字版，乃重要的技術（圖 9–10、圖 9–11）。

過網用的網點一定要細緻緊密，線條寬度通常在每英寸 65 線以上，由於石印版印刷技術所限，不能用超過 85 線的網點，但柯式印版 (offset printing) 可以用 150 線，甚至 200 線。網點的濃度也可依需求而定，通常是 10%、30% 或 50% 淡化 (toned down)。總之，沒有絕對的規範，視各圖情況而定，而製圖者有極大的意志空間與美感可發揮。在各種過網技術使用前，可以先用預印紋紙 (zip-a-tone) 作套印試觀，參考選用。

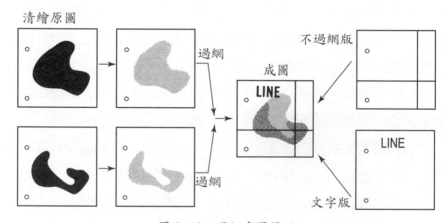

圖 9–10　過網成圖原理

圖 9–11　過網淡化與其他符號之對比

四、製版印刷

透過上述的精編技術後，單色圖的各種點線面符號資料，都應該同在一張負片上，這負片的資料部分由清繪資料、部分由雕繪資料共同轉印而來，組合成一合理而美觀的地圖；此外，文字版也不可忽略。一般的文字版是個別處理，且多用實色，最後才定位而合入製版稿中。

製版印刷 (final platemaking) 已經不是地圖學者的工作，其有特殊的技術和工作程序，並非一般的地圖學者所能處理，但在付印前，起碼要了解在印刷過程中，編繪的圖稿是否適合印刷，或是否適合某種印刷技術。例如前述太精緻的網點面符號就不能使用粗陋的石版印刷法，而必須使用柯式印刷法。印圖紙的選擇也很重要，粗糙灰黃的圖紙常使讀圖者減損了流覽的興趣；光滑的紙面，更能使各種地圖符號呈現其特性，尤以彩色地圖為然，故製圖紙的成本不宜過度節省。

當製版完成時，有一件工作是由製圖者必須做的，就是**圖樣校閱** (proo freading)，因為印刷者只知如何印，他們看不出地圖上的錯誤，也看不出地圖的美醜。在校閱時若發現什麼不妥當的地方，可以隨時抽出某一面特定圖版來修改，而不必從頭做起，這是成組的圖版精編的好處。事實上，製圖者在製作每一單幅圖版時可能皆無差錯且很滿意，但合成後便可能產生不協調的現象，嚴格言之，這並不是錯處，也不表示製圖者的技術水平低落，而是很多符號合成的成果並非可以直觀想像，故製圖者也不必要因圖樣校閱時，發現不妥當之處而失去自信，一幅地圖在尚未製版付印之前，其中任一圖版都可以改修至滿意為止。

五、多色套印

色彩運用可以增加地圖的美感，但無可否認，色彩運用不適當，不但沒有美的感覺，反而增加煩擾。

在設計多色套印原圖時，製圖者首先要注意的乃是「原色的調配」。地圖上雖然有許多顏色，究其實只有紅、黃、藍、黑四原色（彩頁 VI 圖 9–12），各原色皆可以用「過網法」，而在印刷時產生不同的濃度，正如

單色圖的百分比網點一般。黃色的色澤本已很淡，故至少要 40% 濃度才表現出「淡黃」的感覺，藍色則在 20% 左右可表達淺水體的藍色，而紅色乃於 10% 已經很艷麗，100% 的純紅很少使用。

除了原色之外，其他的顏色皆在印刷過程中以二至四種原色重疊套印而成的，最後成色依各相關原色之濃度而定。例如黃色與紅色重疊，成黃橙紅系列；黃色與藍色重疊，成黃綠藍系列；紅色與藍色重疊，成紅紫藍系列。而各系列中重疊出來的「橙、綠、紫」等顏色，變異性很大，若兩相合的原色的分配比例相同，所得的重疊色稱為「間色」，又稱為「第二次色」；若兩相合的原色的分配比例不相同時，可以得出許多層次不同的間色，如藍多黃少合成深綠色，藍少黃多合成黃綠色等。

多色套印的合成色，並不是先把顏色混合才印刷，而是先印一色而後印上另一色，故稱為顏色的重疊。例如用 100% 的原黃色作為全圖的底色，分別在適當地區加印 20% 藍、60% 藍、10% 紅、30% 紅、60% 紅，最後便呈現一由「淺藍→深綠→淺綠→黃→土黃→橙黃→深橙」的顏色序列，這是一般地形圖分層設色的高程次序（彩頁 VI 圖 9–13）。

二間色混合，將得到另一種新顏色，稱為「複色」，又稱為「第三次色」，其實這是三原色重疊，不過在各種原色的分配比例上有不同而已。例如：

　　　　綠（黃＋藍）＋橙（黃＋紅）＝橙綠色
　　　　綠（黃＋藍）＋紫（紅＋藍）＝紫綠色
　　　　紫（紅＋藍）＋橙（紅＋黃）＝紫橙色

上例只是舉出一般複色，其實三原色分配比例上的差異可以形成無數種顏色，而當三原色比例相同時，更合成「黑色」。事實上，由彩頁圖 9–13 可知，某一原色與其他二原色之間色重疊，如「紅＋綠」、「藍＋橙」、「紫＋黃」；或任兩間色重疊，如「橙＋紫」、「橙＋綠」、「紫＋綠」，都會形成黑色；而前述「紅、綠」、「藍、橙」或「紫、黃」的搭配，是視覺濃度極強的顏色組合，稱為互補色（彩頁 VI 圖 9–14）。互補

色並列在一起，使讀者有深沉和強烈對比的感覺，在一般普通地圖上不宜採用，尤其是量變圖上不宜使用；然而，在地理資料非常複雜而細碎的主題地圖，如地質圖、土壤圖，甚至土地利用圖等，為了凸顯定性面特性的差異，互補色有限度應用反而是適當的選擇。因此，一位優良的地圖學者必須有一「主體心靈」，才能有效地運用製圖技術並創造具美感的地圖，而此主體心靈並非靠上帝的賜與，而是反映「地理素養」的質與量也。

除了紅黃藍三原色外，黑色亦為基本原色，而且幾乎每張地圖都有黑色或點或線，尤多作文字註記，而少有黑色的面狀符號；其實多色印刷圖中也常用黑色的面狀符號，但非純黑色面，而是黑色的低濃度網點。黑色網點加於任何原色、間色及複色上，最大的作用是把該顏色的感覺色調加濃，類似單色圖的效果。理論上，黑色網點的濃度可以由 10% 至 90% 任意選擇；但一般而言，需要利用黑色網點來增加顏色濃度的主因是圖面分級太複雜，不得已而用之，正常情況下則盡可能避免，就算使用也以用低濃度的 10%、20% 為佳，最濃不宜超過 30%，以免喧賓奪主，破壞原有顏色的表達能力，也妨礙其他點或線符號的清晰度（彩頁 VI 圖 9–15）。

由於黑色的感覺濃度比其他三種原色都要強烈，故在多色圖中，黑色只宜作為點或線符號的色彩；純紅色也有此趨向，但還沒有黑色的明顯。因此，一般的地圖上，符號的選用顏色分為兩組：第一種稱為「底色」(ground color)，多是面符號，另一種稱為「顯色」(figure color)，多是點或線符號。一般的概念多認為底色以淺淡為主，顯色以濃厚為主，才易於凸顯；但在顏色美學上卻並不盡然，據心理學者對「顏色對比感覺測試」方面的研究，濃厚的底色配以淺淡的顯色，感覺上亦很柔美，這就是所謂「反白」設計。附彩頁 VII 圖 9–16 是對比色優劣的參考表。

多色套印的圖版繪製的最大特徵是每色一版分別清繪（彩頁 VII 圖 9–17）。換言之，所有資料分化在四色版中，其間的相對重疊配色關係

可能非常複雜，必須小心和細心地處理，稍有疏虞，便因錯漏而出現一些不應有的「顏色符號」。有效的方法是多作「試印」的工作，將不對的地方找出來，加以修改或補充；其實，這正是製圖過程中應有的「校對」(proofing) 步驟。

第二節　科技製圖

　　由於近二三十年來科技方面的進步，製圖技術方面亦有突破性的進步，主要的改變，是由傳統人工製圖改變為機械製圖，而製作地圖的動機和目的則與從前無異。但在一般人的意識中，對上述的改變並不一定了解，反而有一錯覺，認為機械製圖 (mechanical mapping) 是進步的，而人工製圖是落伍的。

　　本節並不打算詳細介紹科技製圖在技術應用方面如何實踐，因為那是製圖學另外一個範疇，而是淺述其與傳統製圖的差異。

　　機械製圖可分為三種，即電腦製圖 (computer mapping)、地理資訊系統 (GIS) 和遙測製圖 (remote sensing mapping)。

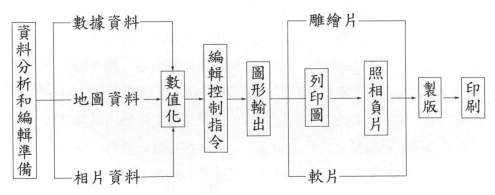

圖 9-18　印製程序

一、電腦製圖

電腦製圖的基本製圖程序和傳統製圖並沒有不同，只是由於用電腦操作。在傳統製圖方面的資料處理、清繪或雕繪、製版等步驟，以電腦製圖方面則是資料輸入、程序控制和圖版輸出三部分（圖 9-18）。

（一）資料輸入

電腦操作為數字化的作業，懂得這基本原則，則電腦資料的處理在地圖上的應用已經可以大略地掌握，因為地圖上的「點」的位置，是由座標來決定，點子的大小亦是數字的結果。地圖上的「線」有兩端「點」，點的定位定量是可以決定的，而線之間的直線距離或曲線型態，都有一定的數字方程式。地圖上「面」的外限為一條封閉曲線，而封閉曲線內的面積亦可以由數理方法推算。地圖上的「立體」符號乃是面的累積，所以也是有跡可循。

電腦最大的優點，就是計算功能迅速精確，只要我們能輸入 (data input) 有效的數據資料，電腦便可以依據而「定位定量」，且可以達到極精微的程度，而這也是電腦製圖成功的原理。

電腦雖然可以處理複雜的數字資料，但卻是有其特殊的局限性，電腦製圖者一定要先了解電腦處理數字資料的「程式」，這是製圖者所要學的「新技術」，用特定程式將資料「系統化」後對電腦製圖才有意義，因為電腦才可以「解讀」，並在內部數值化 (digitizing) 轉為製圖資料。

因此，愈是程式化的地理資料，使用電腦製圖的效果愈佳，例如以經緯座標為主的地圖投影，只要把該投影法決定經緯線的方程式輸入，全部經緯座標點的數值都可在電腦內部運算出來、據以定位並製成投影圖，比人手清繪迅速而精確得多。

另一種是數據的轉換，例如一系列用英制計量單位取得的地理資料，如要使用在用公制計量單位的地圖上，只要加上一簡單的換算程式，全部資料都會立即「正確化」。

　　比例尺改變是人手製圖上的困擾，因為很多地理資料都要重新計算，花費不少時間，但比例尺變換在電腦製圖方面則輕而易舉。

　　地理資料輸入，是利用電腦系統的鍵盤 (keyboard)，除了純數值化的資料輸入外，也有圖像性輸入。自動圖繪法 (autocad) 的操作很簡單，在螢光屏上有十字形的指示器，製圖者可以任意使指示器移動，按鈕定位，在鍵盤輸入計量資料如方向距離，或其他方程式，則自動產生點線圖像，而此等在螢光屏上所得的地圖資料，也自動地記錄在磁片上。

　　另一種資料輸入的機械稱為掃描器 (scanner)，主要用於照相像片或其他圖片的直接讀取、儲存。故嚴格來說，輸入電腦資料，等於傳統製圖者手邊一大堆等待處理的數值及文字。

（二）程序控制

　　電腦經過製圖者特殊的指令 (instruction)，乃能對儲存各種地理資料進行運作，這等於傳統製圖者在編繪和刪修的階段，稱為程序控制 (system control)。

　　地圖的清繪或雕繪，在編繪過程中有先後邏輯次序，可以分幅進行；電腦製圖也是一樣，可以分別處理，然後用指令合併而成圖。指令型式種類繁多，製圖者愈熟習指令性質，愈能有效地控制電腦的作業，電腦製圖技術屬於技術性的層面，非本書所涵蓋的範圍，在此不多作討論。

　　簡言之，在電腦製圖過程中，製圖者可以隨時檢驗地圖成果，因為電腦製圖雖然是鍵盤作業，但除鍵盤之外，還有螢光屏顯像機，等於電視，特稱 CRT (cathode ray tube)，可以把製圖者的指令圖像化為地圖型式，顯示在螢光幕上，可以流覽分色圖幅，也可以合併顯影，又可以把其中某部分放大作詳細的檢驗和考量、編製與刪修，不一定等到輸出階段才可看見製圖成果。然而，螢光屏的面積有限，密密麻麻的線條間不易看出真像，但螢光屏的好處正是因為以細小的空間儲藏著龐雜的資料，而在輸出時，只要在鍵盤上發出「比例尺」的指令，就可列印不同比例的地圖，而且任何方面都在同一指令下發生相對應的變化，準確無誤。

（三）圖版輸出

圖版的輸出 (printed output) 可以是分幅的，也可以是合成的，可以是單色的，也可以是多色套印的，隨製圖者所需及電腦機能優劣程度而決定其品質。基本上，電腦中的資料庫，能儲藏「若干」製圖所需的「符號」，包括點狀、線狀及面狀，取用情況，就如我們使用預印網紋紙來黏貼一般。但由於輸出方法不同，成圖的結果也不一樣。

普通電腦周邊列印機 (printer)，輸出的資料基本上是由「點子」組成的點線面組合。列印機的點子密度較高者可以輸出相當合理的地圖，否則乃是極端粗陋的產品，只宜於製作「研究資料性的地圖」，不能作正式出版性地圖；但由於其易於使用，已普及成為個別研究者的簡便工具，有其特殊的存在價值。

繪圖機 (plotter) 為大型電腦製圖機械，一為平檯式繪圖機 (flatbed plotter)，就像一張平面的繪圖檯，繪圖筆由活動的機械臂所操縱，機械臂依從電腦磁帶所發出的繪圖指令而作「方向」和「距離」的水平移動，繪圖筆尖便在圖紙上繪畫出所需的線、點、面，而基本上是以線條為主要的、較佳的呈現。繪圖筆尖的大小、墨水顏色、繪圖紙張都可以依製圖者的意願而「更換」，故可以製一張多色及多符號的圖，也可以製多張單色的分幅圖，還能製作多張相同的圖，作為「基圖」使用。故其作業狀況就如人手在繪圖一般，且線條更平滑，而圖的成果究竟如何，視製圖者在輸入資料和控制指令方面是否處理合宜而已。

另有鼓輪式繪圖機 (drum plotter)，為一較大型的機器，整卷的圖紙裝置在一可以轉動的鼓輪上，繪圖筆固定在鼓輪移動的範圍內，受電腦支配，在繪圖指令進行時，鼓輪轉動而著墨成圖。由於鼓輪的寬度是一定的，通常有 11 吋、30 吋、42 吋、60 吋等各種，但長度則依整卷圖紙而繪出很長的圖。所謂很長，指數十尺，例如一條平直的公路設計圖，便會出現這樣的需求；但資料的輸入和處理，只需在電腦鍵盤上操作，這也是電腦製圖比較優越的地方。

軟片輸出機 (computer output on microfilm, COM)，為一種把電腦資料圖像化後以光學原理顯影在軟片上的成圖。軟片通常很細小，為 35 公釐、70 公釐或 105 公釐，另外尚須放大處理的步驟，通常都不用直接製圖，但卻是很有用的輔助工具。

上述平檯式繪圖機只要改換裝置，則可以直接進行雕繪的工作。繪圖紙換上雕繪膜，而繪圖筆換上雕繪針，製圖者只要發出指令，一幅雕繪負片便可以順利完成。

電腦製圖的優點甚多，能夠輸入、調整及輸出，運用適當可以節省人力，但受機械能力的限制仍有不少缺點，比如暫時不能像人手般活動自如。科技不斷在進步，將來或許問題均可陸續解決，但無論如何，電腦的處理者仍然是人腦，製圖者的地理素養仍然高居第一位，沒有地理素養的電腦製圖者，製出的不一定可稱為「地圖」，因其沒有表達出「地圖」真正的意義和目的。

二、地理資訊系統 (GIS)

地理資訊系統 (geographic information system, GIS) 是地圖學電腦化另一長足的進步，主要是利用電腦系統來發揮「儲存、管理、分析、展示」大量地理資料的功能。這些資料並非為特定研究主題而搜集，而是一般性的原始地理資料。這些資料可以隨時增訂、刪減、修改，平時以「圖層型式」(map layering) 個別儲存，如圖 9–19，製圖時可依需求而自由取用和組合，按指令輸出，綜合成「地圖」。由於各圖層的資料可任意增修、取捨自如，故能製成最優良的版本。

處理 GIS 作業時，最重要是確定各圖層的相同範圍和比例尺，則資料便不會有錯誤的疊圖。然而，輸出的資料仍然離不了「定性和定量符號」的運用，尤其是顏色的調配，與製作傳統地圖沒有太大的差別。因此，要成為優良的 GIS 製圖人，電腦系統的技術操作固然重要，但地理學的基本素養和傳統地圖學的基本知識，才是最根本的品質保證。

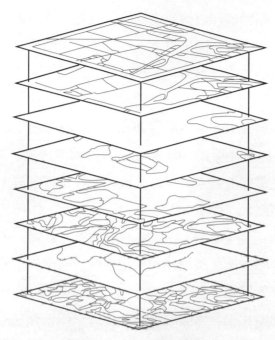

圖 9–19　GIS 的圖層原理

　　圖 9–20 （見彩頁 **VIII**） 為美國俄勒岡州波特蘭市 (Portland in Oregon) 的 GIS 產品：B 圖為水體單元圖層，為各圖都有的基圖資料；而 A 圖為都市土地利用圖，其中的黃色為住宅區，紅色為商業區，深綠色為公園，外圍的淺綠色為農田；C 圖為大都會行政區圖；D 圖為都市人口密度圖。這些地圖都是由幾張圖層疊印而成。

三、遙測製圖

　　遙測 (remote sensing) 為透過高度發達的太空科技而產生的測繪技術，利用人造衛星從遠程取得的地理資料，並配合電腦製圖技術，以繪製遙測地圖。

　　遙測的人造衛星有兩種，一種是巡航衛星，其運行的太空軌道是週期性環繞地球的，通常是每 12 小時或 24 小時把全球掃描一次；或有其他週期，但總之是對地球的同一地點有週期性的測錄資料。另一種是同步衛星，軌道距離地球較遠，涵蓋的面積也較廣，一經發射進入太空軌

道，其運行速度即與地球自轉速度相同；因此，同步衛星就好像一盞天頂上的明燈，長期懸掛在同一位置，不論是一年四季、白晝黑夜，都盡忠職守地注視著地面的種種變化，故可提供長期不斷的觀測資訊（彩頁 IX 圖 9–21）。

人造衛星高懸天上，裝置有許多高科技的感應器 (sensors)，其作用像數位攝影機，把所感應到的影像 (imagery) 轉換成電子訊號，被地面人員接收而儲存在電腦磁帶中，可經由放映機在電視螢屏上播映。

人造衛星距離地球約 1,000 公里，甚為高遠，故所能感應而涵蓋的面積也很遼闊，可達 170 公里 × 170 公里的廣大範圍，但影像的解析度仍很清晰。而中國的萬里長城為在太空中唯一可用肉眼看見的人工建築物，衛星傳回來的影像，當然更清晰。

衛星的感應器比攝影機優越之處，在於它的光感功能，除能拍攝到人眼所能看到的可見光外，亦可感測得人眼所看不到的影像。這類光感射線的透視能力，除可感測地面上的一般資訊外，還可探勘地下的礦床、發現海洋水中的魚群、森林裡或農田中的變異現象或可能的病蟲害，尤其是感收各種變幻中的氣象資料，對天氣預報及自然災害的監測及預防，有極大的幫助。

衛星遙測的資料立即成圖，當然其內容都是未經修飾的原始資料，故其功能具有提供資料來源的性質，其作用與地理學者依環境價值觀而編繪的「地圖」是不同的。但遙測的影像在 GIS 的技術協助下，等於一圖層，製圖者可以在其上加註其他符號或文字說明，產生地圖的效果，如圖 9–22（見彩頁 X）的白圈為在遙測圖上附加的中國都市。

由於數位化技術的進步，航照及衛星遙測的圖像資料，可以轉化為「數位資料」(digitalized data) 來儲藏、分析、應用，在 GIS 的圖層式使用上幫助更大。

本書一再不厭其詳地強調，任何進步的科技皆可以幫助「優秀的地圖學者」製出「優美的地圖」，但如果沒有「優良的地理學素養」，則無

法成為「優秀的地圖學者」。近年來因為電腦科技的進步,一些電腦技術專家紛紛開始「製圖」,突然間,好像只有懂得機械製圖的才是「地理學者」,殊不知許多電腦製圖的「大作」都不堪入目,既沒有顯現風姿綽約的地圖神韻、更沒有表露半點兒靈明通透的地理氣色,因為此等自命不凡的「機械人」,缺乏基本的地理學素養,失去了作為地理學者的主體價值,請務必謹慎而行。

MEMO

第 10 章
地圖與地理學研究

在《地圖學原理》第一及第二版刊行後，常有地理系的研究生問及：「如何把地圖應用在地理學論文的研究上？」故藉第三版的出版機會，加添第 10 章，淺述個人的經驗。

第一節 地理資料與研究區

「區域」(location) 是地理學研究所要呈現的成果（圖 10-1）。所以研究開始的第一步，必須先確定「研究區」，這是很符合邏輯的想法；然而很多時候，這卻是導致一連串錯誤的開端，因為「研究區」的真正範圍須由資料來確認，在還沒有完整的資料之前，不可能有「區域」出現。

以「臺北」為例來說，臺北市、臺北大都會、臺北盆地、臺北商圈、臺北的交通網、臺北的夜市、臺北的休閒空間等等，都有不同的區域範圍。我們必須依據主題，找尋資料，然後依據資

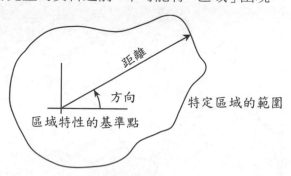

圖 10-1　區域的概念

料，確立研究區的兩大條件——「內涵」與「範圍」。

由於地理學研究的資料都會含有「區位」的意義，因此，利用資料製成「地圖」，應該是研究開始的第一步。甚至多製圖或讀圖，偶然會發現一些特殊的「區域」，而引發研究的動力。例如筆者於 1971 年剛到美

國不久，在明尼蘇達大學地理系地圖室當工讀生，偶爾拿起一張河南省東部的 1：25,000 地形圖，發覺其中地名至少有一半名為「××集」，這引起了筆者很大的興趣，於是再找其周邊的圖幅，漸漸擴大搜索範圍，花了一個多月的時間，發覺各種「地名」都有「區域化」的現象；最後，

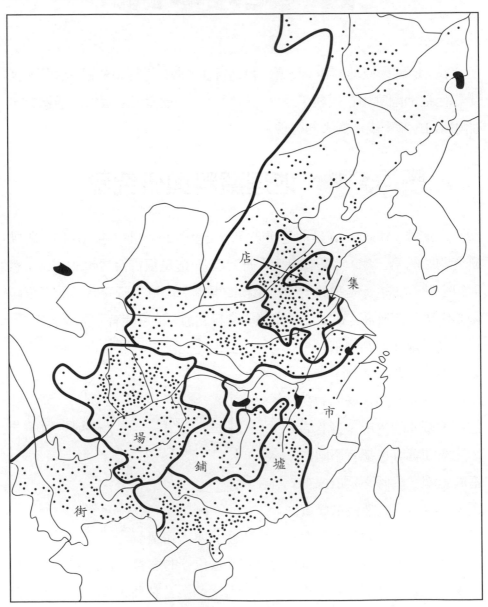

圖 10-2　商業聚落的地名群

乃決定在課餘時間編繪《中國地理圖集》的大計劃，終於在 1974 年完成出版。

　　圖 10-2 為商業聚落通名的地名群，包括「店、鋪、市、集、墟、場、街」等七種，應該都屬於農村中的商業聚落，而其高度集中分布型態，當然反映文化區的區域差異現象。而這亦進一步引起筆者強烈反對傳統「中國歷史文化一源論」的論調，目前「中國原始七大族群」看法的提出，由此濫觴。

第二節　地圖與空間分布型態

　　空間分布為地理學研究常提及的問題，有時在論文中看到「什麼在這？什麼在那？」的許多「詳而長、敘而贅」的描述，沉悶至頭昏欲睡，最後仍然不知道資料究竟是怎樣的「空間分布」。因為文字的描述，在識覺過程中，始終是間接和抽象的，假如這些資料用地圖來呈現，空間分布狀況便一目了然。

　　其實，當我們要討論空間分布時，主要的目的並非要認知這些資料「在那裡？」而是想了解它們的「**空間型態**」(spatial pattern)，這才有特殊的地理意義。了解空間型態，除了需要理性的邏輯思考外，還需要一種欣賞藝術品的感性心情，一張優美的地圖，提供地理學者很大的想像空間，更可能啟發難以一般通俗方式理解的意外觀感。

　　當筆者於 1986 年把舊石器時代遺址點繪成分布圖時，對空間型態有驚異的感受，如圖 10-3。因舊石器時代遺址都位於較高的地形區，而華北大平原上則完全沒有，才驚覺到華北大平原在四次冰河時代的海侵期常成淺海，不宜人居；而今山東半島乃是孤懸海外的泰山群島及嶗山群島，亦令我醒覺到直至舊石器時代末期的中國上古初民，仍受自然環境的阻隔，而分為許多「孤立而獨立發展」的文化族群。因此，傳統認為中國歷史文化是「一源及一元論」是絕對錯誤的。

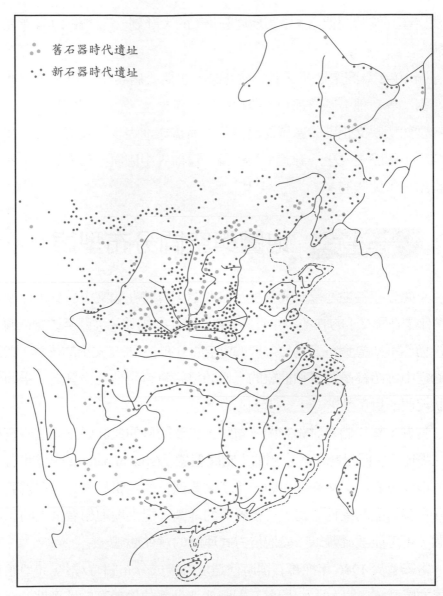

圖 10-3　舊石器時代遺址

　　若把新石器時代遺址的資料配入地圖上去看，就會發現各上古初民系有明顯向新成陸的「中原」移動的現象；換言之，中原是中國文化融合的主要舞臺，中國文化之一元化乃「逐鹿中原」的結果。這一「空間分布型態」概念的成立，便指引筆者近二十年來的研究方向，持續不斷

找尋相關的古地質學、古氣候學、文化人類學、考古學、神話及傳說、社會學等理論和資料，來作補充印證，而且還依據人本主義地理學的人與生活環境互動原理而發展出文字地理學，宛然出現上古七大原始初民系的七套「在地象形文字系統」；固然，這重建上古文化史的構想，距離結論的階段尚遠，但「空間模式」已經大致成形了。

第三節　地圖與空間組織

　　地理現象是活的，地理現象的靜態空間分布依時間的運轉而產生動態的「**空間組織**」(spatial organization)。七大原始初民是如何因逐鹿中原而融合出中國文化，這是悠長的上古歷史地理學的範疇；其實各相關學科所提供的資料很豐盛，只不過過去沒有被史學家所注重，因為他們都被困囿在一源及一元的文化體系中，難以發現區域性的空間差異，當然更沒法想像空間差異間的動態空間組織了。中國的上古史時代已有多次的民族大遷移，其中的分分合合，說來複雜，但步步都有跡可循，而這種動態空間組織，在地圖上則清楚易見。

　　圖 10-4 顯示原籍在山東嶗山群島的盤古初民系，獨立發展出「花神圖騰文化」體系，即「中華文化」的主流（「華」即「花」字），後族群分化為黃帝及夸父兩支系，民族大遷移掀動了中國文化大融合的序幕。

　　這裡只說明地圖對地理學術研究方面的效用。依據教育心理學的研究結果，人對圖像的認知和感悟能力，遠勝於透過文字敘述的理解，幼稚園的小朋友，就從看「圖畫」開始學習。

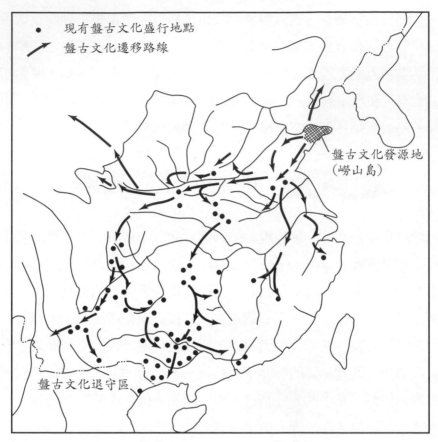

圖 10-4　盤古初民系的遷徙

第四節　地圖化與地理化

　　在本書第一章圖 1-3「地理學的學術領域」中，指出地理學的特性是「亦文亦理」，所以分科特別多，但有一個共同特點，就是每一分科都有一種地理學以外而相對應的「相關學科」，二者所使用的研究資料及資料來源，大部分是雷同的，二者的學術差異，在於研究資料上處理方法的不同而已。人口學資料的地理化就可用於人口地理學的論述，農業或工商業資料的地理化就可用於經濟地理學的論述。

　　所謂「地理化」(geographicializing)，簡言之，就是把研究資料處理

成「區域」的型式，使地理學者能發現其中的「空間分布型態」及「動態的空間組織」。而研究資料「地圖化」(mapping) 就是最容易而有效的「地理化」方法。因「地圖」本身就是空間的景、境和研究者世界觀的「另類呈現」（圖 10–5）。

另一方面，研究者應常讀圖。一個優秀的讀圖人看到一張等高線圖時，應該領略到高山流水的景觀；看到一張市街圖時，應該體會出車水馬龍的情境。如果研究者常有「地圖」在腦海中浮現，而且能把圖像活化還原為「景觀」，在地理學研究上順利和突破，則再通情合理不過了。

故依筆者的經驗，把蒐集到的主題地理資料地圖化，就可獲得地理資料的靜態分布型態。在圖上加入相關地理要素，就易於發現地理資料的動態空間組織，一幕幕活生生的地理學景象既成為「識覺對象」，產生地理感和價值觀，對寫論文的行為有很大的助力。

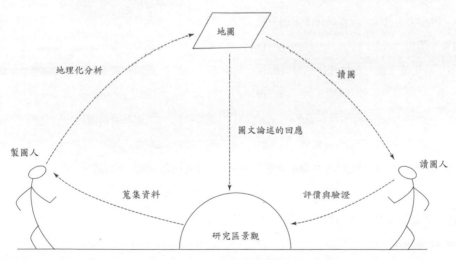

圖 10–5　製圖者與讀圖者

換言之，研究者既是製圖者，也是閱圖者。文字的溝通是比較間接性的，有了地圖的幫助，研究者的文字論述，只是按圖索驥，把地圖中的空間型態及空間組織作有系統的陳述。更重要的是，地理論文若附有優美的地圖，讀者亦是按圖索驥地閱讀，一切都順理成章也。

圖目次

表目次

參考書目

── ·中　文· ──

1. 丁文江、翁文灝、曾世英 (1930～1934)，《中華民國新地圖》，上海：申報館。

2. 石再添主編 (1992)，《臺灣省行政區劃概況地圖集》，南投：臺灣省政府民政廳，168 頁。

3. 地圖出版社編 (1978)，《世界地圖集》二版，北京：地圖出版社。

4. 姜道章 (1966)，《地圖學》（上、下），臺北：臺灣省立師範大學出版組。

5. 馬知鳴 (1961)，《地圖的繪製和閱讀》，臺北：旋風出版社，78 頁。

6. 徐聖謨 (1991)，《地圖學》修正四版，臺北：中國地學研究所，240 頁。

7. 陳正祥 (1979)，《中國地圖學史》，香港；商務印書館，72 頁。

8. 陸漱芬主編 (1985)，《地圖學基礎》，南京：南京師範大學，278 頁。

9. Christine Vertente、許雪姬、吳密察 (1992)，《先民的足跡──古地圖話臺灣滄桑史》，臺北：南天書局，160 頁。

10. 黃炎 (1972)，《地圖和平面圖》，香港：進修出版社，116 頁。

11. 張力果等 (1991)，《地圖學》，北京：高等教育出版社，226 頁。

12. 張其均主編 (1959～1962)，《中華民國地圖集》，臺北：國防研究院。

13. 張原來 (1971)，《地圖繪製法及讀法》，臺北：琥珀出版社，330 頁。

14. 張奠坤、楊凱元 (1986)，《地圖學》，西安：陝西人民出版社，267 頁。

15. 傅子衍 (1962)，《地圖讀法和繪法》，臺北：人文出版社，102 頁。

16. 楊晶譯 (1993)，《圖繪世界地圖集》，臺北：臺灣英文雜誌社，80 頁。

17. 潘桂成等 (1969)，《香港地理圖集》，香港：地人社，26 頁。

18. 潘桂成 (1974)，《中國地理圖集》，香港：中道學社，64 頁。

—— ·英　文· ——

1. Bagrow, Leo (1966), *History of Cartography*, revised and enlarged by R. A. Skelton, Cambridge: Harvard University Press.

2. Bartholomeu, J. (1955), *The Comparative Atlas of Physical and Political Geography*, London: Meiklejohn Ltd., 112pp.

3. Bertin, Jacques, translated by William J. Berg (1983), *Semiology of Graphics*, Madison: The University of Wisconsin Press, 415pp.

4. Board, C. (1967), *"Map as Models"*, in *Models in Geography*, (eds. R. J. Chorley and P. Haggett), London: Methuen, pp. 47–59.

5. Brigadier Sir Clinton Lewis, O. B. E. & Colonel J. D. Campbell, D. S. O. (1951), eds., *American Oxford Atlas*, New York: Oxford University Press, 202pp.

6. Buttenfield, Barbara P. and McMaster, Robert B. (1992), eds., *Map Generalization: Making Rules for Knowledge Representation*, New York: Longman Scientific & Technical, 245pp.

7. Davis, John C. and McCullagh, Michael J. (1975), *Display and Analysis of Spatial Data*, London: John Wiley & Sons, 378pp.

8. Dent, Borden D. (1993), *Cartography: Thematic Map Design*, 3rd ed., Iowa: Wm. C. Brown Publishers.

9. Dickinson, G. C. (1969), *Maps and Air Photographs*, London: Edward Arnold Ltd., 286pp.

10. Espenshade Jr. E. B. (1988), ed., *Goode's World Atlas*, Chicago: Rand McNally Co., 315pp.

11. Haggett, Peter (1990), *The Geographer's Art*, Oxford: Basil Blackwell, 219pp.

12. Imhof, Eduard (1982), *Cartographic Relief Presentation*, New York: Walter de Gruyter, 389pp.

13.Keates, J. S. (1989), *Cartographic Design and Production*, 2nd ed., London: Longman Group Ltd., 240pp.

14.Lawrence, G. R. P. (1971), *Cartographic Methods*, London: Methuen, 162pp.

15.Lewis, Peter (1977), *Maps and Statistics*, London: Methuen, 318pp.

16.'Life' (1961), eds., *Life Pictorial Atlas of the World*, New York: Time Inc., 600pp.

17.Mitchell, Maurice B. (1965), ed., *Encyclopaedia Britannica International Atlas*, Chicago: Encyclopaedia Britannica, Inc., 367pp.

18.Monkhouse, F. J. and Wilkinson, H. R. (1971), *Maps and Diagrams*, London: Methuen, 527pp.

19.Muehrcke, Phillip C. (1978), *Map Use: Reading, Analysis, and Interpretation*, Wisconsin: JP Publications, 474pp.

20.National Geographic Society (1985), eds., *Atlas of North America*, Washington: National Geographic Society, 264pp.

21.Natkiel, Richard and Pimlott, John (1988), eds., *Atlas of Warfare*, New York: Gallery Books, 352pp.

22.Parker, Geoffrey (1993), ed., *Atlas of World History*, 4th ed., London: Times Books, 360pp.

23.Portland House (1988), ed., *The World Atlas of Archaeology*, New York: Portland House, 423pp.

24.Raisz, Erwin (1962), *Principles of Cartography*, New York: McGraw-Hill Book Company, Inc.

25.Rand McNally & Co. (1969), eds., *The International Atlas*, Chicago: Rand McNally & Co., 503pp.

26.Richardus, Peter and Adler, Ron K. (1972), *Map Projections*, Oxford: North-Holland, 174pp.

27. Robinson, Arthur H., and Petchenik, B. B. (1976), *The Nature of Maps: Essays Toward Understanding Maps and Mapping*, Chicago: University of Chicago Press.

28. Robinson, Arthur H., Sale, Randall D., Morrison, Joel L., and Muehrcke, Phillip C. (1984), *Elements of Cartography*, 5th ed., New York: John Wiley & Sons, Inc., 544pp.

29. Sinclair, D. J. (1956), ed., *The Faber Atlas*, London: William Clowes & Sons Ltd., 198pp.

30. Strain, Priscilla and Engle, Frederick (1992), *Looking at Earth*, Atlanta: Turner Publishing, Inc., 304pp.

31. Taylor, D. R. Fraser (1983), ed., *Graphic Communication and Design in Contemporary Cartography*, Chichester: John Wiley & Sons, 314pp.

32. The Reader's Digest Association Ltd. (1968), eds., *The Reader's Digest Great World Atlas*, 2nd ed., London: The Reader's Digest Association, 179pp.

33. 'Times' (1968), eds., *The Times Atlas of the World*, London: Times Newspapers Ltd., 394pp.

34. Thrower, Norman J. W. (1972), *Maps & Man: An Examination of Cartography in Relation to Culture and Civilization*, New Jersey: Prentice-Hall, Inc., 184pp.

索　引

國家圖書館出版品預行編目資料

地圖學原理／潘桂成著.－－二版二刷.－－臺北市：
三民，2024
　　面；　公分

　　ISBN 978-957-14-7216-4　（平裝）
　　1. 地圖學

609.2　　　　　　　　　　　　　110008374

地圖學原理

作　　　者	潘桂成
發 行 人	劉振強
出 版 者	三民書局股份有限公司
地　　　址	臺北市復興北路 386 號 (復北門市)
	臺北市重慶南路一段 61 號 (重南門市)
電　　　話	(02)25006600
網　　　址	三民網路書店 https://www.sanmin.com.tw
出版日期	修訂初版一刷 2005 年 4 月
	修訂初版七刷 2018 年 1 月
	二版一刷 2021 年 8 月
	二版二刷 2024 年 1 月
書籍編號	S660220
I S B N	978-957-14-7216-4